はじめに

国際的な港として知られる神戸港。そのアジア・太平洋戦争の時期の歴史について、神戸港における戦時下朝鮮人･中国人強制連行を調査する会（代表・安井三吉、以下調査する会）は調査・研究を行ってきました。その成果として、以下の本を出版しました。

1. 調査する会編『神戸港強制連行の記録－朝鮮人・中国人そして連合軍捕虜－』（明石書店、2004.1）
2. 調査する会編・発行『アジア・太平洋戦争と神戸港―朝鮮人・中国人・連合国軍捕虜―』（執筆・宮内陽子、発売・みずのわ出版、2004.2）
3. ジョン・レイン著・平田典子訳『夏は再びやってくる－戦時下神戸・元オーストラリア兵捕虜の手記』（神戸学生青年センター、2004.3）

そのほかに、調査する会のきっかけとなったものに、＜復刻版／神戸港における中国人強制連行資料・日本港運業界神戸華工管理事務所・神戸船舶荷役株式会社『昭和二十一年三月 華人労務者就労顛末報告書』＞（神戸・南京をむすぶ会刊、1999.6）があります。しかし、出版されていない資料が他にもあります。このままだと散逸してしまうおそれがあります。そこで今回、このようなかたちで資料集として出版することにしました。

分厚くなってしまった資料集ですが、概要をまず知りたい方は人権歴史マップ（１２～１３頁）の記事からご覧ください。

この資料集が、アジア・太平洋戦争下の神戸港での朝鮮人・中国人・連合国軍捕虜の歴史を正しく知るために役立つことを願っています。

２０２５年４月１日　飛田雄一

＜目次＞

「神戸港における戦時下朝鮮人・中国人強制連行を調査する会」の記録

飛田雄一　（『むくげ通信』288号、2018年5月27日より）

調査のきっかけ、調査する会のスタート

神戸港の強制連行に関する調査は、1993年3月19日の「神戸・南京をむすぶ会」（以下、むすぶ会）主催の講演会「大阪における中国人強制連行」（櫻井秀一さん）から始まった。この講演会を契機に神戸の中国人強制連行について調査しようということになったのである。

さっそく東京の華僑総会に出向き、所蔵されているいわゆる神戸港の「事業場報告書」（日本港運業会神戸華工管理事務所・神戸船舶荷役株式会社『華人労務者就労顛末報告書』1946.3）を入手した。これを読み込み分析することから始まるが、複数のコピーをつくるより復刻版を出版した方がいいだろうということになり出版した。以下の本だ。

復刻版／神戸港における中国人強制連行資料／日本港運業界神戸華工管理事務所・神戸船舶荷役株式会社『昭和二十一年三月　華人労務者就労顛末報告書』（1999.6.30、神戸・南京をむすぶ会刊、2000円）（＊在庫有り。特価1000円で販売します。希望者には2000円をむくげの会の郵便振替まで、送料は会負担でお送りします。）

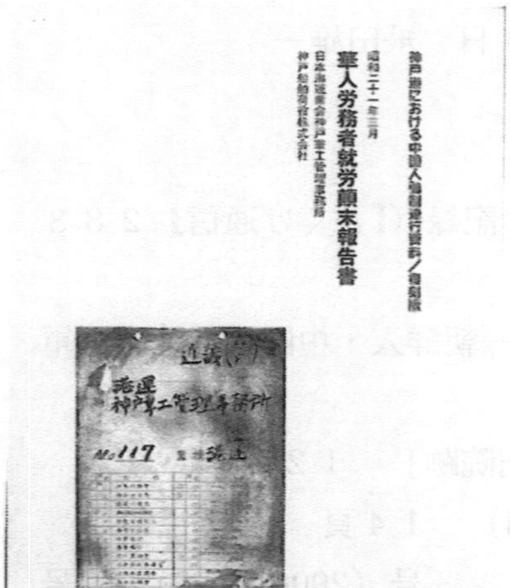

また一方で、兵庫県は朝鮮人強制連行の調査活動については、兵庫朝鮮関係研究会、朝鮮人強制連行真相調査団、むくげの会、神戸学生青年センターなどによって調査活動が活発な地域といわれていたが、これらのグループの中でも神戸港を中心とした朝鮮人強制連行の調査を深める必要性が以前より指摘されていた。

神戸港における中国人強制連行の調査とあわせて朝鮮人強制連行の調査を合同でおこなうことの意味を互いに確認し、「神戸港における戦時下朝鮮人・中国人強制連行を調査する会」（以下、調査する会）の結成にいたったのである。会は、安井三吉（神戸大学教授）、徐根植（兵庫朝鮮関係研究会代表）、林伯耀（神戸・南京をむすぶ会運営委員）、飛田雄一（神戸学生青年センター館長）が呼びかけ人となり、何回かの会合が開かれてのち、1998年10月14日に正式発足した。

設立時の参加団体は、以下のとおりである。

神戸・南京をむすぶ会／神戸華僑総会／神戸電鉄敷設工事朝鮮人犠牲者を調査し追悼する会／(財)神戸学生青年センター／兵庫県在日外国人教育研究協議会／兵庫県朝鮮人強制連行真相調査団（朝鮮人側）／兵庫県在日外国人保護者の会／兵庫朝鮮関係研究会／(社)兵庫部落解放研究所／在日本大韓民国民団兵庫地方本部権益擁護委員会／在日コリアン人権協会・兵庫／在日研究フォーラム／在日朝鮮人運動史研究会関西部会／在日韓国学生同盟兵庫県本部／在日韓国青年連合兵庫地方協議会／自立労働組合連合タカラブネ労働組合神戸支部／日本中国友好協会兵庫県連合会／むくげの会／旅日華僑中日交流促進会／大阪人権歴史資料館

また、参加団体の代表および個人で調査する会に加わった個人もメンバーで運営委員会をつくり毎月1回の運営委員会がもたれたが、2003年5月段階での運営委員は以下のとおりである。（肩書は当時のもの）

安致源（兵庫県朝鮮人強制連行真相調査団・朝鮮人側）／林昌利（在日韓国青年連合尼崎支部）／上田雅美（日本中国友好協会兵庫県連合会）／金慶海（兵庫朝鮮関係研究会）／小松敏郎（神戸電鉄敷設工事朝鮮人犠牲者を調査し追悼する会）／佐藤加恵（神戸・南京をむすぶ会）／申点粉（兵庫県在日外国人保護者の会）／徐元洙（兵庫朝鮮関係研究会）／徐根植（兵庫朝鮮関係研究会）／孫敏男（兵庫在日外国人人権協会）／高木伸夫（在日朝鮮人運動史研究会関西部会）／徳富幹生（神戸電鉄敷設工事朝鮮人犠牲者を調査し追悼する会）／中田敦子（神戸空襲を記録する会）／朴明子（個人）／飛田雄一（神戸学生青年センター）／平田典子（個人）／古川雅基（在韓軍人・軍属裁判を支援する会）／黄光男（兵庫在日外国人人権協会）／福井新（オリニの会）／堀内稔（むくげの会）／溝田彰（撫順の奇蹟を受け継ぐ会）／宮内陽子（兵庫県在日外国人教育研究協議会）／村田壮一（神戸・南京をむすぶ会）／門永

秀次（神戸・南京をむすぶ会）／安井三吉（神戸大学）／梁相鎮（兵庫県朝鮮人強制連行真相調査団・朝鮮人側）／吉澤惠次（自主学習団体ふきのとう）／李相泰（在日研究フォーラム）／林伯耀（旅日華僑中日交流促進会）

朝鮮人班、中国人班、連合国軍捕虜班の活動

調査する会は朝鮮人、中国人、連合国軍捕虜の三つのグループがそれぞれに調査したが、それぞれのグループの調査は後掲明石書店の本の「活動の記録」によると以下のとおりである。

■

1．中国人強制連行の調査

先に述べた神戸港の『事業場報告書』を分析し、他の資料と照らし合わせての確認作業、寄宿舎跡等の神戸市内における現地調査が、スタートしその成果は運営委員会等で適宜報告された。調査する会の準備期間であった1999年7月には、神戸港に強制連行されたのち石川県の七尾港に移送された黄国明さんを「七尾中国人強制連行を調査する会」が中国より招待されることを伺い、帰路神戸にも立ち寄っていただいた。私たちが、初めてお会いした強制連行を体験された「幸存者」（中国では生存者のことをこう表現する）である。神戸港、寄宿舎跡等をご案内したが、神戸港が変貌したことおよび当時労働だけの生活を強いられたため労働現場と寄宿舎以外の状況をよく把握していないということから、当時の記憶を充分に呼び起こすことはできなかった。しかし、寄宿舎から前を通る列車に手を振ると手を振り返してくれる人がいたこと、その寄宿舎に事業所報告書の記録どおりに中庭があったことなどを思いだしてくださった。その他、粗末な食事のことなど私たちの初期の活動に具体的なイメージを与えてくださった。調査活動の可能性が見えてきたという体験をさせていただいたと思う。その後、強制連行された中国人996名分のうち事業所報告書に載っている786名の名簿を神戸大学安井研究室の学生・斉藤俊博さんがコンピュータ入力してくださったものを利用し、幸存者捜しを行なった。

翌2000年8月には、調査する会は第1回目の中国現地調査を行なった。安井三吉代表と村田壮一運営委員がそれに参加した。中国の北京中国抗日戦争史研究会等の機関や、同年7月に神戸にも来てくださった父親が大阪港に強制連行された民間研究者・張忠杰さんらの協力を得て幸存者にもお会いすることができた。翌2001年にも第2回中国現地調査が行なわれ日本側からは安井三吉代表が参加した。この2回にわたる現地調査の成果も本書に収録されている。

2．朝鮮人強制連行の調査

朝鮮人強制連行については、兵庫朝鮮関係研究会の徐根植、金慶海、金英達（故人）、兵庫在日外国人人権協会の孫敏男が中心となって行なわれた。兵庫県の朝鮮人強制連行に関しては幸いに１９４６年の厚生省調査による名簿が残っており、その名簿を手がかりに神戸船舶荷役、川崎重工、三菱重工に強制連行された朝鮮人の生存者調査を行なった。

まず、中国人と同様に朝鮮人も強制連行した神戸船舶荷役株式会社の１４８名分の名簿をもとに2000年２月に韓国の面事務所に問い合せをおこない生存者を捜すことができた。その生前者を訪ねて群山大学の金旻榮さんの協力を得ながら、孫敏男、金恩受が現地調査を行なった。三菱、川崎関係の約3800名の名簿に関してはむくげの会の信長正義さんにコンピュータ入力をお願いし、地方別に分類したのち一地域から多くの朝鮮人が連行された地域にしぼって面事務所等に問い合せを行ない、生存者を捜すことができた。2001年10月には当時韓国留学中であった在日韓国人・高正子さんの協力を得て孫敏男が２回目の現地調査を行なった。これらの調査報告も本書におさめられている。また、川崎重工業に強制連行されて現在も兵庫県社町にお住まいの朴球會さんに当時の体験を伺う証言集会（2001年12月13日）も開催した。

3．連合軍捕虜の調査

神戸で太平洋戦争の時期に連合軍捕虜がフィリピン等から連れて来られ強制労働させられていたことは部分的には知られていた。この連合軍捕虜の問題も少しずつ新しい事実が判明してきた。運営委員の平田典子が毎月行なわれる運営委員会で、その都度新しい事実を整理して報告し、運営委員の中で共通の認識ができてきた。そして調査する会としては、朝鮮人・中国人に続く第３番目の柱として連合軍捕虜の問題に取り組むことにした。すでにこの問題を精力的に調査されている福林徹さんをお招きして講演会を開催したり（2002年６月１３日）、このテーマでフィールドワークを行なったり（同年１０月１４日）した。これらの活動が新聞に報道され、更に新しい情報が寄せられるということもあった。福林さんの講演会に新聞を見て参加された神戸市垂水区在住の松本充司さん（85歳）は、神戸警備隊に勤務していた時（1944年）神戸市内の捕虜収容所等を担当されていた方で、当時の状況を証言してくださった。そして、当時使用していた連合軍捕虜関係の神戸市内の地図（収容所、民間人抑留所、重要軍需施設等を書き込んだもの。A3，４枚分、復刻版を５００円で配布している）を提供してくださった。

2002年７月には、現在の神戸市文書館南にあった捕虜病院で父親が働いていたアメリカ人グラスマンさんが、東京経由でその捕虜病院等を訪問されたことがあった。その病院の日本人医師であった大橋さんがとても優しい人で、その元捕虜はもう一度神戸を訪問し大橋さんにお会いしたいという希望をもっておられたのである。本人は病気のため来日できなかったが息子が来神し、すでに亡くなられていた大橋さんの息子とお会いしたのである。

またオーストラリア人の元捕虜・レインさんは、神戸等での捕虜体験記『夏は再びやってくる』を戦後出版されており、それは今もホームページで見ることができる。そのレインさんと連絡をとることができた。2003年４月29日、レインさん本人を神戸にお招きして講演会を開催する準備が整えられたが、レインさんが体調を崩され実現はしなかった。

そのかわりに平田典子がオーストラリアにレインさんを訪問し、5月18日に面会を実現することができた。レインさんの『夏は再びやってくる』は、いま翻訳出版の作業が進められており今秋には出版の予定である。

■

いま正直に告白すると、実は連合国軍捕虜の調査は、当初する予定はなかった。朝鮮人、中国人のみの調査をして発表するより、連合国軍捕虜を加えて調査結果を発表したほうが日本社会でいいのではないかという「よこしま」な考えがあったのだ。結果的にはそうではなかった。それぞれ強制労働を強いられた朝鮮人、中国人、連合国軍捕虜は、比較しようもなくそれぞれに苦難を強いられていたのである。

本を3冊出しました

調査する会では最初から2冊の本の出版をめざしていた。一冊は調査活動の集大成の単行本、もう一冊が中学校の副読本である。

単行本は、2004年1月、調査する会編『神戸港強制連行の記録—朝鮮人・中国人そして連合軍捕虜』(2004.1、明石書店)として出版された。まさに集大成的で、四六版、348頁、4500円+税という大部な本だ。

内容は、以下のようになっている。

第一部　韓国・朝鮮
第二部　中国
第三部　連合軍捕虜
第四部　活動の記録

副教材の方は、同年2月、調査する会発行(発売・みずのわ出版)で出された。『アジア・太平洋戦争と神戸港ー朝鮮人・中国人・連合国軍捕虜』宮内陽子執筆　B5版、32頁の冊子だ。神戸市教育委員会に働きかけを行ったが、残念ながら副読本として採用されなかった。

この二冊の出版記念講演会が、2004年1月31日、学生センターで開かれた。各執筆者の講演とともに調査する会のメンバーであった朴明子さんの一人芝居「柳行李の秘密」が上演された。

さらにもう一冊、調査活動の中で出版された。前述の活動記録に紹介されているジョン・レイン著・平田典子訳『夏は再びやってくる—戦時下の神戸・オーストラリア兵捕虜の手記—』(神戸学生青年センター出版部)である。A5版、258頁、1800円+税。シンガポールで日本軍にとらえられ神戸で捕虜生活を送ったジョン・レインさんが日記をもとに体験記を出版されたという情報をえたのである。本は絶版となっていたが、インターネットにアップされていたものから本人の許可を得て、2004年3月に出版した。

同年3月13日、学生センターで出版記念講演会が開かれた。訳者平田典子さんの講演のほかに、内海愛子さんが「日本の捕虜政策」をテーマに講演されている。そしてジョン・レインさんが病をおしてオーストラリアから来られて「神戸捕虜時代をふりかえって」と題する講演をしてくださった。ジョン・レインさんは、この出版記念会を契機に神戸に来られ、旧神戸捕虜収容所(神戸市役所南、東遊園地西の神戸港郵便局が含まれる一角)等をまわられた。私が関空にお迎えにいったが、車中、「KAMIGUMI」の看板に大きく反応され、「KAMIGUMI」で働かされたのだといわれていたのが印象に残っている。

この年には三冊の本を一挙に出版したことになる。

同年11月16日には、田辺眞人さんをコーディネータに<シンポジウム「近代神戸港の歴史」を考える—中学校「副読本」を中心として>(パネラー、宮内陽子、安井三吉、金慶海、平田典子)も開催している。

右は旧捕虜収容所前のジョン・レインさん

モニュメント(石碑)の建立

本を出版した2004年からモニュメントのための神戸市との交渉が始まっている。調査する会としては神戸港のハーバーランドのようなところにモニュメントを作りたかったのである。

2005.1.26付の以下の文書が残っている。

■

神戸市生活文化観光局国際交流課
課長　＊＊＊＊様

日々ご健勝のことと存じます。

神戸港における戦時下朝鮮人･中国人強制連行を調査する会の飛田です。調査する会の件でいろいろお世話になっています。本年もよろしくお願いします。

先日、当会の運営委員会で、碑文について検討を行いました。先回の碑文案を何ヶ所かの点で改定しています。当会としてはこの碑文で戦後６０年となる本年中に建立したいと考えています。次回の運営委員会を２月１０日に開催いたしますが、それまでに、安井代表らと、神戸市を訪問したいと考えています。神戸市としてのご検討をよろしくお願いします。

＜名称＞

「太平洋戦争下神戸港（小さい字、改行）
　　朝鮮人・中国人・連合国軍捕虜の碑（大きい字）」

＜文案＞

「太平洋戦争期、多くの日本人が戦場に送られ、神戸港では労働力が不足していました。そのため朝鮮人・中国人や連合国軍捕虜が連れてこられ、港湾荷役や造船などで過酷な労働を強いられ、犠牲となった人も少なくありません。私たちは、この歴史を心に刻むため、ここに碑を建てました。

２００５年＊月＊＊日　神戸港における戦時下朝鮮人･中国人強制連行を調査する会」

２００５年１月２６日
神戸港における戦時下朝鮮人･中国人強制連行を調査する会

■

神戸では 1996 年に「神戸電鉄敷設工事朝鮮人労働者の像」が神戸市との交渉の結果、神戸市の土地に設置されたことがあった。この経験を踏まえて神戸市との交渉が行われたのである。当初、実現しそうな雰囲気もあったが、そのころから右翼の強制連行バッシングが始まっていた関係か、最終的に神戸市の土地へのモニュメント建設は実現しなかった。

結局、当時神戸華僑総会名誉会長であった林同春さんらの力をお借りして、神戸華僑歴史博物館のあるビルの前庭にモニュメント「神戸港 平和の碑」が設置されることになった。除幕式は、2008 年 7 月 21 日に行われた。

除幕式／安井三吉調査する会代表、中国人遺族、林同春、韓国領事、華僑総会、朝鮮総連の関係者など

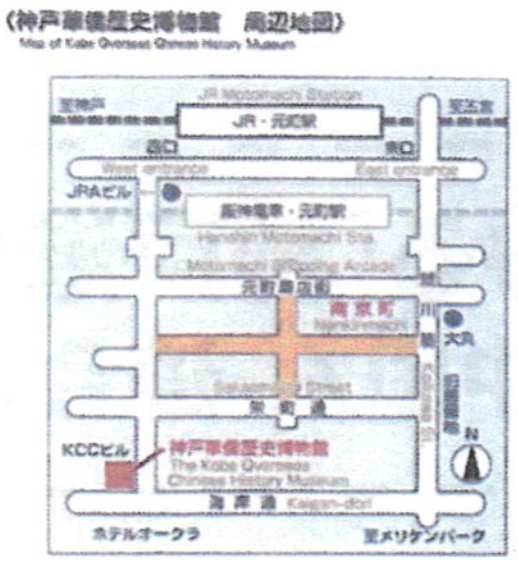

博物館南にモニュメントがある／モニュメント

毎年4月に追悼集会と南京町での懇親会

2008 年のモニュメント建立後、毎年 4 月に＜神戸港 平和の碑＞の集いが開かれている。内容等は以下のとおりである。

2009.4.26 会合と懇親会のみ（以下懇親会は毎年南京町の雅苑酒家で開かれている）
2010.4.25 「連合国軍捕虜と神戸港での強制労働―オーストラリアを中心に」大津留厚
2011.4.17 「中国人強制連行・広島港の場合―連行・労働・帰国・「送金」など」湯木昭八郎
2012.4.28 「生徒と学ぶ戦争と平和」宮内陽子
2013.4.13 「神戸平和マップをつくって」小城智子
2014.4.20 「神戸華僑呉服行商組合への大弾圧事件」とその後 香川直子
2015.4.25 「戦後 70 年」をテーマに、安井三吉、飛田雄一、徐根植
2016.4.16 『大竹から戦争が見える』を出版して 阪上史子
2017.4.8 「神戸港開港 150 年の歴史―その光と影―」宮内陽子
2018.4.14 「明治産業革命遺産」と朝鮮人・中国人・連合国軍捕虜の強制労働 飛田雄一

今年 4 月 14 日の集会は石碑建立 10 周年となる集会であった。調査する会副代表の徐根植副代表が記念冊子（A4 15 頁）を作成した。希望者には PDF ファイルでお送りする。hida@ksyc.jp まで。郵送希望のかたは 82 円切手 5 枚 410 円分をむくげの会までお送りください。

調査する会では、毎年 4 月に「集い」を開いている。建立が 7 月 21 日なので 7 月に開いたらいいようなものだが、ただ 7 月は暑いという理由だけで 4 月に開催している。ぜひ一度ご参加いただきたい。

新聞記事にみる「神戸港の強制連行／強制労働」
―朝鮮人・中国人・連合国軍捕虜―

飛田雄一

アジア・太平洋戦争の時期に神戸港では強制連行された朝鮮人・中国人・連合国軍捕虜が強制労働を強いられた。連合国軍捕虜が強制連行されたという表現には若干の違和感があるが、日本軍が占領した地域で捕虜となって連行されたのであるから、考えればまさに強制連行であろう。このテーマの調査については、1999 年 10 月に結成された「神戸港における戦時下朝鮮人・中国人強制連行を調査する会」（代表・安井三吉神戸大学名誉教授、以後、「調査する会」）が調査研究にあたっている。

神戸港の強制連行について、復刻された資料および書かれたものには以下のものがある。

①復刻版／神戸港における中国人強制連行資料／日本港運業界神戸華工管理事務所・神戸船舶荷役株式会社『昭和二十一年三月　華人労務者就労顛末報告書』神戸・南京をむすぶ会、1999 年６月
②飛田雄一「『戦時下神戸港における朝鮮人・中国人強制連行』覚え書き」『むくげ通信』177 号、1999 年 11 月
③安井三吉「『記憶』の再生と歴史研究」『現代中国研究』12 号、現代中国研究会、2003 年３月
④「調査する会」編『神戸港強制連行の記録－朝鮮人・中国人そして連合軍捕虜－』明石書店、2004 年１月
⑤「調査する会」編・発行『アジア・太平洋戦争と神戸港―朝鮮人・中国人・連合国軍捕虜―』執筆は宮内陽子（「調査する会」、兵庫県在日外国人教育研究協議会）、2004 年２月
⑥ジョン・レイン著・平田典子訳『夏は再びやってくる－戦時下の神戸・オーストラリア兵捕虜の手記』神戸学生青年センター出版部、2004 年３月
⑦飛田雄一・安井三吉「 神戸港にみる強制連行」（『岩波講座・アジア・太平洋戦争』４巻所収、2006 年２月）

その他に⑧『神戸港における戦時下朝鮮人・中国人強制連行を調査する会ニュース／いかり』１号～９号、2000 年２月～2004 年７月、がある。

「調査する会」では、薄い本と部厚い本を作ろうということになった。神戸市内の中学校の副読本として使用されることを願って 31 頁のブックレット⑤を出し、それまでの研究成果を資料とともに編集して 352 頁の本④を出した。残念ながらブックレットはいまだ副教材として正式に採用された学校はないが‥‥。

本稿では、神戸港の強制連行問題に関連する新聞記事を紹介する。特に 1941 年 12 月の太平洋戦争開始以降は、すべての新聞が御用新聞化されているという状況のもとでの「大本営発表」的な記事がほとんどと言っていいが、そのような記事のなかにも当時苦難を強いられた人々の状況を垣間見ることのできるものがある。そのいくつかを紹介したいと思う。（解読困難な文字について、普通は□とするが、ここでは一字ごとに「？」としている。）

●

記事１

1942 年１月 23 日／神戸新聞
米人抑留者今暁神戸へ
／わが武士道精神で保護取締り

善通寺に収容中のグアム島作戦における俘虜に非ざる米人抑留者が今暁六時、神戸へ到着する、抑留者は政府関係者六三名、航空関係者五名、宣教師一三名、一般市民五四名の総数百三五名で、うち婦人は七名、香川警察部員十名、憲兵三名と兵庫県外事課から受領に赴いた難波警部、刑部警部補が付添ひ、到着と同時に外事課の輸送トラックに分乗、内六四名は神戸区北野町三丁目のバターフイルド・エンド・スワイヤ汽船会社宿舎へ、残り七十名は旧居留地伊勢町のシーメンス・ミッション・インステイチウトへそれぞれ収容され、日本の庇護のもとにおかれる。（後略）

米人抑留者今朝神戸へ
わが武士道精神で保護取締り
善通寺の別れ一幕

係の難波警部から視察係の？？部へバトンは移され、ここに彼らの港都での抑留生活が始まったのである。（後略）

芝生で日向ぼっこ
ほっと一息 抑留米人神戸

「抑留者」というのは捕虜ではない。しかし「敵国人」であるというので、神戸市内には４ヶ所の「抑留所」が作られて日本軍の管理下にあった。当時、日本軍の捕虜関係の責任者であった松本充司さん（1917 年生、神戸市在住）が「調査する会」の集会に参加してくださり、後日、この抑留所の場所も記載した貴重な地図を提供してくださった。カラーコピーしたものを必要な方にはお分けしている（500 円＋送料 160＝660 円）その第一抑留所が神戸市灘区青谷にあったが、調査する会のフィールドワークに松本さんも同行していただきその場所を確認している。

記事２

1942 年 1 月 24 日　神戸新聞
芝生で日向ぼっこ／ほっと一息
抑留米人神戸の第一日

二十三日朝神戸に送られてきたグアム島の米人抑留者百三十二名は神戸到着と同時に一班五十六名は神戸区北野町一丁目のバターフヰールド・エンド・スワイア汽船会社の寄宿舎へ、他の一班七十六名は旧居留地伊藤町のシーメンス・インスティチウトへそれぞれ収容され、この日から寛大な皇国の庇護のもとにおかれることになった、輸送の大任を果たした県外事連絡

記事３

1942 年 10 月 11 日／神戸新聞
リスボン丸門司へ／知つて魚雷攻撃／米潜水艦の背信に興奮／英捕虜門司入港
米こそ人類の敵だ／日本の武士道に敬慕

本文は省略するが、写真がいい？ので当時の雰囲気をつたえるために収録した。

記事４

1942年10月13日　神戸新聞

英俘虜一行、神戸の収容所へ

陸軍輸送船リスボン丸で内地護送中鬼畜の如き米潜水艦の襲撃を受け全員溺死の憂目から皇軍の恩讐を越えた救護で九死に一生を得た英俘虜一行は十一日神戸に到着、俘虜収容所に入った、十二時五十分神戸駅に降り立った俘虜○○名は粛然と東遊園地へ。

東遊園地では森本安浩中尉の前に整列、閲兵を受け“？子はこれより俘虜収容所に入る、？子の？？？？は認め逃亡の意なく規律に従ふものは同情をもって？子の軍人たる名誉を尊重して公正に取扱ふものである”と？？両全の訓示に深く頭を下げて一小隊毎に“日本軍の軍律に従ひ逃亡せず”の宣誓に右手を挙げて誓ふ、次で所持品検査を受けかくて市民の注視を浴びながらロンドンの英俘虜は粛々と収容所に入った。

英俘虜一行、神戸の收容所へ

記事５

1943年７月29日／神戸新聞

朝鮮人名古屋より神戸へ／船舶荷役に一肌／名古屋から半島人部隊来援助

神戸港の荷役増強に一役脱がうと遠路はるばる名古屋から愛国の念燃ゆる半島人荷役労力奉仕隊一行七十余名が神戸船舶荷役株式会社錦見所長引率のもと二十八日午後三時八分神戸駅着列車で来神した。直に湊川神社に赴き花房湊川神社主典により修？を受けてのち神戸国民職業指導所有方総務部長の訓示があって一行は約一週間滞在し、港湾荷役に挺身することになってゐる（写真は湊川神社に参拝した荷役に来援の半島人部隊）

肌一に強増役荷

神戸新聞　1943.7.29

記事６

1944年５月20日／神戸新聞

半島労務者を指導

激励慰問に近く「委員会」設立

生産に、貯蓄に、また国防土木作業にとあらゆる戦力増強部門に皇国臣民として燃ゆる愛国心から輝かしい足跡をのこしてゐる半島労務者の契約延長に対する異数の優遇の画期的措置が講ぜらるることとなったが、相当数の本年満期の半島労務者を持つ兵庫県では、協和会勤労報告隊等農村の土地改良にも素晴らしい稼働率を示したこれら半島出身の産業戦士指導に万全を期して、一層戦意を昂揚せしむるため厚生省健民局の指導により彼等を心から慰問激励する強力な機関として成田知事を会長に「移入半島人労務者指導委員会」を結成することとなり、伊藤内政部長、菱川厚生、武末特高、渡辺労政、栗栖国民動員各課長に

金乙星
アボジの履歴書
1997.10 ISBN978-4-906460-33-5 A5 134 頁 2000 円
八幡明彦編
＜未完＞年表日本と朝鮮のキリスト教 100 年(品切)
B5 146 頁 1600 円
(簡易製本版) B5 146 頁 1000 円
鄭鴻永
歌劇の街のもうひとつの歴史―宝塚と朝鮮人
1997.1 ISBN978-4-906460-30-4 A5 265 頁 1800 円
和田春樹・水野直樹
朝鮮近現代史における金日成
1996.8 ISBN978-4-906460-29-8 A5 108 頁 1000 円
兵庫朝鮮関係研究会・編著
在日朝鮮人 90 年の軌跡ー続・兵庫と朝鮮人ー
1993.12 ISBN978-4-906460-23-6 B5 310 頁 2300 円
脇本寿 (簡易製本版)
朝鮮人強制連行とわたし川崎昭和電工朝鮮人宿舎・舎監の記録
1994.6 ISBN978-4-906460-25-9 A5 35 頁 400 円
尹静慕作・鹿嶋節子訳・金英達解説
母・従軍慰安婦 かあさんは「朝鮮ピー」と呼ばれた
1992.4 ISBN978-4-906460-56-4 A5 172 頁 1000 円
金慶海・堀内稔
在日朝鮮人・生活権擁護の闘い―神戸・1950 年「11・27」闘争
1991.9 ISBN978-4-906460-54-0 A5 280 頁 1800 円
高慶日
高慶日マンガ展「二十世紀からの贈り物」
A4 44 頁 カラー 1300 円
高銀
朝鮮統一への想い
2001.9 ISBN978-4-906460-38-0 A5 30 頁 400 円
モシムとサリム研究所著/大西秀尚訳
殺生の文明からサリムの文明へ―ハンサリム宣言 ハンサリム宣言再読― ISBN978-4-906460-46-5 A5 164 頁 700 円

ジョン・レイン著、平田典子訳
夏は再びやってくる―戦時下の神戸・オーストラリア兵捕虜の手記
2004.3 ISBN978-4-906460-42-7 A5 427 頁 1800 円
深山あき
風は炎えつつ
ISBN978-4-906460-43-4 B6 209 頁 1500 円
佐渡鉱山・朝鮮人強制労働資料集編集委員会
佐渡鉱山・朝鮮人強制労働資料集
2024.6 ISBN978-4-906460-70-0 A4 184 頁 1800 円
竹内康人編著
戦時朝鮮人強制労働調査資料集増補改訂版
―連行先一覧・全国地図・死亡者名簿―
2015.1 ISBN978-4-906460-48-9 A4 268 頁 2000 円
竹内康人編
戦時朝鮮人強制労働調査資料集 2―名簿・未払い金・動員数・遺骨・過去精算―(品切)
2012.4 ISBN978-4-906460-45-8 B5 212 頁 1900 円

竹内康人編
戦時朝鮮人強制労働調査資料集 2 増補改訂版―名簿・未払い金・動員数・遺骨・過去精算―
2024.9 ISBN978-4-906460-71-7 A4 248 頁 2000 円

強制動員真相究明ネットワーク・民族問題研究所編
日韓市民による世界遺産ガイドブック「明治日本の産業革命遺産」と強制労働
2017.11 ISBN978-4-906460-49-6 A5 88 頁 500 円
中田光信著
日本製鉄と朝鮮人強制労働―韓国大法院判決の意義―
2023.5 ISBN978-4-906460-68-7 A5 88 頁 500 円

●

白井晴美・坂本玄子・谷総保・高橋晄正
今、子供になにが起こっているのか
1982.4 ISBN978-4-906460-57-1 A5 158 頁 600 円
竹熊宜孝・山中栄子・石丸修・梁瀬義亮・丸山博
医と食と健康(品切)
A5 132 頁 600 円
中南元・上杉ちず子・三島佳子
もっと減らせる!ダイオキシン
2000.10 ISBN978-4-906460-37-3 A5 145 頁 1200 円

●

山口光朔・笠原芳光・内田政秀・佐治孝典・土肥昭夫
賀川豊彦の全体像
1988.12 ISBN978-4-906460-52-6 A5 180 頁 1400 円
佐治孝典
歴史を生きる教会ー天皇制と日本聖公会(品切)
ISBN978-4-906460-40-3 A5 165 頁 1300 円
中村敏夫
牧会五十話
1995.12 ISBN 978-4-906460-28-1 A5 177 頁 1800 円
小池基信
地震・雷・火事・オヤジーモッちゃんの半生記
1998.11 ISBN4-906460-35-9 四六 270 頁 1600 円
中村敏夫
信徒と教職のあゆみ(品切)
B6 101 頁 1500 円

●

神戸学生青年センター50 年記念誌
50 周年を迎えたセンター、次の 50 年に向かって歩みます
2023.4 ISBN978-4-906460-64-9 A4 254 頁 2000 円
まつだたえこ作人民新聞社編
貧困さんいらっしゃい
2023.4 ISBN978-4-906460-65-6 A5 155 頁 1000 円
特定非営利活動法人 NGO 神戸外国人救援ネット編
震災から 30 年救援ネットのあゆみ
2025.1 ISBN978-4-906460-72-4 A4 452 頁 2000 円

ブックレット版以外の本はいずれも
送料 360 円をあわせてご送金ください
※いずれも消費税別の価格です

【ご購入方法】
1)代金を郵便振替＜01160-6-1083 公益財団法人神戸学生青年センター＞で送金下さい
(振替手数料センター負担・別途送料がかかります)
2)全国どこの書店でも取り寄せられます
「地方小出版流通センター」扱いの本と言ってお近くの書店でお申し込み下さい
3)Amazon、学生センターロビーでも購入いただけます

神戸学生青年センター出版部・出版案内　2025.4

〒657-0051 神戸市灘区八幡町 4-9-22 TEL078-891-3018 FAX 891-3019 E-mail info@ksyc.jp　URL https://ksyc.jp/

<ブックレット>

強制動員真相究明ネットワーク編
強制動員真相究明ネットワーク・ニュース合本第二分冊(11～20)
2025.4 ISBN978-4-906460-78-6 A4 218 頁 1000 円

強制動員真相究明ネットワーク編
強制動員真相究明ネットワーク・ニュース合本第一分冊(1～10)
2025.4 ISBN978-4-906460-77-9 A4 162 頁 1000 円

飛田雄一編
あっちの山、こっちの川―むくげ通信・旅日記―
2025.4 ISBN978-4-906460-76-2 A4 114 頁 1000 円

飛田雄一編
資料集「アジア・太平洋戦争下・神戸港における強制連行・強制労働―朝鮮人・中国人・連合軍捕虜」
2025.4 ISBN978-4-906460-75-5 A4 174 頁 1000 円

飛田雄一編
資料集「武庫川と朝鮮人」2
2025.3 ISBN978-4-906460-74-8 A4 94 頁 1000 円

飛田雄一編
資料集「武庫川と朝鮮人」
2025.2 ISBN978-4-906460-73-1 B5 90 頁 1000 円

成川順
南京事件フォト紀行　2011.12 A4 96 頁 560 円

宮内陽子
生徒と学ぶ戦争と平和　2011.12 A4 80 頁 560 円

浄慶耕造
国産大豆で、醤油づくり　2010.12 A4 24 頁 320 円

大森あい
自給自足の山村暮らし　2009.4 A4 36 頁 320 円

竹内康人編
朝鮮人強制労働企業 現在名一覧　2012.2 A4 26 頁 240 円

高作正博著・「高作先生と学ぶ会」編
ブックレット・高作先生と学ぶ会 NO.1
「2017 年通常国会における改憲論議―転換点としての 5 月 3 日」
2018.1 A5 56 頁 500 円

飛田雄一著
阪神淡路大震災、そのとき、外国人は?
2019.7 ISBN978-4-906460-50-2 B5 58 頁 410 円

神戸港における戦時下朝鮮人・中国人強制連行を調査する会編
資料集「アジア・太平洋戦争下の「敵国」民間人抑留―神戸の場合―」
2022.4 ISBN978-4-906460-62-5 A4 56 頁 600 円

松田妙子著/西本千恵子・飛田雄一編
松田妙子エッセイ集(改訂版)「いつか真珠の輝き」
2023.4 ISBN978-4-906460-67-0 B5 123 頁 800 円

藤井裕行著
歴史の闇に葬られた手話と口話
関東大震災下で起きた「ろう者」惨殺の史実を追う
2023.10 ISBN978-4-906460-69-4 B5 56 頁 600 円

神戸学生青年センター朝鮮語講座
ブックレット①
ハンサルリム宣言(品切)　B5 28 頁 100 円

在日朝鮮人運動史研究会関西部会編
シンポジウム<在日朝鮮人史研究の現段階>資料集(品切)
B5 52 頁 300 円

神戸学生青年センター編
11・27神戸朝鮮人生活権擁護闘争・資料集(品切)
B5 31 頁 300 円

ブックレット版はいずれも送料 250 円をあわせてご送金ください

梶村秀樹　解放後の在日朝鮮人運動
1980.7 ISBN978-4-906460-51-9 A5 103 頁 600 円

金慶海・洪祥進・梁永厚
在日朝鮮人の民族教育(品切)　A5 89 頁 600 円

中塚明・朝鮮語講座上級グループ
教科書検定と朝鮮(品切)　B5 148 頁 800 円

田中宏・山本冬彦
現在の在日朝鮮人問題(品切)　A5 94 頁 500 円

新美隆・小川雅由・佐藤信行他
指紋制度を問う―歴史・実態・闘いの記録―(品切)
A5 200 頁 900 円

梁泰昊
サラム宣言―指紋押捺拒否裁判意見陳述―
1987.7 ISBN978-4-906460-58-8 A5 92 頁 500 円

仲村修・韓丘庸・しかたしん
児童文学と朝鮮
1989.2 ISBN978-4-906460-55-7 A5 216 頁 1100 円

朴慶植・水野直樹・内海愛子・高崎宗司
天皇制と朝鮮
1989.11 ISBN978-4-906460-59-5 A5 170 頁 1200 円

金英達・飛田雄一編
1990 朝鮮人・中国人強制連行強制労働資料集(簡易製本版)
1990.8 B5 80 頁 400 円

金英達・飛田雄一編
1991 朝鮮人・中国人強制連行強制労働資料集(品切)
1991.7 B5 209 頁 1100 円

金英達・飛田雄一編
1992 朝鮮人・中国人強制連行強制労働資料集
1992.7 ISBN978-4-906460-61-8 B5 272 頁 1400 円

金英達・飛田雄一編
1993 朝鮮人・中国人強制連行強制労働資料集(品切)
1993.7 B5 315 頁 1600 円

金英達・飛田雄一編
1994 朝鮮人・中国人強制連行強制労働資料集
1994.7 ISBN978-4-906460-26-7 B5 290 頁 1600 円

金英達編
朝鮮人従軍慰安婦・女子挺身隊資料集
1992.7 ISBN978-4-906460-60-1 B5 215 頁 1100 円

仲原良二編
国際都市の異邦人・神戸市職員採用国籍差別違憲訴訟の記録(品切)　B5 192 頁 1800 円

朴慶植・張錠寿・梁永厚・姜在彦
体験で語る解放後の在日朝鮮人運動
1989.10 ISBN978-4-906460-53-3 A5 210 頁 1500 円

キリスト教学校教育同盟関西地区国際交流委員会編
日韓の歴史教科書を読み直す―新しい相互理解を求めて―(品切)　A5 199 頁 2190 円

キリスト教学校教育同盟関西地区国際交流委員会編
【日韓合本版】日韓の歴史教科書を読み直す―新しい相互理解を求めて―
2003.12 ISBN978-4-906460-41-0 A5 427 頁 2500 円

韓国基督教歴史研究所著・信長正義訳
3・1独立運動と堤岩里教会事件
1998.5 ISBN978-4-906460-34-2 四六 252 頁 1800 円

大阪鉱山監督局、協和会、鉄鉱、鉱山その他関係統制会、工場事業場代表を委員として来る三十一日午前九時から県会議事堂で「設立準備協議会」を開催する。

同委員会は半島同胞に対する深い理解と援護心から内地の慣れない寮生活に不自由を忍んで、ひらすら生産第一線に挺身してゐる労務者の慰安激励主眼とし適切な生活指導、教育訓練、職域指導、給与賞与、宿舎設備などに細心の注意を払ってゆかうといふので、労務者本人への物心両面の待遇に並行してその家族に対しても慰問品の発送、郷土演劇団の派遣など積極的に援護の手をさし伸べることになってゐる。

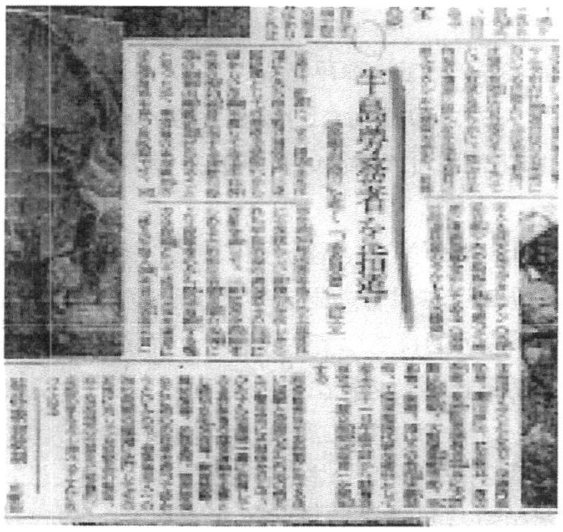
半島労務者を指導

神戸新聞　1944.5.20

記事７

1944年５月23日　神戸新聞
寮長は快男児の中尉
半島の若き訓練工【大手寮訪問記】

山陽電鉄大手停留所山側のアパートかな、と思われる明るい感じの建物それが川崎製鋼工場の訓練工たちにとっては楽しい我が家の大手寮なのだ、「やあ！」寮長の寺井氏だ。北支中支を転戦した陸軍中尉で、昨年十一月初旬、単身朝鮮に渡り〇〇名の訓練工たちを糾合し得たのだが、船の都合で出発できず、京城の某広場で半ケ月も待機、不安と焦燥に眠れぬ夜を続けたが零下七度の身を切るはうな寒風を衝いて行軍に、分隊教練を敢行した。寮に着いた翌日からもう烈しい訓練だ。

体力の練成に加えて精神教育を主眼とする寮長以下教官の必死な努力は僅か一ヶ月で〝産業戦士の資質付与〟という目的を立派に達成，押迫った年の暮れに大手寮の窓硝子は時ならぬ歓声によってピリピリと震えた、十八歳から二十八歳までの半島若者七十五名の顔はみな明るい歓喜の色が口つた。

職場での熱心さには頭が下がります、殊に指導員や先輩工員への信頼から湧き上がる忠実さや、服従心の旺盛なことは予期以上のものです。

寮には看護婦さんもゐるのだが、公傷病は病人の監視に一苦労だという、それは公傷で生爪を剥がした患者や、三十八、九度の発熱患者が、少しでも油断してゐるとこっそり抜け出して工場へ行ってしまふからである。聖戦完遂に増産が何如に大きな役割を持ってゐるかを、徹底的に認識してゐるのだ「毎晩十一時半には寮の各部屋を廻ってみるのですがこれがまた私の嬉しい仕事の一つです、毛布の何も蹴飛ばして、健康な寝息を立ててゐる無邪気な訓練工たちの姿に、一日の労苦を感謝しながら、一人々々に毛布を着せかけてやるのですが、何ともいえない気持です‥‥」

XX医大在学中に教授と口論して自ら退学し、日大に移ったという快男児の寺井寮長はお医者の勉強をしてゐるだけに、生理衛生学は玄人だし、寮長として満点だ(つヾく)多木生

神戸新聞　1944.5.23　カットより

記事８

1944年５月24日　神戸新聞
何かしら熱いもの
半島の若き訓練工「大手寮訪問記」

つひ最近のこと、隣町の大手町二丁目のクリニング屋さんから出火、寮長は直ちに非常呼集を行った、慌てふためくかと思ひの外電撃の整列ぶりだった。宙を飛んで火と闘ひ消防自動車が来た時には隣家への延焼を喰い止めてゐた、また最近に光口(不明)明洙君

と山本宗平君の父君が病死したといふ悲報があったが両君は、いひ合わせたやうに帰らなかった一

私たちは、招集令を頂いたつもりでゐるのです、戦場にある皇軍兵士は父母が死んだからといって、内地に帰ってくることが出来ますか・・・・地下の亡父も帰国せぬ方を喜びます。

娯楽会は多士済々、まづ日蓄当選歌手といふ経歴をもつ綾城幸作君、朝鮮民謡コンクールに一等当選したといふ金沢潤錫君、ギターの名手里見君などが演技を御披露に及ぶ、最近工場の労務課長からハーモニカを寄付されたので、訓練工たちは大喜び、日々点呼までの賑やかさ、それから野菜も作ってゐる。見ると寮の東手の十坪ばかりの畑に葱やしゃもじ菜が行儀よく並んでゐる、夜勤らしい訓練工が二、三人裸足で野菜の世話に没頭してゐると、突然、隊長殿！蛇です、蛇がでました、その中の一人が素ツ頓狂な声をあげて、いきなり跳ねあがった、青大将がその足もとを悠然とのたってゐる「何だ、大きな男が！、蛇はどうもしやせんさ、安心しろ」寺井寮長が怒鳴ると、その訓練工は極り悪さうに照れながら頭を掻いた「無邪気なもんですよ！然しどうです、内地語も中々流暢なものでせう」この蛇事件は記者に何か知らぬ熱いものを感じさせた（終）多木生

神戸新聞　1944.5.24

記事９

1944 年 6 月 13 日　神戸新聞

半島訓練工の神宮参拝　神戸製鋼で

神戸製鋼では本月第一回目の電休日を利用して同工場で敢闘してゐる半島訓練工一同を同訓練隊長引率のもとに午前五時から起床して一泊二日の予定で伊勢の神宮参拝に行ったが、これを訓練工達喜ぶことか喜ぶまいことか、しかも初めて拝す神宮の社殿前から動こうとしなかった位だとは右隊長の言葉である。

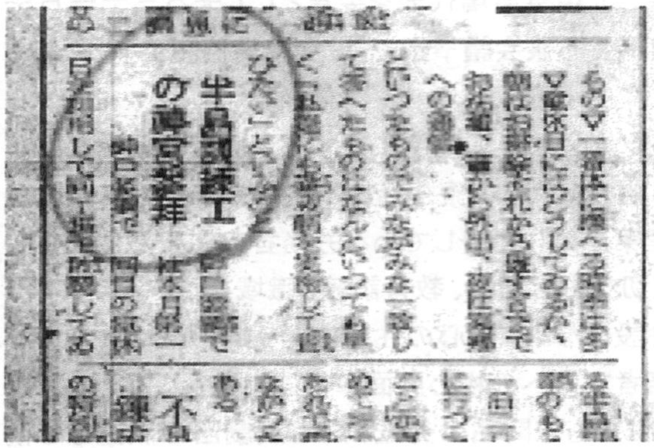

記事１０

1944 年 6 月 13 日　神戸新聞

半島移入労力の検討（上）風俗習慣への理解／来てよかったと思はせて欲しい／本社共催の懇談会

朝鮮の対戦争寄与は経済面にあつてはアルミ、マグネなど軽工業や製鉄などますますその重要性を高める反面、労力面にあつても「移入労力」のわが内地労力に占める比重は、特に鉱山方面において六割以上を占むるに至った、重工業県たる本県にも移入労務者数は神戸、尼崎方面を主として〇千名に達し、これらは殆ど純真な年頃の青年ばかりである、大東亜民族十億を数へるとはいへ、それら東亜の解放への主体力となり、内地に来て内地人と協力してゆけるのは、その生活、風俗、習慣、国語を解する半島出身者以外に求められない、この点に鑑み本社は朝鮮労務者？？？の来神を機に本社では県協和会と共催で、県下の主要工場代表者三十余氏の出席を乞い、両者のあいだに忌憚のない事情の交換と懇談を行った。

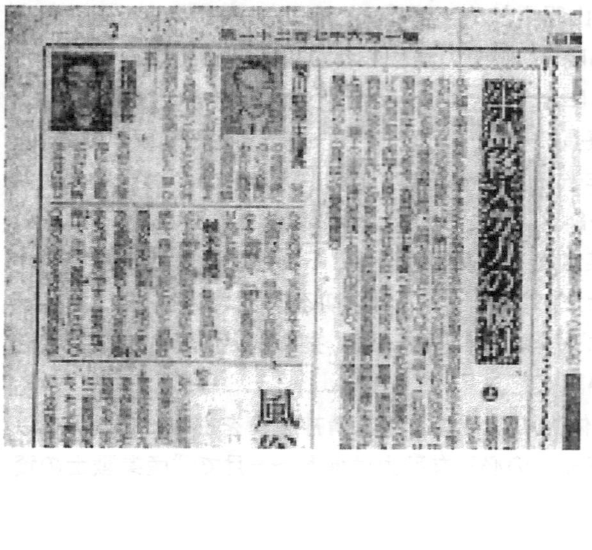

この懇談会の（下）は、同年 6 月 14 日に掲載されている。「工場で親身の指導／家庭との連絡も肝要」の見出しがある。

記事１１

1945 年 1 月 12 日　神戸新聞

生産へこの特攻魂／半島同胞／いまぢや職場の大黒柱／粘りと純情で明朗敢闘ご奉公／配置の競願／川崎重工業

共に米英を撃たう、航空兵として、また設備隊員として前線に奮戦している半島同胞は兵庫県下の軍需工場に在っても半島生産特攻隊員となって生産増強に涙ぐましく敢闘を続けてゐる、温情の寮長に続きまた親子、兄弟が生産現場に挺身し、さらに職場においては「一日も早く重要作業に配置して下さい」と嘆願するなど生産戦場に内地と同胞と一体となり？しい増産意欲を盛りあげ、特有のねばり強さを通し素晴らしい能率をあげ工場の人々をいたく感激させてゐるが、いま半島生産隊の力強い姿にふれて見よう。

？？川崎重工業某工場の生産隊列に半島出身青年が加わったが新春とともに訓練工の肩書きとともに早くも現場に姿を現わして敢闘してゐる、既に彼らの先輩多数が一年有余の前からこの工場に在って日毎に示してきた逞しい生産能力が内地工員たちを優に凌駕してその刺激にもなっていることから今度の増員に際しても特に採用された訳でもある。

二十名余りは内地言葉に不自由であるが、大体に教育程度も上に在るものばかりで光山虎雄君は日大専門部出身平安北道所の？？だった、金原龍裕君は法政大専門部出身でもある、会社に着いて訓練工の宿舎と定められている芦屋市打出寮に落着いて二三日もすると〝一日も早く現場に就かせて下さい〟と嘆願して班長たちに強い感銘を与えた。

新参にして既に斯くの如しだ、先輩たちの敢闘振りを覗へば感激させられる話題の数々を生んでゐる、だからこの新参到着の報を聞いただけで各部の現場からはその配置を競願して労務課員に嬉しい悲鳴を上げさせたものだ、半島出身者たちはすべて〝訓練工〟の名のものに現場に配置されている、この訓練工の配置があるところ工員も学徒も、勤労隊員たちも激励させられまた協力精神を促進させられるのである。

ある部はそのため一二〇％の能率を上げてゐるト木金求君は足部に負傷しても翌日敢然と職場を堅守、南原？君と金原龍幹君は母の死亡の手にしても〝帰らぬ〟と頑張ったうえ爾来六ヶ月を皆勤して半島出身者の意気を示し、松谷吉球君は鋼塊引出器ほか二点の新工夫をして努力不足を補い安全感を与えて作業能率を上げたため表彰されまた錦川三植君は輸送に挺身奮闘して特に近畿管理部から感謝状を贈られたりなど四十七名からの表彰者をだしてゐる、朝七時から十二時間の現場作業後さしもの健体にも相当こたへるところがあるのだが、一同の必？の信念はこれを苦痛とせ？めないのだ。

昨年来にはこのうちから初めての入営兵九名を送り陸海軍志願兵も十数名数へる、大江中尉を寮長とする打出寮における日ごろの訓練から湧然と絶えざる生産意欲を湧き立たせてゐる、この訓練工たちは全くこの工場の生産特攻隊とも見られるのだ

生産へこの特攻魂
半島同胞
いまぢや職場の大黒柱
粘りと純情で明朗敢闘ご奉公

●

調査する会の活動は継続している。残された課題はモニュメントの建設だ。会では、歴史を心に刻むとともに、「石」に刻むことが大切だと考えている。歴史をできるかぎり現実的に感じることが必要だが、実際にその歴史の現場を実感させてくれる「もの」がいる。神戸電鉄朝鮮人労働者のモニュメントが 1996 年に完成しているが、そのモニュメントは、おおくのフィールドワークの訪問先にもなっている。

神戸港の強制連行／強制労働の歴史を刻んだモニュメントの建設を是非実現したいと思う。

（記事を提供していただいた金慶海さん、堀内稔さん、高木伸夫さんに感謝します。）

⑪ 神戸港 平和の碑

南京町西門（西安門）より南へ下がると緑色のＫＣＣビルが見えてくる。二階に神戸華僑歴史博物館のあるビルだ。そのビルの前に「神戸港 平和の碑」があり、日本語、英語、中国語、朝鮮語、四言語のプレートが貼られている。日本語は次のとおりだ。

アジア・太平洋戦争時期、神戸港では労働力不足を補うため、中国人・朝鮮人や連合国軍捕虜が、港湾荷役や造船などで苛酷な労働を強いられ、その過程で多くの人々が犠牲になりました。私たちは、この歴史を心に刻み、アジアの平和と共生を誓って、ここに碑を建てました。

2008年7月21日

神戸港における戦時下朝鮮人・中国人強制連行を調査する会

国際都市として知られる神戸港はまた軍港という側面も持っていた。今も遊覧船で港内を巡ると川崎重工のドックに自衛隊の潜水艦が入っていることがある。

アジア・太平洋戦争の時期、三菱重工神戸造船所、川崎重工神戸艦船工場などの軍需工場では、工員が兵士として戦場に送られたあとの労働力不足を補うために、女性や中学生以上の学生・生徒も動員された。さらに一九三九年以降は、「朝鮮人労務者内地移住に関する件」という文書によって朝鮮人強制連行を開始した。一九四四年八月、徴用令によって咸鏡南道から強制連行された朴球會さんは、川崎重工神戸艦船工場で働かされた。朴さんの証言によると、宿舎の東垂水寮には約三〇〇〇名の朝鮮人が収容されており、省線（現JR）で塩屋駅から神戸駅まで行き、そこから工場まで徒歩で通ったという。潜水艦の伝声管製作の単純作業で、「空腹が一番苦痛だった」とも語っている。一九九〇年に公表された「いわゆる朝鮮人徴用者等に関する名簿の調査について」（「厚生省名簿」）にはすべての企業の名簿ではないが、神戸関係では、三菱重工神戸造船所一九八四人、川崎重工葺合工場一三九八人、神戸製鋼所本社工場四一三人、神戸船舶荷役株式会社一四八人などの名簿がある。

中国人は一九四二年一一月二七日に閣議決定された「華人労務者内地移入ニ関スル件」により日本全国一三五の事業場に四万三〇〇〇人が強制連行された。そのうちのひとつ神戸船舶荷役株式会社には九九六人が強制連行されたが、神戸空襲が激しくなり神戸港での作業が困難となってからは、三三〇人が室蘭、函館、七尾、敦賀に移されている。神戸港では一七名が亡くなっているが、更に送り先の函館で四八人、七尾で三人、敦賀で一人が亡くなっている。彼らは、宇治川商店街南入口から少し東の戎井旅館を接収した新華寮などに収容されていた。

神戸港 平和の碑

一九九九年七月に来神した黄国明さんの証言によると、「当時、岸壁についた荷物を倉庫に運び、また倉庫のものを船に運ぶという労働をさせられた。朝四時に起こされて夜一二時まで働かされたこともあった。一日三回の食事だったが一回にまんじゅう二個で、お腹がすいてゴミ箱からミカンの皮を拾って食べたこともある」という。

東南アジアで日本軍の捕虜となったアメリカ、イギリス、オーストラリア、オランダ、中国の兵士約三万六〇〇〇人が日本に送られそのうち約六〇〇人が神戸に連行された。神戸市役所南にあった収容所に入れられ、川崎重工神戸艦船工場などで働かされた（連合国軍捕虜については五六頁⑩参照）。

一九八九年一〇月に結成された神戸港における戦時下朝鮮人・中国人強制連行を調査する会（代表・安井三吉）が調査活動を進め、二〇〇八年七月にこの碑が建立された。

（飛田雄一）

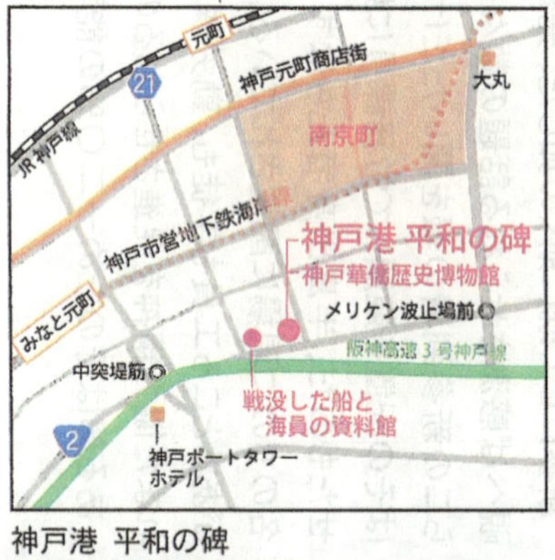

神戸港 平和の碑
神戸市中央区海岸通 3-1-1 KCCビル

⑩ 神戸連合国軍捕虜病院跡

アジア・太平洋戦争で捕虜となり東南アジアで抑留されていた連合国軍捕虜のうち約三万六〇〇〇人が労働力として日本に移送された。それ以外に移送の途中で病死・衰弱死あるいは船が撃沈されて約一万一〇〇〇人が亡くなっている。捕虜の正確な人数は分からないが敗戦時に兵庫県下で一六三六人、そのうち神戸市内が五四五人となっている。極度な労働力不足に陥っていた日本は、朝鮮人・中国人を強制連行する一方で連合国軍捕虜も労働力として日本に連れてきたのである。当時神戸で抑留生活をしたオーストラリア人・ジョン・レインさんは、当時のことをユーモアをまじえて詳細に記録した『夏は再びやって来る―戦時下の神戸・オーストラリア兵捕虜の手記』（平田典子訳、神戸学生青年センター出版部）を残している。

神戸市内の捕虜は、神戸市役所南の神戸分所、一九四五年六月の空襲の後は、丸山分所、その後は脇浜分所に収容されていた。それともうひとつ神戸捕虜病院が設置されていた。場所は、現在の神戸市文書館（旧南蛮美術館）南である。

ここには賀川豊彦が卒業したことでも知られる中央神学校（一九〇七年創立、一九二七年に改称）があったが、戦争の激化とともに一九四一年自主閉鎖して宣教師は本国に引き揚げた。その建物を日本軍が接収して捕虜病院としたのである。現在はマンションがたっているが、小さな公園の一角に神学校の跡地であることを示す石碑が立っている。一九四五年六月の神戸空襲の時に、三名あるいは七名の捕虜が死亡したといわれている。またその時、南蛮堂（後の南蛮美術館）

捕虜病院跡に建てられている中央神学校跡の石碑

に所蔵されていた、池永孟の所蔵品が燃えかけたのを、捕虜が消し止めたという逸話も残っている（高見沢たか子『金箔の港―コレクター池長孟の生涯』）。

1944年秋に神戸で撮影された捕虜病院での軍医たち
『アジア・太平洋戦争と神戸港』（神戸港における戦時下朝鮮人・中国人強制連行を調査する会編刊、2004年）より

六月の空襲ののち、神戸市長田区の丸山分所（現在の神戸市総合療育センター）に病院も移転している。戦争末期には医療設備・薬品が著しく不足し、病院としてはほとんど機能していなかったといわれている。

病院には大橋兵次郎（故人）という日本人軍医がいたが、氏について当時同病院で働かされていた米海軍軍医のラーレー・グラスマン氏は「ついに一人の医師にして軍人、そして本当の紳士にわれわれは出会った」と語っている。大橋氏に会いたいと願っていた病床のグラスマン氏の代わりに二〇〇二年七月来神した息子（ジョン・グラスマン）は、病院跡などを訪問し、息子同士が感動的な出会いをしている。

丸山分所からおそらく最終的に脇浜分所に移動した捕虜病院の捕虜たちは、敗戦の年の八月末あるいは九月の初めに全員が大阪の病院に移動している。

（飛田雄一）

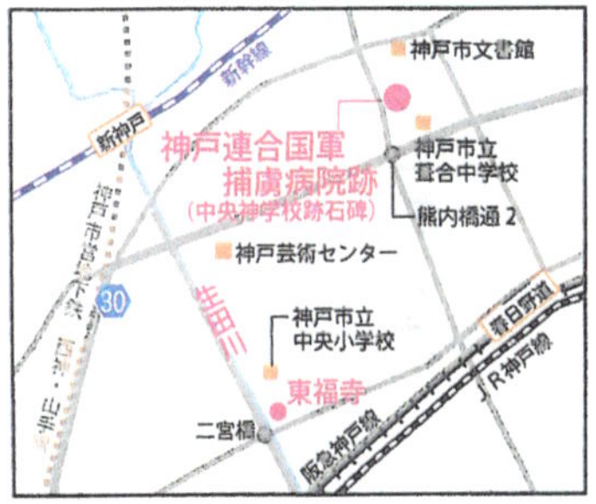

神戸連合国軍捕虜病院跡
（中央神学校跡石碑）
神戸市中央区熊内町1
熊内小公園内

第１０回

＜神戸港平和の碑＞の集い

建立１０周年

神戸港における戦時下朝鮮人・中国人強制連行を調査する会

2018年4月14日　（土）

＜神戸港平和の碑＞除幕式

2008年7月21日（日）

安井三吉会長のあいさつ

神戸華僑歴史博物館前

＜神戸港平和の碑＞完成祝賀会　雅苑酒家

＜神戸港平和の碑＞の集い 2009

2009年4月26日（日）集会：22名　学習会：18名　懇親会：12名

代表. 安井三吉氏

学習会講師：塚崎昌之
テーマ：「神戸港と朝鮮人強制連行
日本海事新聞を中心に」

学習会

事務局長：飛田雄一氏

神戸港平和の碑の集い２０１０年

2010年4月25日（日）

<神戸港平和の碑>の集い 2013年

2013年4月20日（日）集会：24名　学習会：13名　懇親会：18名

講師：小城智子氏
「神戸・平和マップをつくって」

神戸港平和の碑の集い２０１４

2014 年 4 月 20 日（日）

講師：香川直子氏↑

テーマ「 神戸華僑呉服行商組合への大弾圧事件とその後 」

懇親会「雅苑酒家」

・集い参加者
13 人
・講演参加者
14 人
・懇親会参加者
10 人

＜神戸港平和の碑＞の集い 2015

2015 年 4 月 25 日（土）集会：22 名　学習会：22 名　懇親会：12 名

「 戦後 70 年の日中関係」
安井三吉氏 →

「戦後 70 年の
日韓・日朝関係」
←飛田雄一氏

「朝鮮人労務者の
未払賃金について」
徐根植氏→

学習会

懇親会「雅苑酒家」

＜神戸港 平和の碑＞の集い2016

２０１６年４月１６日(土)

集会参加数：１５人　学習会参加数：１６人　懇親会参加数：１２人

・学習会：講師・坂上史子氏
テーマ「大竹から戦争が見える」

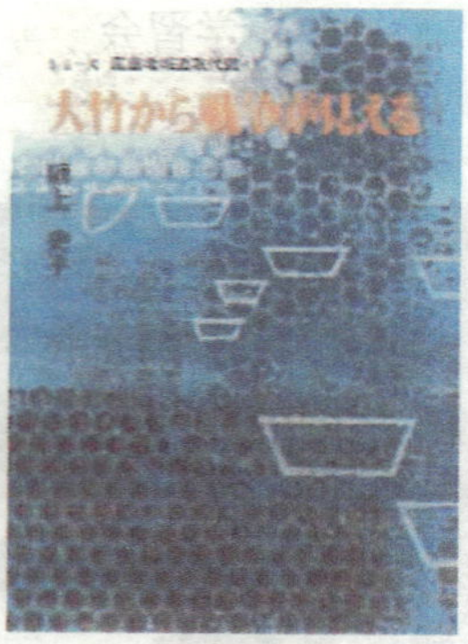

懇親会：雅苑酒家

＜神戸港 平和の碑＞の集い2017

2017年4月8日（土）

集会参加者　22人　学習会参加者　25人　懇親会参加者　11人

講師：宮内陽子さん
テーマ：神戸港150年の歴史
その光と影

＜神戸港平和の碑＞の集い２０１８

2018年4月14日（土）

講師：飛田雄一氏
テーマ：「明治日本の産業革命
遺産」と強制労働

集会参加者：１８人　学習会参加者：２０人　懇親会参加者：８人

◇神戸港平和の碑の集い◇

開催記録

		学習会テーマ・講師	参加
除幕式	2008年 7月21日(日)	神戸華僑会館前庭で除幕式 祝賀宴・南京町「雅苑酒家」	64人
第1回	2009年 4月26日(日)	講師：塚崎昌之 「神戸港と朝鮮人強制連行 ～日本海事新聞記事を中心に～」	18人
第2回	2010年 4月25日(日)	講師：大津留　厚 「「連合軍捕虜と神戸港での強制労働－ オーストラリアを中心として」	8人
第3回	2011年 4月17日(日)	講師：湯木昭八郎 「中国人強制連行・広島港の場合－連行 ･労働･帰国･送金など－」	11人
第4回	2012年 4月28日(土)	講師：宮内陽子 「生徒と学ぶ戦争と平和」	11人
第5回	2013年 4月20日(土)	講師：小城智子 「神戸　平和マップをつくって」	19人
第6回	2014年 4月26日(日)	講師：香川直子 ・「神戸華僑呉服行商組合への大弾圧事件」 ・ドキュメンタリー映画「夫たちが連れて行かれた　～神戸･華僑たちと日中戦争」上映	13人
第7回	2015年 4月25日(土)	講師 安井三吉「戦後70年の日中関係」 飛田雄一「戦後70年の日韓、日朝関係」 徐根植「朝鮮人労働者の未払賃金問題について	22人
第8回	2016年 4月16日(土)	講師：坂上史子 「戦争体験を引き継ぐ－地方都市大竹の場合」	16人
第9回	2017年 4月8日(土)	講師：宮内陽子 「神戸港150年の歴史－その光と影－」	25人
第10回	2018年 4月14日(土)	講師；飛田雄一 明治産業遺産と 朝鮮人・中国人・連合軍捕虜の強制動員	

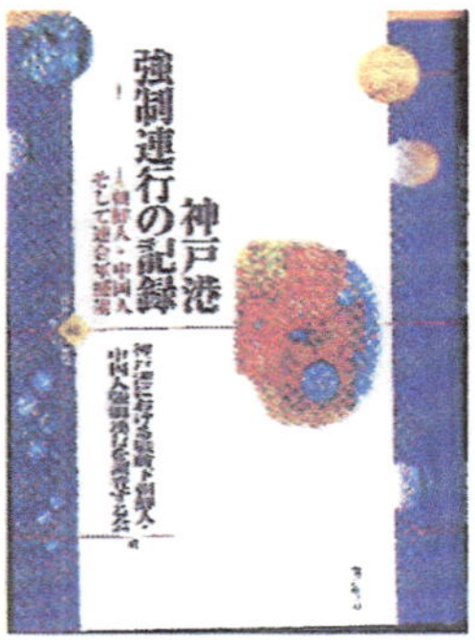

『神戸港強制連行の記録』
－朝鮮人・中国人・連合軍捕虜－

『アジア・太平洋戦争と神戸港』
－朝鮮人・中国人そして合軍捕虜－

いかり 1

神戸における戦時下朝鮮人
・中国人強制連行を調査する会ニュース

〒657-0064　兵庫県神戸市灘区山田町 3-1-1　（財）神戸学生青年センター内
TEL 078-851-2760　FAX 078-821-5878　E-mail rokko@po.hyogo-iic.ne.jp

「神戸港における戦時下朝鮮人・中国人強制連行を調査する会」の結成集会＝神戸市灘区の神戸学生青年センターで（朝日新聞より）

ニュース発刊にあたって

みなさん、今日は。

昨年１０月に会を結成して、すでに３か月がたちました。この間、結成大会、運営委員会そして朝鮮、中国などの各グループの集まりがそれぞれ精力的に活動が展開されています。

朝鮮関係にしても、中国関係にしても、ゼロからのスタートというわけではなく、それぞれすでに広汎な調査と厚い研究の蓄積があり、また、各メンバーもやる気満々の方々ばかりです。この面で私などは初心者に近く、みなさんの邪魔をしないことが一番の勤めだと自覚しております。一応３年で成果をまとめようという一種のプロジェクト方式の会だと理解しておりますが、３年は、長いようであっというまに過ぎてしまうだろうと思います。

さて、神戸はしばしば国際都市と呼ばれてきましたし、市民の方々の多くもそのように思っています。明治開港以来の歩みからは、たしかにそうもいえましょう。とくにアジアの人々との交流という点では、誇るべきことが多々あります。ただ、歴史は単純なものではなく、往々にして明るい面は陰を伴うものです。私たちがこれからやろうとしていることは、ある意味では近代神戸の陰の面を表に出すことになるかもしれません。しかし、これも神戸の一面なのです。光と陰の両面を明らかにしてこそ、神戸は２１世紀に向かう国際都市として自らを誇らかにアジアに向かってアッピールすることができるのではないでしょうか。私たちがこれからやろうとしていることは、このような意義があることと思います。ご協力をお願い致します。

2000 年 1 月 30 日
代表　安井三吉

「調査する会」がスタートしました
ー本会発足までの経過報告ー

事務局長　飛田雄一

昨年10月14日、神戸学生青年センターホールで「調査する会」の発足集会が開かれた。兵庫県下の１６団体（１月末現在、次頁参照）によって構成される本会はこれから３年間程度を活動の期間として調査活動を行なおうとしている。本会は開かれた会をめざしており、新しく加わってくださる団体・個人を募っている。また運営委員会（次頁参照）は毎月原則として第２木曜日にセンターで開かれており、運営委員への参加も求めている。

神戸港における戦時下朝鮮人・中国人強制連行の調査は、これまでほとんどなされてこなかった。1950年代に中国人強制連行犠牲者の遺骨返還運動が行なわれ、兵庫県でも1957年10月19日、兵庫県殉難中国人慰霊祭実行委員会（委員長・阪本勝）主催による慰霊祭が神戸市中央区の関帝廟においてして開かれている。（『兵庫県殉難中国人慰霊と殉難詳報』1957.12.15参照）また、兵庫県下の朝鮮人強制連行に関しては兵庫朝鮮関係研究会、むくげの会等によって1980年代から調査が進めらてれきたが、神戸港の調査までには至らなかった。

1996年４～５月王子ギャラリーで開催された南京大虐殺絵画展を契機に結成された「神戸・南京をむすぶ会」（代表・佐治孝典、事務局・神戸学生青年センター内）は、南京大虐殺幸存者の証言集会等を開いてきたが、昨年３月19日には大阪港の中国人強制連行をテーマに勉強会（講師・櫻井秀一氏）を開催した。神戸・南京をむすぶ会はそこで提起された神戸港における中国人強制連行の問題にとりくむことを決定した。６月には東京華僑総会所蔵の日本港運業界神戸華工管理事務所・神戸船舶荷役株式会社『昭和二十一年三月華人労働者就労顛末報告書』の復刻版（2000円〒380円）を発行し、また７月27日には、神戸港からさらに石川県七尾港に再び強制連行された黄国明さん（河北省原陽県在住、、78歳）が七尾に来られた際には神戸にも来ていただき、神戸港の現地調査と証言集会を行なった。55年目に神戸を訪れた黄国明さんは当時寮と労働現場との往復だけで街の記憶をよびさますことはできなかったが寮の位置等を確認することができた（別稿参照）。

黄国明さんの来神を契機に神戸港における戦時下朝鮮人・中国人強制連行を調査する会の準備がすすめられ、９月の始めに安井三吉（神戸大学教授）、徐根植（兵庫朝鮮関係研究会代表）、林伯耀（神戸・南京をむすぶ会運営委員）、飛田雄一（神戸学生青年センター館長）の４名による呼びかけが行なわれ、10月14日の「調査する会」結成にいったのである（会長・安井三吉、副会長・徐根植、林伯耀、事務局長・飛田雄一）。始まったばかりの会であるが、実りある調査活動を展開したいと願っている。多くの方々の参加を期待したい。

※「調査する会」の年会費は、一口個人3000円、団体5000円（年度は10月～９月）申し込みは郵便振替＜00920-0-1508701 神戸港調査する会＞でよろしくお願いします。）

規約

1.〈名称〉本会は「神戸港における戦時下朝鮮人・中国人強制連行を調査する会」（略称・神戸港調査する会）と称する。

2.〈事務所〉本会の事務局は、財団法人神戸学生青年センター内におく。

3.〈目的〉本会は、神戸港における戦時下朝鮮人・中国人強制連行の実態を調査し、もって東アジアの平和に寄与することを目的とする。

4.〈会員〉本会はその趣旨に賛同する団体および個人会員によって構成される。

5.〈役員〉本会には、代表１名、副代表２名、事務局長１名をおく。

6.〈運営委員会〉本会の運営を円滑に行うために運営委員会をおく。

7.〈財政〉本会の財政は、会費・寄付金等による。

8.〈会費〉団体会費は、年一口　5000円、個人会員は、年一口3000円とする。会計年度は10月より翌年９がつまでとする。

活動方針

1.〈運営委員会〉運営委員会を月１回程度開き、そこで会の運営について協議するとともに調査活動の報告を行う。

2.〈調査報告会〉年２回程度の調査報告会を開き、調査活動の成果を共有するための場とする。

3.〈総会〉年１回、総会を開催する。（上記調査報告会を兼ねる場合もある）

4.〈ニュース〉活動を報告するニュースを適宜発行する。

5.〈出版〉調査結果を単行本として出版する。

＜参加団体名簿＞（（　）内は代表者、２０００年２月１０日現在、５０音順）

1. 神戸・南京をむすぶ会（佐治 孝典）
2. 神戸華僑総会（林 同春）
3. 神戸電鉄敷設工事朝鮮人犠牲者を調査し追悼する会（徳富 幹生）
4. (財)神戸学生青年センター（飛田 雄一）
5. 兵庫県在日外国人研究協議会（安保 則夫）
6. 兵庫県朝鮮人強制連行真相調査団（朝鮮人側）（安 致源）
7. 兵庫県在日外国人保護者の会（申 点粉）
8. 兵庫朝鮮関係研究会（徐　根植）
9. (社)兵庫部落解放研究所（領家 穣）
10. 在日本大韓民国民団兵庫地方本部権益擁護委員会（林 茂男）
11. 在日コリアン人権協会・兵庫（孫 敏男）
12. 在日研究フォーラム（李 相泰）
13. 在日朝鮮人運動史研究会関東部会（飛田　雄一）
14. 在日韓国学生同盟兵庫県本部（姜 晃範）
15. 自立労働組合連合タカラブネ労働組合神戸支部（島田 隆明）
16. 日本中国友好協会兵庫県連合会（宗田 弘）
17. むくげの会（堀内 稔）
18. 旅日華僑中日交流促進会（林 同春）

＜運営委員名簿＞（２０００年２月１０日現在、５０音順）

1. 上田　雅美／日本中国友好協会兵庫県連合会
2. 姜　晃　範／在日韓国学生同盟兵庫県本部
3. 金　慶　海／兵庫朝鮮関係研究会
4. 金　英　達／兵庫朝鮮関係研究会
5. 小松　俊朗／神戸電鉄敷設工事朝鮮人犠牲者を調査し追悼する会
6. 佐藤　加恵／神戸・南京をむすぶ会
7. 申　点　粉／兵庫県在日外国人保護者の会
8. 徐　元　洙／兵庫朝鮮関係研究会
9. 徐　根　植／兵庫朝鮮関係研究会
10. 孫　敏　男／在日コリアン人権協会・兵庫
11. 高木　伸夫／在日朝鮮人運動史研究会関西部会
12. 徳富　幹生／神戸電鉄敷設工事朝鮮人犠牲者を調査し追悼する会
13. 朴　明　子／
14. 飛田　雄一／(財)神戸学生青年センター
15. 黄　光　男／在日コリアン人権協会・兵庫
16. 堀内　　稔／むくげの会
17. 宮内　陽子／兵庫県在日外国人教育研究協議会
18. 村田　壮一／神戸・南京をむすぶ会
19. 門永　秀次／神戸・南京をむすぶ会
20. 安井　三吉／神戸大学教授
21. 梁　相　鎮／兵庫県朝鮮人強制連行真相調査団（朝鮮人側）
22. 吉澤　恵次／(社)兵庫部落解放研究所
23. 李　相　泰／在日研究フォーラム
24. 林　伯　耀／旅日華僑中日交流促進会

神戸港に強制連行された
黄国明さんの証言

【編集部】黄国明さんは1921年2月5日、河南省陽武県（現在の原陽県）官廠郷回回営村うまれ。1944年強制連行されて神戸港と石川県七尾港で強制労働を強いられた。『事業所報告書』によれば、華北労工協会によって「訓練生」として連行され、1944年　10月　22日青島から下関（1944.10.28）、経由で10月30日神戸に着いている。翌1945年旧正月は神戸で迎えたが、空襲が激しくなると、同年4月27日七尾港に連行されそこで解放を迎えた。黄国明さんは旧姓「黄中正」。『事業所報告書』にはそのように書かれている（243頁）。「中正」は蒋介石の本名なので、中華人民共和国成立後の登録（「選民証（IDカード）」）の時に「黄国明」と改名した。また、同書で強制連行時の年齢が17歳となっているが23歳の誤りである。

すでに調査活動を始めている「七尾強制連行問題を調査する会」が昨年7月3名の幸存者（中国では生存者のことを被害にあって幸い生き延びたという意味でこういう）を含む8名を招待したが、その一人が黄国明さんだった。黄さんを神戸に招きたいという神戸・南京をむすぶ会の要望を七尾の会が受けてくださり黄さんの来神が実現した。以下は黄国明さんの証言である。
（右の写真はポートタワーより神戸港を見る黄国明さん。右は同行の息子さん）

＊＊＊＊＊＊＊＊＊＊＊＊＊

私は陽武県の農民だったが、犬でも盗まれるというような苦しい時代で、生活が苦しくて地元の自衛隊「5支隊」（紅袍会？）に入った。そこで仕事をしていたので新しい軍人と間違われた。日本軍は5支隊を日本軍に所属させるつもりだったが、5支部隊の思想が変わってそのようにならなかった。日本軍は危ないと思って私たちを捕まえた。銃剣をつきつけられ、服に紐を通されて中学校の前に集められた。それから列車に乗せられて済南へ行った。人数は多かったが何人いたかは分からない。済南の新華院は、ひどいところだった。ガソリン缶を埋めて見えないようにする仕事をしていた。白菜の外の皮をとって食べたのが見つかってトビで頭を割られた人もいた。
済南から列車に乗せられ、青島では列車から直接船に乗せられた。下関まで10日間かかったが、食事はトウモロコシの粉でつくった餅のようなものだった。下関で消毒液の中につからされてから列車で神戸に運ばれた。

神戸に着いてから宿舎に直接行った。宿舎には吹き抜けのようなものがあった。何日かは仕事がなかったが地下足袋を支給されてからすぐ仕事が始まった。仕事は岸壁についた荷物を倉庫に運ぶ、または倉庫の荷物を船に運ぶというものだった。朝4時に起こされて夜１２時まで働くことがあった。米、豆、トウモロコシなどを船に積みこむ仕事をさせられた。１００キロぐらいの荷物だった。中国の貨幣、「ウタ？（中国のドラ等の楽器）」を運んだこともある。

大きな船があったことは覚えている。造船所があったことも覚えている。しかし日本人の監督が中国人を行進させて連れていき、仕事が終わるとまた宿舎へもどるというくりかえしで、他との接触はほとんどなかった。空襲で高架下のようなところに逃げこんだ記憶があるが、職場からか寮からか覚えていない。

食事は基本的に宿舎ではなく職場でした。朝も労働してから職場で食べた。一日3回の食事だったが、一回にまんじゅうが2個で、お腹がすいてゴミ箱からミカンの皮を拾って持って帰り宿舎で食べたことがある。米袋から生米をこっっそり抜き取って食べたこともある。お風呂には入ったことがない。外出もしたこともない。お金もくれないし寮のなかで「買物券」を使うだけだった。「ヤスメ」「サンジュッキロ（30キロ）」「メシ」という日本語を覚えているが意味は知らない。

当時労働が大変で、責任者には憎しみをもっているが、一般の日本人に対してはあまり接触がなかったし、何かひどいことをされたことはないし、悪い感情は抱いていない。

＊＊＊＊＊＊＊＊＊＊＊＊

【編集部】黄さんの宿舎は記録によると新華寮。神戸駅北東に宇治川商店街の南端から東へ２００メートルぐらいのところだ。「吹き抜け」ではないが、図面には木造3階建の寮は真ん中が吹き抜けのようにあいている。証言集会のとき私たちが手カギと麻袋（ポリ袋だか）を購入し、中に新聞紙をつめて黄国明さんにどのようにして運んだのかとたずねた時、「袋を肩にのせ、幅の狭い板の上をリズムをとりながらこうして運んだのだ」と実演してくれた。その本当に軽い身のこなしは黄さんの年齢を感じさせないすばらしいものだった。来神時、神戸港のポートタワーに登ったが「どこで働かされていたのかなど全くわからない」とおっしゃっていた。

神戸　13版　1999年(平成11年)7月28日　水

戦中に中国から連行された黄さん
港の強制労働を証言
再訪に複雑な心情

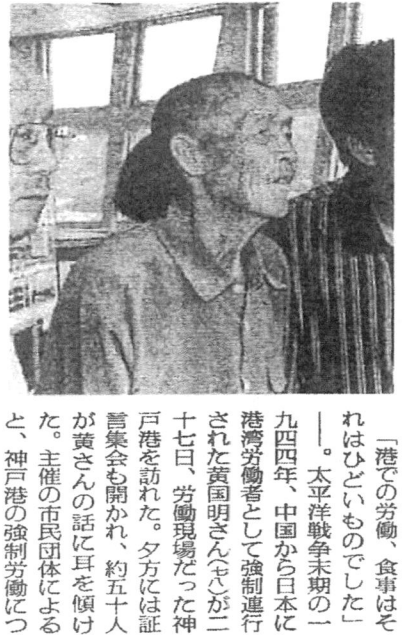

展望室から港を眺める黄国明さん＝神戸市中央区波止場町の神戸ポートタワーで

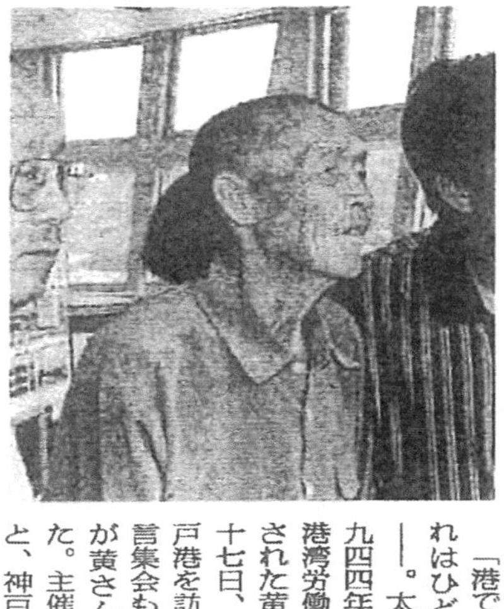

「港での労働、食事はそれはひどいものでした」――。太平洋戦争末期の一九四四年、中国から日本に港湾労働者として強制連行された黄国明さん(七八)が二十七日、労働現場だった神戸港を訪れた。夕方には証言集会も開かれ、約五十人が黄さんの話に耳を傾けた。主催の市民団体によると、神戸港の強制労働についてのこうした集会は初めて。

河南省の農民だった黄さんは四四年八月に日本軍に捕まり、強制連行された。神戸港などで船荷の積みおろしに従事、四五年秋に帰国した。この日は市民団体の有志ら九人と神戸ポートタワーから港を一望し、宿舎があったとみられる同市中央区北長狭通七丁目周辺を訪れた。

黄さんは「宿舎と港を往復していただけで、そのほかの場所は覚えていない」と話しながらも、休みなしで連日、朝から晩まで働いたと身ぶりを交えながら語った。一回の食事がまんじゅう二個だけだったため、空腹から積み荷の生米を口に含んだり、日本人が食べたみかんの皮を食べたりした経験もあると述べた。

また、神戸と日本に対して、「一般の人からひどいことをされた訳ではない。神戸に悪い感情は持っていない」と話したものの、「強制連行という状況をつくった人たちにはやはり恨みがある」と複雑な心情を見せた。

黄さんを招いた「神戸・南京をむすぶ会」（事務局・神戸学生青年センター、078・851・2760）は中国・南京を訪れたり、中国人を招いた証言集会を開いたりするなど日本の中国侵略を検証する試みを続けている。飛田雄一事務局長は「地元の神戸で何があったかを知ることも重要。調査を継続したい」と今後も当時の様子を知る人を探していくという。

文献研究報告

中国人強制連行と神戸港「事業場報告書」についての覚書

村田壮一

1はじめに

この報告は、神戸港における中国人強制連行を調査するにあたり、基礎的な資料となる「華人労務者就労顛末報告書」（日本港運業会神戸華工管理事務所、神戸船舶荷役株式会社、１９４６年３月、神戸・南京をむすぶ会が復刻版を発行）の内容を把握することを目的にしたものです。しかし、筆者自身まだ勉強不足であり、同報告書のすべてをまとめるに至っていません。強制連行についての認識もまだ浅く、参考文献の整理などもできておらず、不十分とのそしりを免れません。みなさんにはこの報告を、事業場報告書を理解する一つの端緒と受け取っていただき、ご批判をいただきながら確固としたものしていきたいと思いますのでよろしくお願いします。

2中国人強制連行の全国的な概要

日本による中国人強制連行については、１９４２年１１月２７日に「華人労務者ヲ内地ニ移入シ以テ大東亜共栄圏建設ノ遂行

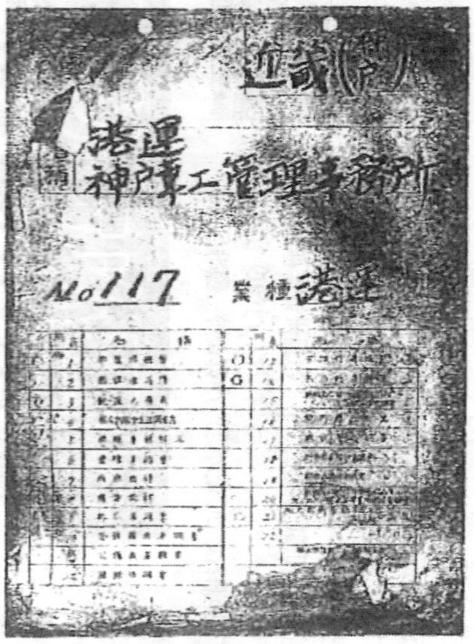

ニ協力セシメントス」との閣議決定がされた。その後、試験移入を経て４４年２月２８日に本格移入の開始を次官会議で決定した。これにより中国人強制連行は、日本の民間業者の任意的な取り組みや中国人の自由意志による渡日として始まったことではなく、日本政府の確固とした政策によって行われたことが分かる。

試験移入を含む実際の移入は４３年４月から４５年５月まで行われた。判明分では、３８９３５人が移入され全国の港湾、鉱山、工場といった１３５の事業場で使役され、その間１７％に及ぶ６８３０人が死亡している。

対象の中国人を集めた供出の形態としては４種類が挙げられている。「行政供出」は日本の傀儡である中国の行政機関が県、村ごとに人数を割り当て供出の責任を負わせたもの。「訓練生供出」は日本軍が捕らえた捕虜を労務者として供出したもので、一般男性を供出目的で軍が捕らえた実態も指摘されている。「自由募集」は中国人労働者一般から希望者を募集したものとされ、「特別供出」は供出先の事業場と同様の労働をしている人を集めたものとされている。

全体の供出数に占める割合は「行政供出」が２４０５０人と約６２％を占め、次いで「訓練生供出」が１０６６７人（約２７％）で、この２形態で９割近くに及んでいる。

3神戸港報告書について

（１）神戸港報告書の背景

神戸港における中国人の使役は、日本港運業会神戸華工管理事務所と神戸船舶荷役株式会社が受け入れて行われた。両者は戦時経済下の統制団体。同様の組織が全国の港湾に置かれ「華工管理事務所は、中国人

を管理し、港湾荷役作業に際しては、担当の荷役会社に渡し、作業終了後は、業者から華工管理事務所の手に渡されるという仕組みになっていた」(全日本港湾労働組合「全港湾労働史(第一巻)」72年5月)という。

その両者が連名で戦後の46年3月に作成したのが「華人労務者就労顛末報告書」(以下神戸港報告書)である。この種の報告書は中国人を使役した全国の事業場が作成しており、一般に「事業場報告書」といわれる。外務省が中国人連行、使役の実態を把握するために各事業場に報告を指示したもので、さらに外務省は現地に調査員を派遣して実態調査にあたらせた。それらを基に外務省が作成したのが「華人労務者就労事情報告書」(46年3月1日、以下外務省報告書)である。

これらの資料は中国人強制連行の資料としては今のところ最も基礎的なものとされる。事業場報告書には連行された中国人名簿(個人別就労経過調査表)が添付されており、現在、各地で行われている調査活動のベースになっている。しかし、外務省報告書は中国やGHQからの戦争責任追及に備えて作成したものとされ、事業場報告書についても、事業場に都合のいい記述が多いとの指摘がある。

(2)神戸港における中国人強制連行の概要

外務省報告書、神戸港報告書などから分かる神戸港での強制連行の概要は以下の通りである。

移入は43年9月から44年11月まで行われ総数は996人。出身地は河南省、河北省、山東省、江蘇省などで、年齢構成は10代から50代までとみられる。移入途中や移入後に17人が死亡した。途中、函館、敦賀、七尾の各港湾に計330人が転出。残った646人が戦後の45年11月に中国に帰還し、3人が日本に残留したとされている。

供出機関は大連福昌華工株式会社、日華労務協会上海事務局、華北労工協会の3機関となっている。

(3)神戸港での移入状況、死亡者・病気・傷害について

神戸港報告書は、移入配置や送還、受け入れ施設や給与などを記した本文と、死亡診断書、個人名や出身地を記した個人別就労経過調査表などからなっている。本文は移入時期や供出機関別に第一号から第四号までに分かれている。ここでは移入状況や、死亡、病傷についての記述をまとめたい。

第一号は、43年9月から44年4月まで203人(外務省報告書では210人)が使役された。供出機関は福昌華工株式会社で、供出方法は「特別」。試験移入段階で実施されたもので、本国で同様の労働をしていた人たちが対象だったとして「試験的ニ移入シタルモ滞在中ハ功績顕著」(復刻版36p)とし、不具廃疾者、死者の発生はなしとしている。しかし、不具廃疾者調書や個人別就労経過調査表などは「書類焼失ノタメ作成ナシ難シ」(27p)としている。

第二号は、44年5月から45年4月までで、移入数は203人。供出機関は福昌華工株式会社で、供出方法は「自由募集(外務省報告書では特別)」。急性肺炎と胃癌で2人が死亡(いずれも私病)し、1人が脊髄骨折(私病)とされている。脊髄骨折の患者と付添いの計2人が日本に残留し、199人が帰国した。

第三号は44年9月から45年11月までで、移入数は133人。「自由募集」で供出機関は日華労務協会。1人が胃癌で死亡。途中45年(外務省報告書では44年)12月、130人が函館に、45年2月に1人(通訳)が敦賀に転出し、残った通訳1人が帰国している。外務省報告書によると、函館に転出した130人のうち、47人(約36%)もが函館で死亡している。

第四号は、移入時期によって1次と2次に分けられている。いずれも供出機関は華北労工協会。1次分は44年10月に「元俘虜」300人が移入。8人が死亡(私病6人、公病2人。)2次分は44年12月に行政供出で150人が移入。7人が私病で死亡との記述がある。ただ、第4号の場合、死者数や内訳などで個所によって記述に矛盾がみられる。第四号全体として不具廃疾者2人(作業中右足切断、トラホーム

による失明）。４５年２月に９９人が敦賀に、同年４月に１００人が七尾に転出。２３６人が帰国し、通訳１人が商業希望で残留している。

以上の概要から分かることは、戦争末期の第四号分で神戸での死者が急増していることである。また、第一号で「概シテ良好」（２６ｐ）とされた健康状態が、第四号では「疾病、既往症多ク気候風土ノ相違ニ依リ病勢催進セシモノ多シ」（１０４ｐ）「受入当時、眼病、皮膚病患者甚ダ多ク体格ハ概シテ劣等」（１０６ｐ）と急激な悪化が記されている。第一号の健康状態がどれだけ「良好」だったかは検討すべきにしても、第四号時期の移入前後の条件の劣悪さがうかがえる。

（４）そのほかの記述と検討課題

本文では、前項でまとめた内容のほか、施設や労務事情など多岐にわたる記述がされており、分析が求められる。しかし連行の強制性を裏付ける上で重要な供出実態についての記述はなく、また随所に「酷使ノ事実絶対ニナシ」と記し、賃金についても「華工への実際給与ハ当方ニハ不明」（３２ｐ）などとしている。死因や不具廃疾者についても死因や公私の区別などを含めて、添付されている死亡診断書の検討や聞き取り調査が不可欠である。

なお、神戸港報告書には十分な目次がなく、このままでは大変読みにくい。筆者がいちおうの目次を作ったので、ご希望の方にはお分けします。

４今後の調査について

文献調査と同時に、被連行者の生存者や遺族を探し、当事者への聞き取り調査をすることが欠かせない。現在、神戸港報告書の個人別就労経過報告書や中国で調査にあたっている張中杰氏、七尾のグループから提供されている名簿を参考に、郵送可能な人３００人余に生存調査とアンケートの手紙を送る準備を進めている。みなさんのご協力をお願いします。

1999.7.26 神戸新聞

（第３種郵便物認可）

神戸港への中国人強制連行

資料を復刻

埋もれた戦史、市民団体が発掘

27日に証言集会

戦時中に日本に強制連行され、神戸港で荷役作業に従事した中国人七百八十六人の名簿を含む資料を神戸の市民グループ「神戸・南京をむすぶ会」（佐治孝典代表）がこのほど入手し、復刻版を作成した。資料には当時の労働内容なども記載されており、同会ではこれを基にした実態調査を計画。二十七日には、連行された中国人を招いて証言集会を開く。

同会は一九九七年に結成され、南京大虐殺の跡を訪ねたり、生存者らを神戸に招いて証言集会を開くなどの活動を続けている。

同会が入手したのは、敗戦直後に外務省が日本港運業会神戸華工管理事務所などに作成させた「華人労務者就労顛末（てんまつ）報告書」。全国の事業所の報告書などを保管している東京華僑総会から、コピーの提供を受けた。

報告書には、神戸港に連行された九百九十六人中七百八十六人分の名簿が含まれ、出身地や職業なども記載。連行中に死亡した十七人の「死亡診断書」、労務内容や支給食料などの記述も残っている。

中国人の強制連行は、徴兵による労働力不足を補うために、一九四二年に政府が閣議決定。敗戦までに約三万九千人を連行し、全国百三十五カ所で港湾荷役や炭坑労働などに従事させ、うち約六千八百人が死亡した。

同会は「報告書は、中国や連合国の追及に備えるため、日本側に都合よく記述した面があるが、名簿などは各地での調査の基礎資料になっている。これを基に一人でも多くの生存者を探し、神戸港で何が行われてきたかを明らかにしたい」としている。

また、二十七日午後六時半から神戸市灘区山田町の神戸学生青年センターで開く証言集会には、神戸港で働かされた黄国明さん（中国河南省出身）の体験談を聞く。参加費千円。問い合わせは同会☎078・851・2760（同センター内）まで。

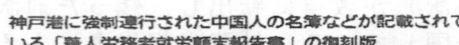

神戸港に強制連行された中国人の名簿などが記載されている「華人労務者就労顛末報告書」の復刻版

文献研究報告

神戸船舶荷役㈱の朝鮮人労働者

金英達（兵庫朝鮮関係研究会）

（１）「神戸船舶荷役株式会社」とは

『神戸開港百年史 港勢編』（神戸市、1972年刊）などの資料によれば、第２次大戦中、経済活動の戦時統制のなかで、１９４１年9月の港湾運送業等統制令により日本の主要港の港湾事業において１港１社制の統制方針が打ち出された。それにともない神戸港では、港運事業の再編成がなされ、１９４２年１２月に統制会社として神戸港運株式会社が設立され、その船内荷役業の下請会社として神戸船舶荷役株式会社（神戸市生田区波止場町）が同じく１９４２年１２月に設立された。船内荷役労働者のことを一般に「沖仲士」と言う。

そして戦時の港湾労働力の不足解消のため、１９４２年から連合国軍の捕虜を港湾労働に使用する一方で、神戸船舶荷役株式会社には、１９４３年から日本軍占領地域の中国人を「行政供出」などの名目で強制連行するとともに、１９４４年から朝鮮人を「官斡旋」の方式の労務動員により集団移入した。

なお、神戸船舶荷役株式会社は、戦後の１９４９年6月にＧＨＱの独占企業解散命令により解散させられている。したがって、解散時の清算手続によってすべての債権債務が消滅しているならば、この会社を法的に継承している法人はないものと思われる。

（２）いわゆる「厚生省調査報告書」とは

敗戦とともに国家総動員体制が崩壊して徴用を解除された集団移入朝鮮人は、就労先の事業所において賃金・手当・預金・厚生年金などの十分な清算がなされないまま、朝鮮半島の故郷への帰還を急いだ。日本政府は、朝鮮人側からの法によらない“不当な補償”の要求は拒否するように指示するとともに、各種の未払金については供託によって処理するように通達した。

これにともなって厚生省勤労局は、１９４６年6月１７日付勤発第３３７号「朝鮮人労務者に関する調査の件」〔未公開〕によって、全国の勤労署を通じて戦時中に朝鮮人労働者を雇傭した事業所から、名簿・入退所・未払金などに関する報告書の提出を命じた。この１９４６年の厚生省による戦時動員朝鮮人労働者に関する調査によって作成された資料を、中国人に関する「外務省調査報告書」の名称にならって、便宜上「厚生省調査報告書」と名付けているのである。

中国人に関する「外務省調査報告書」は、連合国軍側の戦犯追及に備えて“申し開きをするための材料を整える”目的もあって、就労状況につき詳しい内容が含まれているが、朝鮮人に関する「厚生省調査報告書」は、もっぱら未払金の処理に対応する目的で作成されたものなので、内容はきわめて簡略である。

（３）神戸船舶荷役株式会社の厚生省調査報告書の概要

名簿人員　計１４８人

いずれも創氏改名後の創氏名であり、うち日本人風の氏の設定創氏名が１１９人、朝鮮の姓が氏の法定創氏名が２９人である。

入所経路　１４８人全員が官斡旋

入所年月日　１９４４年9月１０日　６５人、同年9月１４日　２４人、同年１2月２３日　５９人

職種　沖仲士

退所事由

死亡　１人、病気送還　１０人、逃走　２７人、帰国　１１０人（１９４５年１0月８日）

年齢　１９４４年の入所年において、最高年齢者は５４歳、最小年齢者は１４歳。

５０歳代　２人、４０歳代　１０人、３０歳代　３２人、２０歳代　６６人、１０歳代　３８人

出身地（本籍）

忠清南道　錦山郡		８２人
全羅北道　金堤郡		６０人
	鎮安郡	２人
	井邑郡	１人
	高敞郡	１人
慶尚南道　居昌郡		１人
本籍不明		１人

未払金

記載なし

退所時の待遇・厚生年金保険（脱退手当金）給付

「退所時に於いては休戦と同時に就労せざるため就業案内に基き日給４円３０銭、精勤手当２５円、家手当（年齢別に依る）を支給せり。厚生年金保険未済。」

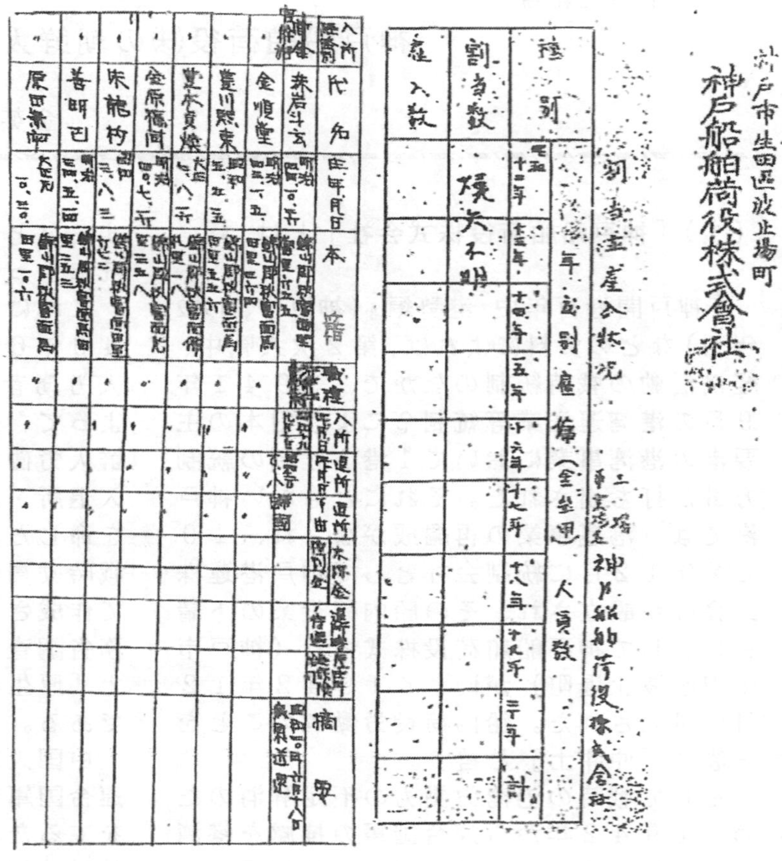
神戸市生田区波止場町
神戸船舶荷役株式會社

氏名	生年月日	本籍
金原福同		
豊川照東		
金順奎		
朱龍圴		
善明己		

神戸船舶荷役㈱の「厚生省調査報告書」の一部

（４）　今後の調査

いまのところ「厚生省調査報告書」が最も重要な手掛かりであるので、韓国の本籍地の役場あてに照会文を郵送して、戸籍簿調査を通じて本人もしくは親族を探す。何人かについては、連絡が取れる可能性は大いにあると考えている。

その一方で、神戸港、港湾行政、労務動員など関係方面の資料を広く探索していく予定である。ある程度の資料が収集できた段階で小冊子の資料集を刊行したい。

（２月１５日に２７箇所の韓国の面事務所等に紹介文を発送した）

張中杰さん講演会「中国河南省における強制連行」<予定>

張さんは、中国河南省で日本に強制連行された中国人の聞き取り調査を進められています。

４月４日（火）午後６時３０分

会場　神戸学生青年センター・ホール

参加費　１０００円　※ ビザ等の関係で日時が変更になる可能性もあります。

文献研究報告

川崎重工業製鉄所　葺合工場への朝鮮人強制連行

金慶海

はじめに

戦時中に神戸市内の１５の軍需工場に、約 5,000 名以上もの多数の朝鮮人たちが強制的に連行されて、奴隷的な労働を強いられた、ということが、『朝鮮人労務者に関する調査の件』（1946 年厚生省の調べ。以下、「厚生省名簿」と略す）の内の兵庫県の分に記録されている。

その１５企業の内、一番多く連行されたのは、三菱重工業神戸造船所への約二千名で、その次に多いのが、この川崎製鉄葺合工場への約千四百名である。この会社の歴史をつづった『川崎重工業株式会社史』によれば、1944 年には『艦船工場では約 1,600 人の半島出身の"産業戦士"を迎えた』と書いている（昭和 34 年発行　p.761）。"半島"という呼び方には、抵抗を感じるが....。

以下は、上記の 1946 年に厚生省が調べた名簿を分析したものである。

Ｉ．朝鮮で強制連行をしたところ

右の地図を見ながら、以下の統計を読んでほしい。

江原道で 499 名が断然トップ。道別の人数と順位は以下のようだ。
平安北道が 404 名、咸鏡北道が 294 名、黄海南道が 136 名、黄海北道が 66 名、京城府が１名で、総合計は１４００名になる。この数字は、前述の社史の「約 1,600 人」とは合わないが、どちらが事実なのかは解らない。

この統計で解るのは、今の共和国地域（＝北朝鮮）の出身者が絶対多数だということだ。

以下の全ての統計数字は、《1,400 人》に便宜上統一する。

II．連行された人たちの年齢

「厚生省名簿」に書かれている年齢が、数え年なのかどうか、工場に連れてこられた時のか、解放後に記録した時の年齢なのか、定かでない。ここでは、「厚生省名簿」に書かれてる年齢に従った。

17 歳から 20 歳までが 161 名（全連行者の 11.5 ％）、21 歳から 25 歳までが 818 名（同 58.4 ％）26 歳から 30 歳までが 314 名（同 22.4 ％）。最高齢者は 48 歳で１名。つまり、一番働き盛りのトシ（17 歳～ 30 歳）の人々が 1,293 人で 92.3 ％にもなる。

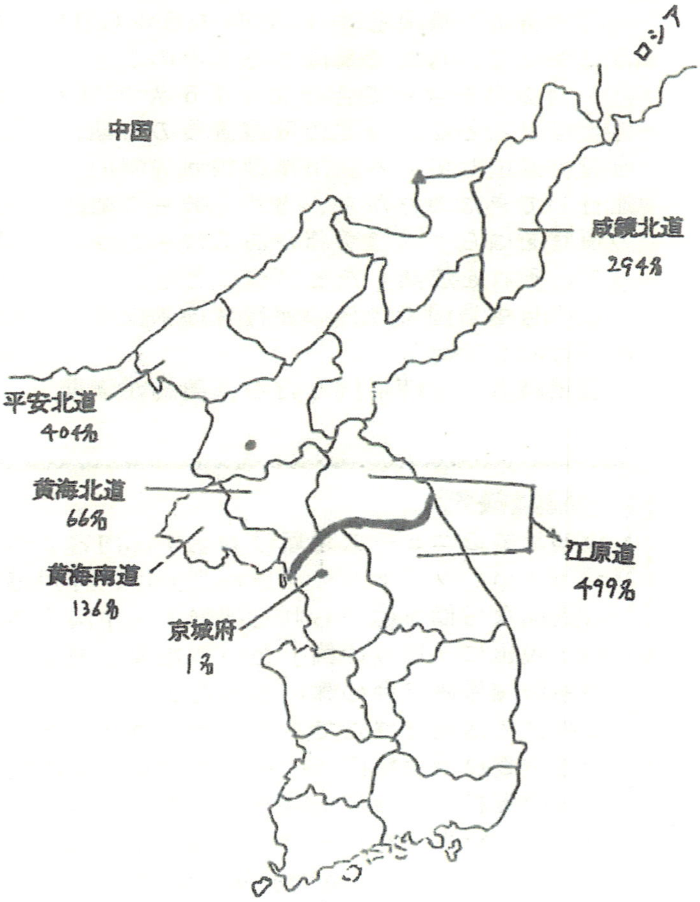

Ⅲ.連行された時（この工場に朝鮮人労働者が連れてこられた時と思われる）

この工場に連行されてきた時期と人数は、次のとおり。

・1943 年の 1 月 11 日に 104 名、3 月 21 日に 100 名、3 月 27 日に 100 名で、その他を合せると、この年には合計ちょうど五百名が連行されてきた。

・1944 年の 3 月 18 日に 131 名、3 月 26 日に 105 名、10 月 24 日に 135 名、12 月 5 日に 320 名で、その他を合せると、合計７６４名になる。

・強制連行は、日本の敗戦が目前に迫った 1945 年にもあって、その年の 4 月 9 日には 136 名が連れてこられた。

Ⅳ.“退所”（“退所”とは原文のままで、この工場から出ていったこと）

この工場を去った理由は様々だが、それを大きく分けてみると次のようになる。

①“自由”帰国者は（'45 年 7月から 11 月にかけて、自費で帰国した人々のこと）7/25 の 2 名を含めて合計は４４６名で 31.8 ％。ほとんどは、日本の敗戦直後の時期に自費で帰国している。川崎製鉄が強制的に連行してきたのだから、当然、彼らの帰国の便宜をはらうべき義務があるにもかかわらず、それを放棄したということだ。

この自由帰国者以外の連行者の動向は、次のとおりである。

②退職者、一時帰国した者、契約が満期になって帰国した人たちは、合計で 401 名。

③朝鮮に“不良”として送還された人が８名、病気として送還された人が２１名で、この二つの送還者の合計は２９名になる。

④この工場で仕事をしている途中に日本軍に入隊させられた人は、１０名になる。

⑤この工場で働いている時に死亡した人は、合計で２６名になる。

その死亡者の原因と人数の内訳は、次のとおりである。

病気で亡くなった人が 11 名、仕事中に犠牲になった人が６名、原文にある“戦災死”（多分、米軍機の空襲による犠牲者たちと思われる）は、3/26 に 1 名,6/5 に 3 名,6/6 に 1 名,6/25 に 1 名,6/27 に 1 名,8/6 に 1 名,月日不明が 1 名で、“戦災死”の合計は９名になる。

⑥“逃走”（この工場から逃げた人たち）の合計は、４６１名で全連行者の 32.9 ％にもなる。

連行が始まった'43 年の 2/5 に 1 名があったように、この年の合計は 40 件で６９名になる。

'44 年の合計は 59 件で１０６名、'45 年には敗戦までの８か月のあいだに 67 件で２８６名、20.4 ％にもなった。

この逃走行為が、米軍の空襲があった時とかさなるようだ。例えば、'45 年 6/6 の芦屋大空襲の時には６５名もの多数が脱走している。芦屋の打出に連行者の寮があったが、そこの朝鮮人たちが脱走したものと推測される。

編集後記

☆初めてのニュースお届けします。内容についてご意見ございましたらどしどしお寄せ下さい。タイトルの「いかり」は、神戸港を象徴する錨と、神戸港に強制連行され過酷な労働を強いられた朝鮮人・中国人の怒りを表したものです。スタインベックの小説風に「怒りの錨」といった案も飛び出しましたが、これに落ち着きました。兵庫朝鮮関係研究会の鄭鴻永さんが、1 月 18 日なくなられました。生きておられればこの会で活躍されたであろうと思われるだけに残念です。（堀内）
☆運営委員会は毎回 15 ～ 20 名が集まり順調にスタートしています。運営委員会は個人の資格でも参加できます。原則として毎月第２木曜日です。一度のぞいてみてください。☆ホームページ www.hyogo-iic.ne.jp/~rokko/kobeport.htmlmo も近々立ち上がる予定。E-mail は rokko@po.hyogo-iic.ne.jp なかなかナウイ（この言葉が古臭い）会です。（飛田）

いかり 2

2000.6.25

神戸港における戦時下朝鮮人
・中国人強制連行を調査する会ニュース

〒657-0064　兵庫県神戸市灘区山田町 3-1-1　（財）神戸学生青年センター内
TEL 078-851-2760　FAX 078-821-5878　E-mail rokko@po.hyogo-iic.ne.jp

いよいよ現地調査が始まります

「調査する会」は昨年１０月の発足以来、神戸港に強制連行された朝鮮人・中国人の調査活動を進めています。日本人関係者に面接し、文献を探し、また生存者・遺族の所在を本国に問い合わせるなどの活動です。そして今年の夏から秋にかけて、中国・韓国に調査団を派遣して生存者の聞き取り調査等をすべく準備を進めているところです。

中国関連では後述の張忠杰さん等のご努力により数名の生存者が明かとなっており、韓国関連では本号レポートのように韓国面事務所等への問い合わせに対して生存者・遺族の情報が寄せられています。

去る４月４日には、神戸学生青年センターで中国河南省より張忠杰さんをお迎えして講演会を開きました。張さんは今回、大阪中国人強制連行受難者追悼実行委員会の招きにより来日されました。本号のニュースに、大阪での講演もあわせた形で記録を掲載しました。是非ごらんください。張さんは、父親が大阪・安治川に強制連行された方で、自身が父親の遺志を受け継いで強制連行の生存者からの聞き取り調査をされています。今後の「調査する会」の活動に大きな示唆をくださいました。また私たち「調査する会」が発足させるきっかけを作ってくださった櫻井秀一さんの同講演会での講演「大阪港を中心とした中国人強制連行調査の現状」は神戸港への強制連行が全国での調査活動のなかでどのような位置を占めているのか、という点について明らかにしてくれました。

また張忠杰さんの来日にあわせて４月１日～２日にかけて「港湾会議」が開かれました。この会議は中国人強制連行を調査しているグループのうち特に「港湾」に関係するグループが時々集まって情報交換をしている会議です。新潟、七尾（石川県）、大阪、神戸より参加しています。今後も各地の調査グループと連携をとりながら活動をすすめていきたいと思います。

（事務局長・飛田雄一）

張忠杰さん講演会

中国河南省における強制連行

私は河南省の原陽県の人間で、自宅で労働問題に取り組んでいます。日本での強制連行された人たちを代表して挨拶させていただきます。

新華院から大阪の安治川へ

父親のことについて話します。

1944 年７月に原陽県でつかまり、青島（チンタオ）から山東省済南の新華院（しんかいん）という捕虜収容所に入れられ、食べる物も、着る物もほとんどなく、日本の人に痛めつけられました。そして、「これから日本の東京に移す」といわれました。なかには喜ぶ者もいました。「こんな辛い仕事から放免される」と思ったから。しかし、一つの困難が終わったら、次の困難が始まるということです。玉蜀黍（とうもろこし）の粉で作ったこぶし大のマントウを毎日一つずつ与えられただけでした。その後、７日７晩かかって日本の九州に着き、小さな船に乗せられて大阪へ来ました。上陸するときに服を全部脱がされて「消毒する」ということでした。

父親は第４隊に入れられました。安治川でやらされた仕事は、大部分は石炭の荷役で、35 ～ 40 kg前後を、ひどいときは 70 ～ 80 kgを運ばされるきつい重労働であったにもかかわらず、毎日小さなマントウ一つ、それが毎日 10 時間という労働でした。父以外の沢山の生存者から聞いたが、飢え死にしたり、凍え死んだり、監督に殴られて死んだ者もいたということです。夜寝るときにも表に監督が見はっていました。逃亡するのを恐れていたのです。

1945 年８月 15 日を迎えました。午前中ある日本人で、中国語もうまくない人がやってきて「もう働かなくていい」といわれましたが、「働かないとひどい目にあわされる」と思って働いていますと、ほかの所で働く中国人から、「日本が投降したから働かなくていい」といわれて大変うれしく思いました。それから、大阪から天津へ船で帰りました。

体をこわし苦しい生活

父親が働かされたとき、祖父も祖母もどこに行ったかわからないので、あちこち尋ねていくと、日本人に連れて行かれたと聞いて祖母は毎日泣き暮らし、目が見えなくなってしまって、それからまもなく死んでしまいました。

父親が帰ってから部隊（八路軍）に参加したが、体をこわしていたので部隊から３ヶ月かかって故郷に帰りました。1960 年に結婚し、63 年に姉が、66 年に私がうまれました。しかし、私たちを育てるのはすべて母親に移っていました。というのは父親は日本から帰って体をこわしていましたから。船底から石炭を揚げるときに埃（ほこり）が体に入り、痰（たん）を出すと真っ黒になっていたといいます。肺がかなりいたんでいるということで医者の証明をもらい、生産隊の証明を出してもらい、そこから金をもらって生活をしていました。私は父親が体をこわし、治療代も沢山かかるということから、物心ついたときから働いて金を稼いでいました。80 歳前後の祖父もいましたし、姉は学校を続けられずやめるという厳しい状態でした。姉も適齢期になり、1982 年に結婚して家を出ていきました。父親の世話は私と母の二人でみるほかはありませんでした。84 年 10 月に私も結婚しました。その日のことは一生忘れられません。というのは、その日の４日後に父親が病院に入院しなければならなかったからです。病院でＸ線をうつしてみると、肺に大きな空洞があり、それが更に拡大しているということでした。40 日ほど肺結核で入院して病状が治まりましたが、引き続き入院すべきだったところ、経済状況が悪く、家へ帰って休むしかなかったのです。40 日間の入院の治療だけでも当時の金で１万５千元かかり、知人から頼み倒してようやく借りることが出来ました。1988 年に更に病が悪くなり、病院に入院させたところ、肺結核から肺気腫となり、心臓にも転移しているということでした。この２ヶ月だけでも２万元ほど借らねばならなくなり、前に借りた金も返しておらず、やむなく銀行から借りるということになりました。こうして沢山の借金取りが毎日のように私の家に押し掛けることになり、父親の治療代を稼ぐために私も出稼ぎに出て、建設の仕事に就かねばならなくなりなした。98 年 10 月 20 日に更に病状が悪化し、その日の夜に永眠しました。

1984 年から、父親の体の治療だけでも 20 万元の借金をしていましたので、銀行に借金を返すだけに追われました。
私の働いているところは農場で、米か野菜を作るため、20 歩（1.3 ｈａ）の土地を耕しています。母も病気がちで、子どもが13 歳で学校も行かないで仕事を手伝ってくれています。９歳の女の子は学校に行けていますが、……

強制連行への取り組み
そういう苦しい生活のなかで強制連行の調査の取り組みを始めました。そのきっかけは 93 年ぐらいから華北大学が始め、その華北大学の先生からの手紙で原陽県に調査をしている人があると聞き、沢山の生存者があるということで、私はその現地で調査をすることになったのです。96 年８月に 10 数人の生存者を連れて北京に行きました。大阪から「掘り起こす会」の人たちが来ていたものですから。その時大阪から、桜井さんとか村江さん
とかいろんな人がいて、生存者から貴重な体験の話を聞きました。97 年 10 月にも２人の生存者をつれて華北大学まで行き、調査する会の人と会って聞き取り調査に立ち合いました。98 年に石川県の七尾という所から 20 数人の調査団が原陽県に来て、10 数名の生存者に話を聞きました。99 年８月に大阪の「掘り起こす会」の４名が原陽県に来て、父の墓に詣でてくれました。９月には私１人で北京に行き、朝日新聞の記者に落ち合って生存者の聞き取りを行いました。
この８年にわたる調査から、大阪の安治川北口、七尾、神戸、新潟、北海道、長崎の大量の資料を作ることが出来ました。生存者の聞き取りのテープや写真を大量に持っています。こうした調査を一人の力でやっており、家計を多く圧迫しています。こうした経費は私に大きな圧力になっていますが、そう言いつつも私は調査活動は大切に思っていますから、そうした調査活動を続けていこうと思っています。
右翼の勢力が歴史を改竄しようとする動きがあります。歴史的な事実を突きつけて闘っていこうと思っています。生存者や遺族がその調査に力を貸してくれています。生存者、遺族に日本の政府が謝罪することを望んでいます。

神戸の連行生存者
引き続き、神戸の生存者のことについて話したいと思います。
神戸に連行されたコチュウサイという人の証言を紹介したいと思います。1944 年、原陽県に働いていたときに日本軍に連行されて、彼以外に約 300 人の中国人が連行され、「国内の別の所で働けば給料を払う」といわれたが、結局だまされて、新華院から青島、日本の下関へ送られています。日本に行ってすぐ消毒させられます。「作業をしているのは女性であったが、『真っ裸になって消毒されるのは恥ずかしい』と言ったが、無理矢理消毒された」と言っています。彼の回想によると、300 名が神戸に連行されると、３隊に分けられ、１，２隊の 200 名は七尾に転送され、彼の属する第３隊は神戸に連行され、第３隊の隊長はリンスーセンという人だったということです。彼らはすぐに神戸で労働させられました。荷役で、大豆や、鉄鋼、白桃を運ばされました。着ているものは、新華院で支給されたもののみで、神戸では何も支給されず、食べ物も粗末なもので、何度も暴行を受けました。宿舎のなかでも私語を厳禁されていました。入口で警官がいて、話をしている声が聞こえると、中へ入って来て殴りました。私語をしていると、逃亡を企てているととられていました。45 年８月に中国へ帰ったときに妻は他に嫁いでしまっていました。帰ったときにはどこへ行ったかわからなかったのだから、家には老いた父親と２歳の子（嫁いでいった妻の子）がいました。若い時の重労働がたたって半身不随の状態になっていました。彼は日本の軍国主義によって日本に連行されたが故の後遺症だといっています。彼は幸いにして生きて国へ帰れましたが、帰国 50 年間は苦労のあいついだ生活でした。妻はよそへ行き、父は死に、当時２歳の子とのギリギリの生活でした。彼は 50 年にわたる苦労に対しては日本側は経済的措置を補償すべきだと証言書に書いています。
最後に、日本に対して責任ある当局が謝罪し、損失については補償すべきだと言っています。
次に、もうひとかたの人を紹介します。ハオブンランという人です。神戸にいたときのすべてのものを非常によく記憶している人です。彼はコさんと同じ隊に属していました。内容は同じですが、彼は非常に覚えがよく、当時覚えた日本語を記憶しています。彼らの細かい証言をテープに残しています。神戸の人たちに明日にでも整理し、残して帰りたいと思います。（神戸の証言は２６人の調査で５人のみ生存、それ以外は遺族からの聞き取りです。）

朝鮮人調査班より

韓国本籍地役場への照会回答状況

徐根植

神戸船舶荷役㈱の朝鮮人労働者について、「厚生省調査報告」を手がかりに、韓国の本籍地の役場あてに照会文を郵送して、戸籍簿調査を通じて本人もしくは親族を捜す作業を2月から開始、27通発送した照会文のうち合計で7通の回答が得られました。

このうち全羅北道金堤市龍池面事務所からの回答で李南淳（1927.1.25生）さんが生存されていることが確認されました。回答の多くは「住所を探すことができない」というものでしたが、錦山郡南二面、同郡福壽面からの回答では、本人は死亡しているが家族が残っているというのが4人ほどありました。

また、金堤市からは9名の名前と住所とともに次のような回答をいただきました。

「私が戸籍を探すにおいて本籍とか戸主姓名を間違って申請された16部中9部だけを探して送付します。再確認後送っていただければ誠意をもってお探しいたします。送付した在籍謄本の中の生年月日とか番地が合わないものがありますが、なにかの参考になればと思い送ります」

この回答に対し、次のような返書を送りました。

****

金堤市市長貴下

アンニョンハシムニカ

地域経済の振興と住民の福利厚生に日夜、誠心誠意取り組んでおられる貴下に心より敬意を表します。

公務多忙の中、私達の問い合わせに誠意をもってお答えいただいたことに心より感謝申し上げます。

つきましてはご返答いただきました9名の戸籍名簿のうち8人の消息を、ぜひ知りたくてお手紙しました。

姜判権、金基東、李永斗、崔永福、趙信植、李元永、金良洙

以上8人の現在の消息について調査をお願いします。

調査団の活動に不備があり返答後の問い合わせが遅れましたがよろしくお願いします。

****

今後、この金堤市の回答を待って、具体的な韓国での調査のスケジュールを立てていきます。

元日中友好協会神戸事務局長

影井巳喜雄さんに聞く

上田　雅美

1952年に日中友好協会神戸ができて、私は2代目の事務局長。遺骨調査の時は寺をいくつか回ったが、どの寺も責任追及を恐れて非協力的だった。

調査の詳細な記録は残していたが、文化大革命をめぐる協会分断や震災でみななくなった。私自身は戦時中、中国にいたので神戸のことは直接知らない。遺骨調査では、相生造船所については私も出向いて市の墓地に埋葬された遺骨を掘り返したりしたが、神戸港関係の遺骨は見つからずじまい。神戸華僑聯誼会の陳徳勝さんも一緒にしたが、彼も亡くなった。奥さんがJR須磨駅前で本屋をしているはず。写真がどこで撮ったものかもしらない。戎井旅館の戎井隆寿さんも亡くなった。息子が諏訪山の方で豚まん屋をしているはず。

戎井さんに生前、聞いた話では、夏に来た中国人は冬の着物がなかったので、ドンゴロス（麻袋－米や雑穀が100キロ入るもの）に穴を空けて頭から被りわらの縄で胴を縛っていた。配給食料は県や市の官僚などがピンハネしてしまって少ない。戎井さんは、17人の死亡は病死が多くなっているが、米軍の攻撃でなくなった人がもっといるはずという。港湾での労働中にグラマンの機銃掃射があると、日本人がいち早く

逃げ、中国人は逃げさせないということがあったらしい。死者数も 17 人よりもっと多かったのではないか。

私は戦時中、徴兵を逃れて中国にわたった。江蘇省淮陰（わいん）県で 1942 年から 1943 年にこんなことを数回見た。日本の軍隊や憲兵が 4、50 人の男たちを広場に集めた。地面に丸く縄を置いた内側に立たせてここから出るなという。男たちは何が起こるかもわからず、タバコを吸ったり、雑談をしている者もいた。集めた側も目的を知らない。やがて男たちはトラックに乗せられてどこかに連れて行かれた。その後、知り合いの中国人から「父が連れて行かれたまま戻ってこない。どこにいるか知らないか」と相談を受けた。

当時の商工大臣岸信介は「中国人は風呂はなくていい。寝る場所は座して頭がつかえないくらいのスペースがあればいい」などと通達した。

資料

「日中いくたニュース」第２号

このファシズムの残虐！
神戸港中国人強制連行事件の実態

かつて日・独・伊のファシズムは世界人民に大きな損害を与えましたことは言うまでもありません。

特に私達が忘れてはならないことは、戦時中日本政府が国内労働力の不足を補うため四万人にのぼる非戦闘員の中国人を日本へ強制連行し、捕虜という名目で過酷な労働と、非人間的処遇で彼等を虐待し、多数死にいたらしめた国際法違反、人道無視の不正行為であります。

兵庫県へも昭和十八年秋から十九年にかけて、これ等中国人が一千名以上も連行され、神戸港の荷役作業に、或いは相生市の播磨造船所に労役されていました。神戸港には約三百名が配置され、生田区北長狭通七丁目の戎井旅館（現在なし）をその収容所としていたのであります。

私達は今、新しいファシズムの再生としゅんどうを感じ、三十年前の残虐を告発するものです。

私は証言する　戎井隆寿

中国人捕虜を神戸港の荷役に使いだしたのは昭和十八年の末頃でした。

軍の命令で、私の経営する旅館が捕虜収容所として徴発されたのです。私の旅館は木造三階建、部屋数五十室のもので、徴発命令がくると直ぐ建具、畳等全部取り払われ、床にむしろを敷き、まこと空家同然の状態になり、中国人捕虜三百名程が入居し、憲兵隊の監視下に入りました。

その待遇は目にあまるもので、特に食事ともなればひどいものでした。勿論当時は太平洋戦争の末期に近い時期ですから、日本人の生活とて不自由不自由の毎日でしたが、捕虜に対する給食を日本人監視員がピンハネするものですから彼等は一層空腹にさいなまれ青白い顔でガタガタふるえていました。就寝時ともなれば、布団とてなく藁むしろの上にごろ寝しドンゴロスやアンペラ類をかぶり過ごしていました。昼間の荷役労働のきびしさと、十分睡眠がとれないことから日と共に体力は弱り、病気も出て働くのにも大儀そうで、朝の出勤時になっても起き上がれない者もあったのです。やがて病気で死ぬものもありました。監視員は容赦なく牛馬のようにムチでヒッパタクので、同僚にささえられて港湾に出勤する病人も日にふえてきました。

衛生状態が悪く、風呂に入れないので、その体臭は実にものすごく、近隣の人から苦情が出るほどで、何とも私達ですることもできません。

空腹にたまりかねた捕虜は私達の台所にそっと入って来て盗み食いするものもありました。私の母や妻も見かねて、そしらぬ顔をしていましたが、あまりにも飢がひどいので、時々にぎりめしを作ってそっと台所に置いておきました。ある日私はそのにぎりめしを持ち去るのにでくわしました。彼は私の顔を見るなる「シェシェ」と感謝を込めて頭を下げました。捕虜は決してそのにぎりめしをひとりじめしませんでした。一口ずつ分けあっておいしそうにたべ

日中友好ニュース

1976.5.27

神戸港 中国人強制連行事件の実態

私は証言する

る姿を見て、彼等の同胞愛の深さに感心しました。

昭和十九年、神戸は大空襲を受け、三宮から元町通一帯が火の海と化しました。私の住まいも火の手がのびて危険な状態になりました。町内の住民も避難して無住無人の町となっていますから消火に当たるものもありません。捕虜監視員もどこへやら逃げ出して姿がない。捕虜も避難しだした時、私は防火に協力してくれるよう訴えましたところ、日本語のわかる隊長らしい人が気持ちよく承知してくれ、「この家は必ず守りますよ」とみんなを指揮し、私と共に町内の消火ポンプを引き出し防火に当たり延焼をくいとめました。まさに日中両国人民の共同行動でした。

この空襲後、私達の家族は明石に疎開し、中国人捕虜も海岸通に移動しました。

まもなく八月十五日の終戦となり、私達は疎開先から帰って来ましたが、街は毎日毎日騒乱の中で、おびえて生活しなければなりません。

捕虜の隊長はある日突然軍装して私達の前にあらわれ、「今まであなた方に大変お世話になった。あなた方の生活は必ず守りますから安心して下さい。食料はあるか、煙草はあるか、不自由なことがあれば私が確保するから」と親切に私達の身の上を案じてやさしい心づくしをしてくれました。私は、ついこの間まで捕虜に加えた日本人の虐待をお詫びすると、「あなた方が悪いのでない。中国人と日本人がこれからはしっかり手を握り合わない限り日中両国の平和と繁栄はありませんよ」と力つよく確信をもって私に説くのでした。

それから暫くしてその人達は神戸港を後にして帰国したと聞きました。

一九五一年五月、日中友好協会神戸支部準備会が、捕虜収容所であった私の旅館の一室で発足し、私も委員の一人として参加しましたのは、あの隊長の言葉がこんどは私の確信になったからです。(終)

資料

F氏の証言

西出政治「戦後の港湾労働」(神戸史学会『歴史と神戸』第44号〔1970.10〕所収)より抜粋

戦時中の中国人強制連行の記録『草の墓標』(昭和39年刊)の中に次のような記述がある。

神戸船舶荷役株式会社に労役されていた中国人の平均一日の就労時間は十時間。二十四時間の徹夜作業もしばしばであった。海岸宿舎と名付けられた倉庫の中は、ワラむしろを敷いてその中に押し込め、冬でも暖房の設備はなかった。

日本軍占領地域にいた中国人の日本への強制連行は、昭和十七年十一月二十七日、東条内閣の閣議で「華人労務者内地移入に関する件」として決定された。翌十八年四月から実施され、九月九日神戸船舶荷役会社に二一〇人が到着。最も大量に投入されたのは十九年二月十八日の次官会議決定以後。神戸における受入れは、連行者九九六、転出者三三〇、死亡一七、となっている。

俘虜の使用について『三井倉庫五十年史』（昭36）に次の記事がある。

この頃になると労働者の不足が漸く目立ち、これを補うために俘虜の使用が始められた。これは同年（十七年）十一月二十一日公布即日施行された陸軍省令俘虜派遣規則によるものであって、当社では神戸市店及び大阪支店の埠頭桜島倉庫に多く配置され、その他の支店でも臨時の使用が行われた。

これは文字通りの俘虜であったか、当時、強制連行者は一般に俘虜として見られていたから、混同された数字かも知れない。当時、神戸船舶荷役会社で俘虜の労務係を担当していた班長格のＦさんは、次のように語ってくれた。

私の受持っていた中国人俘虜は、三越の山側の北長狭にバラックがあり、約六十人の人数がいた。朝六時ごろ起床、仕事は七時ごろからで、今の第七突堤の所で、小型鋼船に積んで入港して来る台湾や朝鮮からの、米の荷役を主としていた。大型貨物船は、港内外に機雷が浮遊していて危険で航行ができなかったし、戦争末期にほとんど沈んで、なかったのかも知れない。

大きくても四、五百トンの鋼船か、二、三百トン程度の機帆船が近海航路や内航に就航している以外、大型貨物船はほとんど見ることができず、たまには戦時標準型の船も入港することもあった。当時は神戸港の東のはずれ、埋立て半ばで戦争で放り出したままになっていた赤土の土砂、それも長い間中止されていた突堤工事を示す荒れ放題一角で荷役が行われていた。

軍から労役人夫として配属された俘虜は神戸船舶会社の労務部長の配下にあり、約二十人に一人の割で日本人の熟練した古参株の班長がついていた。ウインチやデッキマンは日本人の場合も、また中には俘虜がやっている班もあった。焼玉エンジンのウインチは操作の難しい機械である。俘虜の中には機械の操作を覚えて上手に使う者もいた。

Ｆさんは中国人俘虜から、大人大人と親しまれ慕われていた。米の荷役の時は、荷役中こぼれた米をみんな少しずつ隠して持ち帰っていた。腹の中に巻いたり、足袋にかくして来た。宿舎での食事はトウモロコシと米と半々ぐらいで改善協会という給食場から支給されていた。日本人と同じ食べ物であったが、重労働を満たす栄養をとることのできるような物ではなく、副食は漬物と味噌か塩汁。たまに出るスケソーダラや干物・丸干の魚は大変なごちそうであった。そんなとき俘虜は持ち帰った米をみんなで集めて缶詰の空缶や洗面器で飯を炊いて、かくれて食べるのが何よりの楽しみだったようである。異国の土地に俘虜として強制的につれて来られた連中にしては、割り合いに楽天的だったようである。宿舎は殺風景ではあったが清潔にしてあったし、たまには故国をしのぶ唄声が聞こえてくることもあったが、日本人との接触は仕事場や病気見舞い以外は厳しく取締られていた。憲兵の目が光っていたことは申すまでもない。

宿舎には寮長がいて夜の番人として監視をしていた。仕事は朝七時ごろから始まり、寮には夕方五時には帰れるように作業をやめ、深江や仁川の川西航空などに仕事に行くときの往復は電車を利用していた。中国の草色の軍服から俘虜であることが一目でわかるシナ軍の下士官が、一個班に一人ぐらい追廻しとして選ばれ指示をしていた。通訳はいない時の方が多いので、手まね足まねで、片言の日本語、シナ語で、けっこう通用していたそうである。

作業が終わった後は神戸港運会社の警備員が、カンカンと言って、俘虜が何か持帰りはせぬか、体にさわって検査をした。Ｆさんは警備員に「あまりきびしくすると使うのに困るから、そこそこにしてやってくれ」とたのみ、少々のことは大目に見るようにしていた。米の持帰りなどもそうで、そんな時、日本人も食糧不足で困っていることをよく知っていた俘虜は、Ｆさんにこれは大人の分だ、と分け前を出したりし、断るのに困ったという。

俘虜は空襲があると、今に日本は戦争に負ける、私たちは中国に帰れる、と喜んでいた。敵機が頭上に来てもなかなか防空壕にはいりたがらず飛行機を見つめていた。俘虜の下士官が棒を持って防空壕にはいるよう追い廻すがなかなか聞かず、川西航空と深江で一人ずつ空襲で死んだ。

昭和二十年八月十五日、日本敗戦。俘虜は大いに喜んだ。警備の人の一部や昨日まで手荒く俘虜をこき使った人で姿をかくした人もいた。

Ｆさんは終戦後も以前使っていた俘虜が時々呼びに来た。そして日本人は食べ物に困ってるだろう、と自分たちで作ったマントウやたばこなど、何度か貰って家に帰った。昨日までの主客が転倒した。病気だった俘虜の一人は終戦後も山手の隈病院に入院していて、後に和歌山の白浜温泉に治療に行ったと聞いたが、その後の生死はわからない。

敗戦後、戦勝国としてずいぶん威張った者もあったらしいが、朝鮮人よりははるかに穏和だったそうである。

（以上）

フィールドワーク いかりツアー

７月２０日（木）［海の日で休日です］

○行程ーすべてバスにて移動
ポートタワーより神戸港一望
→弁天浜（旧寄せ場跡）
→三菱・川崎造船所（旧強制労働現場）
→新華寮（連行された中国人の宿舎跡）
→隈病院（連行された中国人を診療）
→東福寺（無縁仏を収容）
→ポートアイランド公園（神戸港殉職者顕彰碑）

○集合：ポートタワー下 13 時
○解散：ＪＲ三宮駅 17 時
その後懇親会
○費用　2000 円
○連絡先：「神戸港調査する会」
事務局　Tel 078-851-2760
fax 078-821-5878
○申込みが必要です。事務局まで

ホームページができました

神戸港における戦時下朝鮮人・中国人強制連行を調査する会のホームページができました。

内容は、更新情報｜規約｜構成団体／運営委員｜ニュース｜参考文献ーーなどで、集会の案内もします。今後さらに内容の充実を図るために、ホームページ協力者を募集しています。

ホームページＵＲＬ
http://www.hyogo-iic.ne.jp/~rokko/kobeport.html
（神戸港｜強制連行で検索をかけても出てきます）

神戸強制連行現地調査のための募金をお願いします。

いよいよ今年夏から秋にかけて中国および韓国に生存者・遺族をたずねる現地調査を行ないます。現地調査のためにの募金にご協力をお願いします。

募金額　５０万円
送金先　郵便振替＜00920-0-1508701 神戸港調査する会＞

編集後記
☆前号の文献研究報告で「神戸船舶荷役㈱」の朝鮮人労働者を書いてくださった金英達さんが亡くなられました。有力な人材を失い、多少うろたえています。ニュースの名称「いかり」も、半分は英達さんの発案でした。（堀内）
☆毎月第２木曜日午後６時半より運営委員会を開いています。のぞきにきてください。９月は現地調査の報告集会になる予定です。（飛田）
☆７月 20 日の『いかりツアー』は今から楽しみ(？)です。晴れますように！！（林）
☆毎月の運営委員会が半年も続くと、おかしなものでそれが待ち遠しくなります。そういう「いかり」になれば、もっと豊かな紙面が出来るようにりますね。みんなでニュースを盛り上げましょう。（吉沢）
☆朝鮮南北首脳、よかった！次はソウルでの首脳会談を見守っている。一歩でも前進あることを切に切に願う。（金慶海）

いかり 3

2000.10.29

神戸港における戦時下朝鮮人
・中国人強制連行を調査する会ニュース

〒657-0064　兵庫県神戸市灘区山田町 3-1-1　（財）神戸学生青年センター内

TEL 078-851-2760　FAX 078-821-5878　E-mail rokko@po.hyogo-iic.ne.jp

中国人被連行者の聞き取り調査について

村田壮一

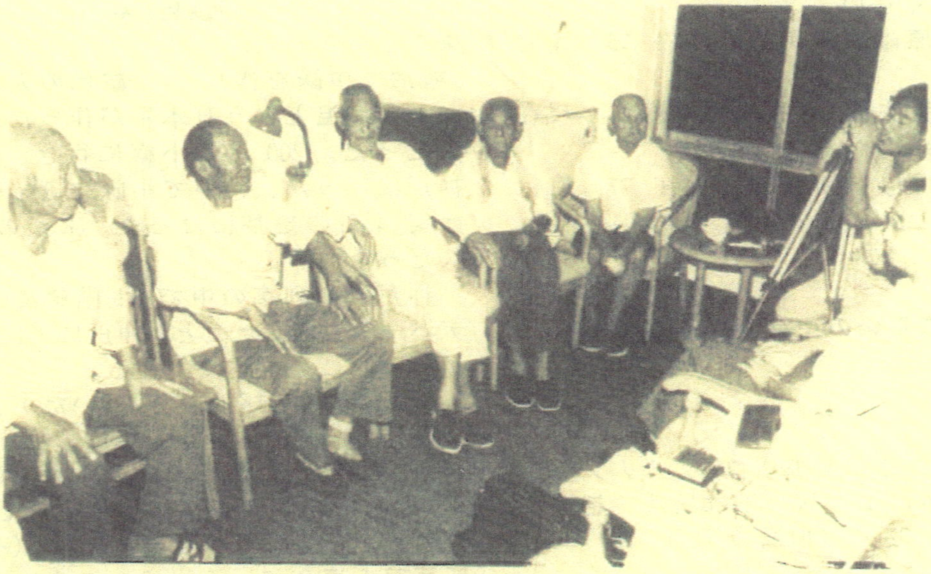

広平県での聞き取り調査の様子

安井三吉代表と私は 2000 年 8 月 16 日から 25 日まで訪中し、神戸に強制連行された生存者の聞き取り調査と、今後の共同調査についての中国各団体との調整を行ってきました。ここでは、私のメモから起こした生存者の証言をそのまま紹介します。

今回、面接できた生存者は、河北省広平県の 5 人、河南省原陽県の 4 人の方々ですが、広平県の 5 人については時間が短かったため一括して面接し、1 人から話を聞きながら他の人に随時補足してもらう形をとりました。

生存者はいずれも高齢で、なかには自分の年齢も定かでない人もおり、連行された当時の年齢や年月日など矛盾している部分もあると思われます。また、私のメモを基にしたものであり、私の理解不足もあると思いますが、ここではそのまま記載しました。今後、安井先生とのすり合わせなどを行い、より正確な聞き取り記録として残すとともに、内容の検討も進めていく必要があります。

聞き取りに協力していただいた方々は以下の通りです。

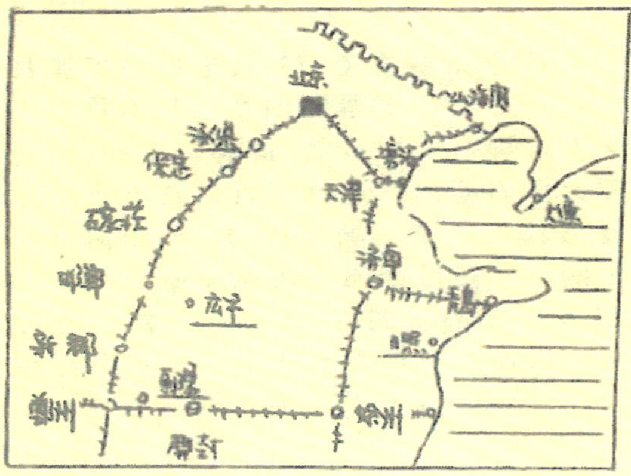

河北省広平県聞き取り（2000.6.18）
於河北大学で計６時間
▼王元明［王玉生］（広平県平固店鎮南王封村）現在 79、連行時 23
▼耿連喜（同）現在 76、連行時 20
▼趙富生（広平県平固店鎮大廟村）現在 78、連行時 22
▼于賢美［于二保］（広平県平固店鎮北呉村）現在 79、連行時 23
▼張鳳臣［張寿朝］（広平県平固店鎮西王封村）現在 76、連行時 23

河南省原陽県聞き取り（2000.6.20-21）
於原陽賓館（郝カクさんは自宅）
▼江友才（原陽県郭庄郷）現在 77 か 78、連行時 20 くらい
▼王琴州（原陽県陽阿郷）現在 75、連行時 19
▼黄国明［黄中正］（原陽県官廠郷）現在 79、連行時 18 か 19
▼郝文清（原陽県靳堂郷）現在 77、連行時 22

張鳳臣さん

１．河北省広平県の生存者聞き取り

張鳳臣

1942 年、八路軍の広平県のゲリラ隊に参加した（他の王、耿、于は民兵、趙は不明）。1944 年 12 月（旧暦 9 月 15 日?）、日本軍が１３の県の部隊を集めて、いくつもの村を囲む包囲網をつくり、それを狭めてきた。地下道戦で友人 18 人が日本軍の煙攻めに遭って死んだ。私も地下道にいたが、他の兵士や避難していた農民と共に南呉村の地下道出入り口を出たところで、待ち伏せしていた日本軍に捕まり、縄で縛られた。捕まった人は 200-300 人。南呉村は八路軍の根拠地でもあり、多くの人が逃げて来ていた。

翌日、広平県城まで 13 ㌔を歩いて連れて行かれ、そこで１週間泊り、日本軍のトラックで邯鄲市に行った。邯鄲に１日いて、汽車で天津の塘沽に連れて行かれるまでずっと縛られたまま。塘沽で 14 日間泊り、船で下関へ。船は米軍の攻撃を避けたり、嵐に遭ったため、22 日間かかった。その間、どこに連れていかれるか、まったく説明はなく、外の様子で漢字を読んで日本に来たと分かった。

塘沽で中隊を作り、40 歳代の人が隊長になった。温という日本軍が作った新民会の人だった。200 人が小樽に行き、100 人が神戸に行った。神戸で小隊や班を作り、私は第 4 班の班長になった。1 つの班は 20 人だった。

神戸への列車の中で 11 階建ての「大阪デパート」を見たこと、神戸に「北京飯店」があったことを覚えている。

はじめは万国寮に住んでいたが、新華寮に移った翌日に万国寮が爆撃された。45 年 6 月だった。爆撃で煙のために何も見えず、太陽だけが赤く見えたのを覚えている。海に近い小さな家は全部やられ、（その後?）新華寮も壊れて、海岸沿いの寮に移った。

食べ物について　中国で捕まって以来、十分な食べ物はなかった。神戸では米やコウリャンの小さい弁当だった。空襲以後はトウモロコシが多くなった。朝と夜は弁当（15㌢*10㌢、厚さ指 2 本分くらい）に米と野菜が半分ずつで、中国人のコックが作った。昼は作業現場でおにぎり 1 つと味噌汁。味噌汁は（洗面器ほどの大きさの）木の桶に 1 杯で、それを班の 20 人で分けた。たとえ 2 人分あったとしても足りない量で、空腹のため、作業している船の船員が食べ残したものや船のコックが大鍋で作った残りを集めて食べたりした。積み荷の大豆の油かすをポケットに入れて食べもした。それが見つかると殴られた。病気などで働けない人は食べ物を半分にされた。

衣服について　塘沽で自分の衣服は靴を除いてみな捨てられた。番号の付いた綿入

れの上着とゲートルで巻くズボン、シャツが配られた。着替えはなく、上着の布は丈夫だったが、綿は下にさがってしまった。自分で針と糸で繕った。寒かったので、塘沽でもらった毛布代わりの布で腹巻きをつくった。45年春に上着とズボンと地下足袋が配られた。

仕事について 1日8時間、8時から12時までと2時から6時まで。大きな船の荷物をクレーンで吊り上げ、小さい荷物に積み替えるために、石炭などをシャベルでクレーンに積んだ。海上での作業ばかりだった。ほかに1㌧くらいの鉄鋼や小麦粉、コウリャン、塩、古い銅銭なども運んだ。楽でも辛くても仕事はしなくてはならない。故郷のことを思い出して泣いた。于は母と2人暮らしで母を思い出して涙を流した。

会社の名前は覚えていない。日本人の名前も知らない。顔が白い男がいて「小白顔」と呼んでいた。給料は1円ももらっていない（他の4人も同じ）。雇用契約もなかった。私たちは牛や馬と同じ扱い。亡国奴だ。私は日本人と話す勇気がなく、日本人は小隊長の温習九と相談していた。

1．河南省原陽県での聞き取り

(1)江友才

連行された時の家族は父と兄。兄は国民党軍に強制的に入隊させられ、母はそれを悲しんで死んでしまった。

県城の縁日の日に1人で天秤棒でスイカを運んで売りに行った時に捕まった。県城の北関駅に連れていかれると、300人くらい集められていた。農民もいたが、国民党軍兵士が多かった。日本兵に銃剣を突きつけられたが縛られはしなかった。有蓋車の列車にぎっしり座らされ、日本兵が見張りをしていた。1日目は北関から太平鎮を通って開封市まで行き、車内で一泊して翌日徐州まで、3日後に済南に着いた。列車の中ではみんな怖がり、日本兵が「安徽省のホンフー（蚌埠?）で3ヵ月仕事をしたら帰してやる」と言った。恐いけど逃げようにも逃げられなかった。車内では小麦粉のマントウ（具なし）を1個ずつ1日2、3回食べただけ。水はない。男ばかりだった。

済南の駅に着くとたくさんの日本兵が銃

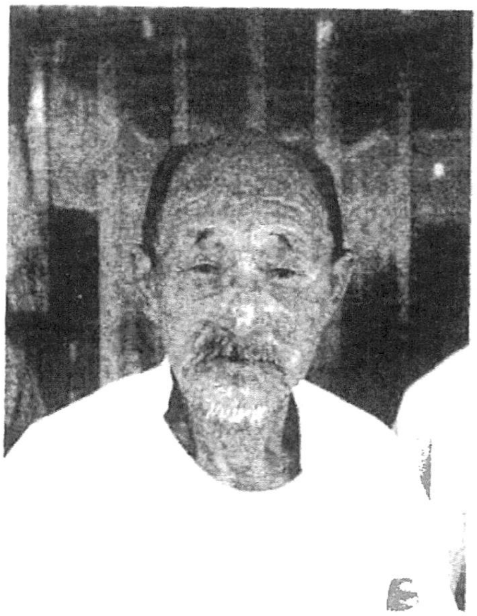

江友才さん

剣を持って大きなシェパードを連れていた。中国人の列を挟む形で囲まれ、新華院収容所まで連れて行かれた。

新華院は瓦屋根、レンガ造りの平屋の新しい建物で、門にはたくさんの日本兵が立っており、高い塀で囲まれその上には電流を流した鉄条網が張られていた。中国人がたくさんいて、寝る時は体が触れ合って身動きできないほど。5日間、行進や体操の訓練があった。ドラム缶にガソリンを入れて山の谷に埋める仕事も2回させられた。言う通りにしないと殴られた。「いちに、いちに（イーア、イーア）」と掛け声をかけて体操をするのがおかしくて、笑っただけでびんたされた。食事は粟の粥が小さいわんに入ったものが1日2、3回。飲み水はなかった。毎日餓死する人がおり、5、6人、多い時は10人も馬車に積まれて外に運ばれていった。重い病気にかかって病棟に移っても治療はなく放置された。自分自身は元気だった。話をするだけで木の棒で殴られ、自由は全然なかった。

新華院から健康な人300人が選ばれ、汽車で青島に行った。青島で服の支給はなかった。翌日青島から蒸気船の貨物船に乗り、1週間かけて日本に行った。人間がいっぱいいるのに鍋が1つしかなく、食事は窩頭（ウオトウ、トウモロコシ約100㌘をねったもの）を1日1個だけ。水はなかった。船が着いた時にみんなが下関だと言っていた。船に乗る時、日本に行くとは聞いていたが、何の仕事をするかは聞かなかった。服を蒸して消毒し、体に黄色い液体を塗られた。神戸から会社の人間がきた。下関で汽車に乗り、神戸に行った。汽車に見張りはいなかった。

神戸に着いて何日かたって仕事が始まった。大きな船から小さな船に荷物を降ろす仕事で、小さい荷物は自分で担いだ。鉄、石炭などはクレーンで吊り上げた。

青島で隊の編成があり、中隊は 100 人で 3 小隊に分かれ、小隊は 3 班に分かれた。神戸で 2 枚合わせの上着とズボン、地下足袋、下着を渡された。

朝 8 時ごろ日本人に港に連れていかれ夕方まで働いた。港で鉄、石、石炭、米、トウモロコシ、砂糖、大豆などを降ろした。倉庫で鉄筋を運ぶ仕事もあった。食事以外は休みなく働きつづけ、農業より辛かった。

重労働で汗をかき、冷たい風にあたって、ひざと腰を痛めた。中国に帰ってから痛みが増し、いまも痛い。

食事は 1 日 3 回。朝と晩は日本人が作ったコウリャン、トウモロコシ、大豆など(木の弁当箱か?わんか?)。昼はコウリャン米のおにぎり 2 個を竹の皮で包んだもの。

宿舎は 2 階建の木造だった。列車が走る橋の近くにあり、橋の反対側の寄せ場に連れていかれてからは、あちこちの仕事に行った。

神戸に来てすぐ殴られた。なぜだか分からない。宿舎で配給のたばこを吸って殴られたこともある。配給はたばこだけだった。

「ありがとう」「よろしい」「こども」「むちゃくちゃ」の言葉を覚えている。

宿舎では、木の床の上にワラを編んだござを敷いた冷たいところに寝たので体を悪くした。薄いかけ布団は 2 人で 1 枚で震えるくらい寒い。地下足袋を枕代わりにした。戦争が終わってやっと畳で寝られるようになった。

私は目の病気になって病院に行った。

李修義が空襲で死ぬのを見た。港ではない神戸の労働現場で空襲警報が鳴り飛行機が来た。李は防空壕に入ることができず、機銃掃射で左足付け根を打たれ、すぐ死んだ。日本人の警察官 1 人も死んだ。病気で死んだ人は何十人もいる。朱振修(朱新修、死亡名簿に記載なし)は故郷を思って病気になり、物も食べず目も見えなくなって死んだ。

戦後、華僑や留学生との交流はなかった。日本の警察との衝突もなく、食料を奪おうとしたこともない。いっぱい食べられるようになった。戦争中は寮から外に出られなかったが、(戦後は)近い所を歩くことができるようになった。

帰国について　汽車に乗ってどこかの港に着き、船で塘沽に行った。人力車か歩きで北洋大学に行った。国民党政府の人がいたが、何も言わなかった。滄県で春節(旧正月)を迎えた。天津から汽車で北京を通って石家荘に行き、安陽まで歩いて、また汽車に乗って北関まで、そこから歩いて家に帰った。4、5 日かかった。服を売って食事を買いながらだった。村には郝文清と一緒に帰ってきた。父や隣りの人が喜んでくれた。

日本で足腰を痛めて 10 数年前から仕事をしていない。たばこやみかんはもらったことはあるが、賃金はもらわなかった。お金を払ってほしい、日本国の賠償がほしい。

けがで一生うれしいことなかった。暮らしはずっと苦しかった。今も病気がいっぱいあるのに医者に見てもらうこともできない。

(2) 王琴州

捕まったのは 8 月末、家が貧しく食べ物がなかったので剿共自衛団にはいった。1500 人くらいいた。このあたり一帯の人々が参加し歩兵銃を持っていた。1500 人中 300 人くらいが聯長から「山東に仕事に行く」と言われ列車に乗せられた。その時は日本兵はいなかった。部隊から何人かずつ抜き出された。北関駅から開封、徐州経て済南まで 2、3 日。暗くなりかけた時、済南に着いて列車から降りると、銃剣を持った日本兵がたくさんいて、捕まった。だまされたと思った。列の両脇を挟まれて新華院まで連れて行かれた。

新華院は大きな所で砲楼もあり、周囲に溝があって塀の上には電流が通った鉄条網があった。1ヵ月新華院にいて、数千人のなかから選ばれて日本に送られた。耳からガラスで採血して、病気がないことを確かめられた。新華院を出る時に通訳の南京の人が「今から日本に行く」と言っていた。

新華院から青島まで日本兵が武装した有蓋車で行った。一晩泊まって、船に乗せられた。新華院でも青島でも何の支給もなか

王琴州さん

った。船の中は300人。韓文が一緒に行ったが、帰国後亡くなった。張平安と李清香は自衛団。李清香は船から逃げようとして捕まり、縛られてそこを通る人間は一発ずつ殴れと言われた。米軍の爆撃を受けるから真っ直ぐ進めず、7日かかって下関（と通訳が言っていた）に着いた。汽車で神戸（と通訳が言った）に着いた。

神戸では、船の鉄などをクレーンで木造船に積み替えた。自分で担いだことはない。鉄（長さ30ｾﾝﾁほどの塊）が多く石炭もあった。労働時間は8時間で朝、はしけに乗って分お荷降ろしをし、夕方に帰る。残業はなかった。

食事は1人1つ小さな木の箱に入った米と何かおかず（3食共）。おなかいっぱいは食べられなかった。

家には戻れないので、ここでやるしかないと諦めた。しかたない。日本に来てまもなく、王さんが足の内股が疥癬になり、体が動かなくなって1、2ヵ月宿舎にいた。食事は出てた。目の病気になった人もいた。赤くなったが治療はなし。死んだ人は知らない。

神戸で空襲に遭った。夕方仕事をしている時、警報が鳴って鉄道の高架下に逃げた。焼夷弾が落ちてきた。

神戸の宿舎の名前は覚えていない。前に坂道があった。

賃金は受け取っていない。

神戸から45年2月に七尾に行った。なぜ、七尾に行ったのか分からない。300人のうち100人が神戸に残り、あとは七尾に行った。七尾には仕事がたくさんあり、我々200人のとすでに200人がいたので400人になった。神戸で空襲が会ったので仕事が少なくなったので七尾に行った。1隊5班。

七尾は寒く、設備が悪い。大豆などの荷物を担がないといけなかった。目が悪くなる人が多く、両目や片目を失明した人も多かった。董文富は両目を失明した。

戦争が終わったのは、労働の途中で新聞を拾って分かった。食物を出せと要求した七尾事件が有り、400人一緒に食料要求をし倉庫に行った。

終戦から2ヶ月後に国に帰った。中国人留学生みたいな人が公園に来ていろいろ演説していた。七尾で列車に乗って九州に行き、アメリカの船ＬＳＴ?で塘沽まで行った。列車で天津の北洋大学に行き、汽車賃を免除される証明書をもらい、11月ごろ家に帰った。

私は、おば、父母、弟、国民党軍に行った兄、妻（トンヤンシー、17歳で結婚）の6人家族。私が日本に行っていることは他の人から聞いたという。帰った時、みんな元気で喜んでくれた。

今は日本と中国の間は良くなっているから、何も言うことがない。当時は恨みもあったけど。

（3）黄国明

連行当時、父と兄1人、弟2人、妹1人の家族。母は早くに亡くした。イナゴの害・蝗害で食い詰めて農業（父?は自分の土地がない「短工（日雇い）」）では食べていけず、農民の秘密自衛組織・紅槍会に参加し、夜は夜警、昼は仕事をしていた。朝の7時か8時、赤い房が付いている槍を持って警備している時に、県城の運動場の前?でつかまった。機関銃を持った日本軍に包囲され、100人ぐらいが捕まった。

100人が北関、開封、徐州を経て、済南・新華院に行った。字の分かる人が新華院と言っていた。新華院には八路軍も国民党軍もいた。水もなく、食べ物も粟粥だけで大変だった。日本に行かなければ私はそこで死んでいた。逃げられないように靴を取り上げられた。雪が降っていてたくさんの人が死んだ。ある人はごみの野菜くずを食べたのを日本人のコックに見つかり、石炭釜の火かき棒で殴られた。新華院では普段なにもしなかった。ガソリンを埋めに行ったことがあった。中国軍が偵察に来るので隠すため。

数百人一緒に青島へ行ったが、どこに行くかは聞いていない。新華院でも青島でも配給はなかった。青島で列車からすぐ船に乗せられ、何日かして下関へ。そこで消毒され汽車に乗せられた。日本軍はいなかった。

神戸の宿舎は高い建物。2階建かもしれない。橋の上を列車が走っていた。1室に3人で畳があった。一番偉いのは日本人のおじいさんだった。

仕事は船の荷降ろし。(麻袋に入った)石炭、大豆、緑豆などを担いで運んだ。鉄は1つ70㌔あった。海上では大きな船から小さな船に移し、港でも作業をした。直接の監督は日本人で一生懸命仕事していなければ木の棒で殴られた。事故は見ていない。病気をした人はいる。遺骨は帰国の時に持って帰った。

食事は制限があり、夜12時まで残業するとおにぎり2個が出た。朝4時から夜12時まで毎日ふらふらになるまで働いた。食事は1日3回で朝昼晩、ひとすくいの粟粥や薄い餅(ビン)で毎日腹が空いた。食事は日本人や中国人が作った。米の袋に穴を開けて生米をかじったこともあった。

空襲で高架下に避難した。死んだ人は見なかった。空襲で神戸の港が燃え、仕事がなくなり七尾へ行った。七尾では銅や塩を運んだ。七尾で目の病気にかかり、目薬をさした。山東省出身の八路軍のクーという小隊長がいた。

帰国はどこで船に乗ったか覚えていない。塘沽に着き、天津から石家荘への列車は無料だった。そこから15㌔ごとの村ごとに八路軍から証明をもらいながらアンヨウ(安陽?)まで歩き、そこから列車で家まで帰った。

家に帰った時、家族は何も言わなかった。泣いて喜んだ。電話や手紙もなく、自分がどこに行ったか家族は帰るまで知らなかった。(うれしかったですか?)私のいない間に父は食料を麻袋3つ分作った。(うれしかったですか?ともう一度聞くが、同じ答え。息子「父は字が書けないから自分の思いをうまく話すことができない」)

黄国明さん

(生涯で一番良かったこと、辛かったことは?)今が一番いい。息子が4人いて自分は働かなくてもいい。一番苦しかったことは考えないことにしている。昔、日本のために重労働をしたのに、日本はこれに対して何も言ってくれない。いつも思っていることはお金を払ってほしいということだ。

(日本軍に捕まった現場、原陽一中の運動場(原陽県城内南街)を訪問した。今年6月の洪水で運動場は水浸しのままだった)ここで紅槍会の数百人が隠れていたが、100人が捕まった。

(4)郝文清

ヨシで作ったムシロ10枚を荷車で運んで、2月の市の日に県城に行った。その時の家族は父母、妹、私の4人。このムシロを売れば飯が食える。日本兵が来ても車とムシロを捨てて逃げるかどうか迷っているうちに捕まってしまった。「イチ、ニ、サン…ニジュウ」「ミギムケミギ」を覚えている。母は(私が捕まったのを)悲しんで目が見えなくなってしまった。

開封から済南まで有蓋車で1両に25-30人乗って行った。済南で銃剣を持った日本兵が犬を連れて待っていて逃げられなかった。新華院に連れて行かれた。

新華院では、朝、体操で汗びっしょりになり、帰ってきて顔を洗うと8時くらいになった。午前も午後も日本人の話があり、

郝文清さん

頭を動かしたりしてきちんと聞いていないと殴られた。日本人が何を行っているか分からなかったが、中国人から「規則を守れ」「逃亡するな」「タバコを吸うな」を言われた。夕食が終わると点呼があり、消灯ラッパの後で話をしていると殴られた。1日に3回の体操、2回の話、1回の駆け足があり、全部したら粟を炊いたものを食べられた。病気になったら病棟に行くが、ものすごく薄い粟粥しかなかった。病棟は1-3棟まであり、悪くなるにつれて棟を移り、顔が映るくらいの粥しか食えない。新華院で47日いた。

「日本に行きたい人は?」と募集があったので応募した。新華院にこのままいたら死ぬかもしれないと思った。1回目は番号の関係で行けず、2回目の募集で行けることになった。

新華院で契約書を書いた。3年契約で日本で働くという内容。済南、青島、下関、神戸に1部ずつ置くことになっていた。中国の隊長みたいな人が日本で3年間働くと言っていた。写真を4枚撮った。3つの隊を編成した。通訳は王南京のという人で、青島で1300人が船に乗り、下関で別れた。新華院を出る時に靴とズボン、緑色の上着をもらった。船の中での食事は1日3回、トウモロコシを薄くのばした餅(ビン)で、水もあった。人は死んでいない。

下関で?7日7晩いた。服を脱がされ消毒を受けた。服を脱いだところには若い女性ばかりがいたので脱げないと言ったが許されなかった。服は車で運んで行った。風呂に入る時も若い女性がいた。傷やできものがあると薬をガーゼで塗った。

列車に乗せられ神戸に行った。宿舎は2階建に近い3階建、名前は覚えていない。

仕事はクレーン操作。監督が手を挙げるとクレーンを挙げ、手を下げるとクレーンを下げる。仕事がない時は工場の荷物を運んでいた。日本の監督は殴らなかった。人が死んだのも病気が原因だった。

食事は1日3回で、腹八分目程度。米、トウモロコシ、大豆、コウリャンなどで、小麦粉は少なかった。日本人が作っていた。おかずはタケノコや小魚。タバコの配給が5日間で2箱。映画を見に行ったこともある。映画がない時は風呂に入ることができた。中国に帰りたいと思ってもしょうがなかった。敗戦の2、3日前に山に登ったことがある。

隊は3個班で1個排、3個排で1個聯。1班は15人。聯長は蔡書香で、蔡は七尾に行ったので、後任は邢殿如。副聯長は李寿淋、排長は不明、1班長は閻 feng shan、2班長は私、3班長は毛広業、通訳は王方科(南京の人)。

「さいなら」という言葉を覚えている。

私がいないと家族はどうしているかと思うと悲しかった。

広島から船で帰った。帰る時、お金も何ももらっていない。毛布を2枚もらった。塘沽から北洋大学へ。大学で天津政府員の話があり、国民党軍は右へ、故郷に帰る人は左に分かれ、ただで帰れる「巡国労工証」をもらった。

石家荘で八路軍がレールを外したので、石家荘から2つ目の駅から張徳(チャンタオ)まで歩き、そこから150㌔を鉄道で新郷に行き、乗り換えて北関に行った。

帰ると、父は話すことができず涙を流した。母は3年間いない間に目が見えなくなっていた。家では私がいない間、正月を祝わなかった。

中国ではいい暮らしは全然ない。長工として重労働を毎日やっている。今では、饅頭もお粥も自由に食べられるようになった。去年、息子が家を建ててくれた。

日本では毛布2枚だけでお金は1銭ももらっていない。日本には金を払ってほしい。

神戸船舶荷役㈱に連行された朝鮮人労働者
— 全羅北道龍池面出身18歳「李南淳」—

孫 敏 男（在日コリアン人権協会・兵庫）

左から孫敏男、鄭順泰(76)、李南淳(74)、南淳さんの妻「許ヤンジュ」、通訳の金恩受、金旻榮（大学教授）
（2000年8月21日李南淳さん宅の庭先で）

◆出身地（本籍）◆

忠清南道	錦山郡	82人
全羅北道	金堤郡	60人
	鎮安郡	2人
	井邑郡	1人
	高敞郡	1人
慶尚南道	居昌郡	1人
本籍不明		1人

◆1944年入所時年令◆

最高齢者 54歳
最年少者 14歳
50歳代 2人
40歳代 10人
30歳代 32人
20歳代 66人
10歳代 38人

(1)厚生省調査報告書をたよりに

各種未払金の供託処理通達にともない厚生省勤労局は、1946年6月17日付勤発第337号「朝鮮人労務者に関する調査の件」〔未公開〕によって、全国の勤労署を通じて戦時中に朝鮮人労働者を雇傭した事業所から、名簿・入退所・未払金などに関する報告書の提出を命じた。

神戸船舶荷役㈱から提出された報告書「厚生省調査報告書（以下、報告書という）」をたよりに、1999年10月14日に結成された「神戸港における戦時下朝鮮人・中国人強制連行を調査する会（以下、調査する会という）」は、生存者を捜し出すために2000年2月15日から名簿に記載された148名の韓国本籍地役場（面事務所）27箇所へ照会文を郵送した。

(2)報告書No.86「鳳山南淳」

現地調査に出発するまでに7通の回答を得た。全羅北道金堤市龍池面事務所からの回答一通だけに、報告書No.86「鳳山南淳（李南淳）」さんが居住地（臥龍里690番地）で現在も生活されていることが電話連絡先と共に確認された。

「調査する会」の 私と金恩受の2名は、宿泊先の群山観光ホテルまで出迎えに来ていただいた国立群山大学校 社会科学大学経済学科教授 金旻榮（経済学博士）の自家用車で、群山市内に今も残る植民地時代の群山港税関、日本家屋等を案内していただいた後、金教授の大学内研究室で午後1時半からの聞き取りの打合せをした。

李南淳さんが、日本語に堪能な知人の「鄭順泰」さんの同席を希望されていることを当日知り、手みやげを追加購入して群山大学から金教授の自家用車で現地に出発した。

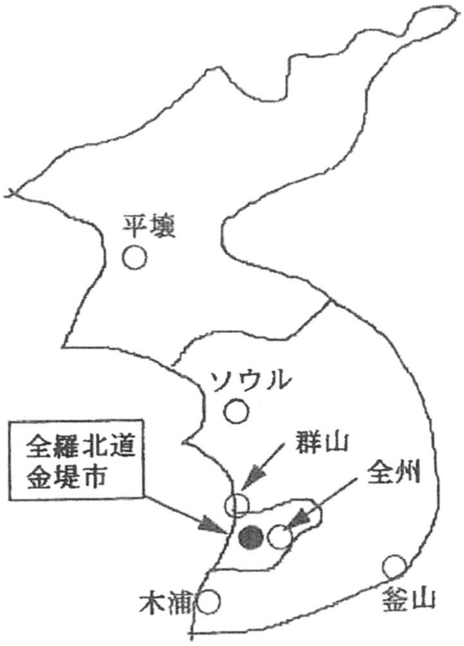

(3) 官斡旋の実態

『前触れもなく突然訪れた朝鮮総督府龍池面事務所（役場）の参事（ﾁｬﾑｻ）が、徴用（官斡旋）通知令状を持ってきて「行きなさい」と言うから行った。強制的やった。今すぐ来いと言うから訳も分からずついて行った。何も準備せずについて行ったら強制的に連れて行かれた。その頃は全部強制だった。その時分は相手が役所なので、逆らうことは出来なかった。金堤から直行で汽車に乗って釜山まで行った。その当時、全羅北道が全部、金堤と直結されているのかわからないけど、その車両の中にたくさん人が集まっていた。釜山から埠頭に集められ船に乗って下関まで行った。下関から汽車に乗ってみんな各地に行ったんではないかな。ここ（金堤）から行ったひとは、みんなそこ（神戸）に行った。』と李南淳さんは当時を回想して語った。

(4) 神戸船舶荷役㈱での労働

幼く、おとなしかったこともあり李南淳さんは厳しい船内荷役作業（沖仲仕）から外されており、事務所内清掃作業に1ケ月間就労後に発病し、回復しないまま職場復帰できずに帰国している。別添資料「厚生省調査報告書」の摘要欄どおり「病気送還」されていたことは事実だった。

『1回だけの給料5円を受け取ったことだけは覚えている』と証言された。当時、日給4円30銭と「報告書」に記載されており、一日分の日当しか支払われていない。

李南淳さんは、神戸に官斡旋される前に北朝鮮のダム建設現場で砂利運搬作業に従事し、「道内動員」されていたことも証言されている。

李南淳さんは、日本で発病した足の病気の後遺症に今も苦しんでいる。（韓国の身体障害者5級認定）

李南淳（74）さん　　鄭順泰（76）さん

神戸船舶荷役㈱に官斡旋された「李南淳」さんへの聞き取り調査結果

▼日　時：2000年8月21日（月）午後2時15分～3時30分
▼場　所：全羅北道金堤市龍池面臥龍里690「李南淳」さん自宅。
▼調査員：孫敏男（在日コリアン人権協会・兵庫）、金恩受（通訳：兵庫県在日外国人保護者の会）、金旲榮（仲介：国立群山大学校社会科学大学経済学科教授）
▼同席者：鄭順泰（日本鋼管 横浜鶴見製作所2年間徴用者 賃金未払訴訟準備中）
▼記　者：洪ﾄﾝｷﾞ（全北日報 編集局次長）

<李南淳さんの記憶について>

1. 56年前のことなので記憶違いがあるようにも思えた。
2. 右足の病気により結果的に1ケ月しか働いていないので印象がうすい。

質問を始めます

Q 名簿の86番が鳳山（とりやま）南淳さんです。

A （昭和）18年だと記憶している。57年もたっているから記憶がうすい。
（日本名を忘れていた）
Q 名簿の生年月日は1927年2月25日ですが。
A 戸籍の1927年1月25日は西暦で正しい。旧暦に直せば1926年11月25日が正しい。現在74歳。（1927年2月25日という名簿の生年月日は間違い。）
Q 神戸港に行った日が名簿で1944年9月14日ですが。
A 秋に行ったからこの日が合っていると思います。記憶では昭和18年だけど、合っているのか。面の人から電話があって昭和18年だとはっきり行っていたので、そう思っていた。（昭和19年になっています）なら、それで合っているのかな？。
Q 日本に来ることになったきっかけは。
A 日帝時代には面事務所に参事(チャムサ)というのがいた。その参事(チャムサ)が行きなさいというから行った。（つまり官斡旋ということになる。）
Q 通知文書はありましたか。
A 徴用令状はあった。あったから行った。紙切れ一枚の令状だった。
Q ことばだけでなく、令状をちゃんともらって行ったんですね。
A 強制的やった。令状の紙を持ってきて行きなさいというから行った。強制的だった。
Q 何日後に来なさいということで行ったのか。
A 来いというから訳も分からずついていった。ついていったら強制的に連れて行かれた。
Q 準備もせずに行ったんですか。
A そう。
Q 強制的に行かれたんですね。
A その頃は全部強制だった。
Q 望んで行ったことではないんですね。
A その時分は相手が役所なので、逆らうことは出来なかった。
Q 行かなかったらどうなるんですか。
A どこまでも追いかけてくるから、そういうことは出来ない。
Q その時何人ほど行きましたか。
A 金堤から直行で汽車に乗って釜山まで行った。その当時、全羅北道が全部、金堤と直結されているのかわからないけど、その車両の中にたくさん人が集まっていた。釜山から埠頭に集められ船に乗って下関まで行った。下関から汽車に乗ってみんな各地に行ったんではないかな。
Q 監視の見張りはついていましたか。
A あまりに人が多くて監視員がいたかどうかわからない。責任者はいたような気がする。
Q 何人ぐらい神戸に行きましたか。
A ここ（金堤）から行ったひとは、みんなそこ（神戸）に行った。
Q 龍地面からは2人だけ行っていますが。
A いまでは私一人だけで、一緒に行ったのではなく、私より先に行った。そこに（名簿）にあるのかな。安ヒジョン。（130番の安昌鐘）。合っている。安昌鐘ともいう。ここに住んでいる。龍池面に住んでいる。（昭和19年12月23日に行っていますが。）亡くなっています。家族もいます。息子もいます。
Q その当時、交通の便は不便だったのですか。汽車に乗って行くときなど相当不便だったのですか。
A 汽車のなかはそれほど不便なことはなかったけど、船が大変だった。腸のなかのものが全部あがってきてもどした。
Q 船に乗った人がみんな神戸に行ったのか。
A みんな荷役作業場に配置された。
Q 神戸船舶株式会社に間違いないですか。
A そうです。
Q どんな仕事をしましたか。
A 私はその当時、年が幼いので事務所の開け閉め当番や掃除をしました。
Q その後他の仕事はしましたか。
A 他の仕事はしていない。
Q 勤務時間は。
A 朝8時から夜6時頃まで仕事した。
Q 会うまでは大変な苦労をしたと思っていましたが。それほどの苦労じゃなくて安心しました。
A その後が大変だったんです。（妻）
Q 事務所は何処にありましたか。覚えていますか。
A 敷地のなかに有ったんじゃないかな。60年もなるから記憶していない。
紙に書いておけば覚えている
Q 宿舎はどこでどんなふうでしてか。
A みんな共同で寝た。飯場のようなところで寝ました。近くだった。
Q 食事はどうでしたか。
A ご飯は弁当式だった。味は食べれた。
Q キムチはでましたか。

A でなかった。肉類は、馬、くじらだった。
Q 給料は貰いましたか。
A 貰ったかどうか記憶はない。当時５円貰った記憶がある。
Q ５円は日当か月給か。現金でもらったか。
A １ケ月だと思う。その当時５円は大きなお金だつたけど残る程のお金ではなかった。日当で貰ったような気がする。５円札の紙幣でもらった。
Q 貯金させられましたか。天引きされていましたか。
A していない。する時間もなかった。分からない。覚えていない。
Q どのようにして帰国したのですか。
A 帰ってくるときは病気で帰ってきた。地下足袋一足くれたから、それを履いて帰ってきた。その時むこうで、会社が募集して戻ってくる船に乗せられて帰ってきた。
Q 帰りに餞別は、ボーナスはありましたか。
A そんなのない。あるわけないでしょ。
Q 休みの日はありましたか。
A 覚えていない。みんな集まって花札をして遊びました。
Q 神戸に働きに行ったときの気持ちはどうでしたか。
A こっちでも食べていくのに精一杯やったから、向こうに行ったら食べれたから良かった。
Q いじめられたり、軽蔑されたりしたことは無かったですか。
A なかった。
Q １ケ月後に病気になったと書かれていますが本当ですか。
A ６ケ月と記憶しているが。１ケ月と書いていますか。ならそれが正しいでしょう。
Q 足の病名は。
A 血管に異常がでた。（リウマチではないのですか）太股が腫れて膿が出た。急に熱がでて痛くなった。痛くて眠れなかった。
Q 会社は治療の面倒を見てくれましたか。
A 病院は行きました。病気の者だけ行った。治療費をわたしが払った覚えがないから会社が払ったと思います。（その当時は医療保険があったのではないか。－鄭順泰さんの発言）
Q 病気になった原因は日本での作業と関係がありますか。
A 今もなおらなくて痛みはまだある。身体障害者になりました。こっちで病気だったら行けなかった。健康だったからそこまで行くことができた。神戸に行く前の２年間、阿吾地（咸鏡北道）に行きました。ヨンジャバンア（研子水車）を回すためには水をためるための穴を掘る現場で砂利運搬しました。
Q 空襲体験は。
A ない。帰ってくるときに、船のなかで攻撃を受けた船をたくさん見た。神戸から帰るときに見た。
Q 神戸で亡くなった人はいましたか。
A いなかった。（自分が居るあいだ）
神戸の慰霊碑、東福寺の慰霊塔の写真を見せて説明した。
Q いま日本政府に対してどう思っているのか。
A 日本に行ったから病気になった。行かなかったら病気にもならなかったと思っている。帰ってきてからの後遺症には言葉にならないほど苦しんだ。
Q 日本政府にしてほしいことは有りますか。憎い感情はありますか。
A 帰ってきて苦しんでいるときは、そういう感情があったのは確かだけど、娘も日本に嫁いでいるし、孫も可愛いいし、だから、いまはあんな事もこんな事も考えてない。そう言う気持ちはない。娘婿も好きです。
Q 足も病気になっているし、日本人に対して補償して欲しい気持ちはありますか。
A そんな気持ちはない。（誰かが補償してくれるから申請しなさいと言われた。妻の発言）面事務所の人がそう言っているが、そんなのは要らない。
Q いま日本人に対してどう思っていますか。
A いい人だと思っている。（笑う）娘婿も日本人だし、孫もいるし、今は身内がたくさん（日本に）居るから心もほぐしていかないといけないし、過去のことを次の世代まで持っていってはいけないと思っている。良くなるように思わないといけないでしょ。当時悪いことした人も死んでいないだろうし。今の世代の人に何の責任もないから、そういうことはもう思わないことにしている。
Q 神戸に来てみたいですか。
A ああ、行ってみたいです。名古屋には２回行きました。毎年、日本から娘家族が訪ねて来ます。

聞き取り終了。

「いかりツアー」参加の記

2000年7月20日（木）快晴

徳富　幹生

神戸７月下旬の快晴はあまり嬉しい天候ではない。しかし「会」の神戸港の隠された戦争の傷跡を訪ねる第１回フィールドワークはポートタワー下という集合場所が良かったようだ。港渡る風は汗伝う頬に心地よい。定刻の13時前には、30名くらいとの予想がはずれて、新聞記者の皆さんを加えると福井県など遠来の方々も見えて参加者は50名を越えた。

（1）ポートタワーで

ツアーの第１歩はポートタワーから港や神戸市を一望することだった。そして、「大空襲」や「大震災」を経験したとはいえ、かつての港や神戸市の繁栄と戦争遂行を半世紀よりもっと以前、「強制的」にその基礎作りの一翼を担わされた人々の労働と呻吟の場所を確認した。面白かったのは、ポートタワーに初めて上ったという神戸在住の人々が何人かいたことだ。

ポートタワーを出て、西出政治さんと金慶海さんから当日のガイドを兼ねた概観的な説明があった。西出政治さんは「神戸船舶荷役株式会社」によって神戸港に強制就役させられた中国人労働者のことについて語った。金慶海さんからは、三菱と川崎造船所の朝鮮人労働者について、具体的に数字をあげての説明があった。「証拠と具体的な数字を示さないと、川崎だけでなく、日本の企業は今でも朝鮮人の強制労働を認めようとしない」というのは金慶海さんの持論だが、それは否定しようもない真理だ。

（2）弁天浜を車窓から眺めて

チャーターした33人乗りのバスでは座席が足りないので、参加者は２台のワゴン車にも分乗して川崎造船所に向かう。大丸百貨店やオランダばりのはね橋までしつらえられたこの辺りは、県外の人々の、もちろん神戸のとくに若い人々の人気スポットだけに、しかも当日は祭日だったのでバスの運行を心配したのだが、これも予想に反してバスはすいすい走る。と、「ここが弁天浜です。ここが労働者たちの寄せ場でした」と梁相鎮さんの声。バスは心もち速度をゆるめる。「弁天町」との標示板が陽の光にやたら輝いている。派手な商店が軒を連ねて人間が群がっている。

（3）川崎造船所正門前で

建物には人の気配が感じられない。守衛だけが心配顔でわざわざ「番小屋」から出てきて「ツアー御一行様」を迎えてくれた。

梁相鎮さんは数字を混じえて川崎造船所での強制労働の実態を伝え、福井新さんからは川崎造船所に学徒動員されたときの体験談が語られた。戦争末期「出勤」のために当時の省線に乗ると垂水駅から朝鮮人がドヤドヤと乗ってきて車輛がいっぱいになったこと。そのドヤドヤの朝鮮人労働者が自分と同じ川崎の門をくぐったこと。強制連行された朝鮮人が釜山で船に乗りかえるとき、何人かが脱走を図った。時を置かず付き添いの日本軍人が日本刀をひらめかして連れもどした。冬、休憩時間に焚火を囲んでいるとき、そんな目撃談を朝鮮人労働者を連れてきたと自称する人から聞いたという。

川崎造船所から道一つへだてて、朝鮮人集落が第二次大戦中には形成されていた。それが今に残る。金慶海さんも、そこの安宿（高級宿がある筈もないがと金慶海さんは笑う）に泊ったこともあるとか。全家屋と言っていいほど粗末な造りばかりだ。参加者の関心も強く、金慶海さんにも梁相鎮さんにも、この集落へ寄せる思いは並々ならぬものがあるようだ。

川崎造船所の敷地内の正門から右手、かなり北方に出っぱった敷地内に奇妙なというか、興味を引く塔のような建物がある。フランス革命のはじまりとされるバスチーユ牢獄襲撃を描いた絵がある。その中に見える牢獄の監視塔とイメージが重なるんだが。

(4) 新華寮跡から限病院へ

連行された中国人の宿舎だった新華寮跡にはしょうしゃで大きなマンションが建てられている。南側の大通りは車の流れが激しい。さらに大通りの南側に高架鉄道が走り、相も変らず昼間からＪＲの電車は客の鈴生りだ。

上田雅美さんや飛田さんの説明を聞きながら黄国明さんの証言を思い浮かべていた。

神戸港で船荷の運搬作業を強制されていた黄さんが、「(麻) 袋を肩にのせ、幅の狭い板の上を調子をとりながらこうして運んだものです」と笑顔で実演してくれたことが印象に残っている。しかしその証言集会の前日、ポートタワーにのぼって、働いた場所も新華寮の場所も思い出せなかった黄さんは、証言集会の当日に、いつも空腹だったというはなしのあとで、「空襲警報」を聞くとすぐ宿舎前の鉄道のガードに逃げ込んだことや、そうそう、次のセリフだ。「宿舎の 2 階の部屋から手を振ると、ときどき電車の中から手をふってくれるひともいましたよ。」

新華寮跡を離れると、バスは限病院横の道をゆっくり走る。「新華寮にいた中国人の病気を引き受けてくれていたのが限病院でした」と新華寮跡で飛田さんが説明していたが、その病院を通り過ぎてバスがスピードを上げたとき、金慶海さんがポツリとつぶやいた。「朝鮮人労働者が病気になっても、病院に連れていってもらったという例を少なくともわたしは知らない。聞いたこともありませんね。」

(5) 東福寺境内で

1945 年に入ると米軍の空襲が熾烈を極めるが、広島・長崎については言を待たない。しかし、空襲で殺されても日本人の死体は直ちに片付けられるのが普通だった。労働現場から逃亡する途中で警報を聞いても防空壕にとび込めない、死んでも放置されたままというのは地域の人々と交わる機会も与えられず、隔離されていた強制連行の外国人労働者に他ならない。

禅宗東福寺の前住職は、川崎造船所などで働かされていた朝鮮人労働者に間違いない人々 60 体の無縁仏を探し求めて、手厚く葬ってくれた。

真白な玉砂利が敷かれ、仏舎利にみまごう白大理石の墓碑を前に、声と涙ともに下る梁相鎮さんの説明を聞きながら、参加者たちは粛然と頭(こうべ)を垂れた。

(6) 神戸港港湾殉職者顕彰碑の前で

ポートアイランド公園内の「顕彰碑」近くで、いくつかの青年グループがコーラスの練習に余念がない。

故金英達さんが「顕彰碑」の港湾労働者群像に着目したのは、複数の外国人労働者たちも刻まれていなければならないという熱い思いだったろう。確かに朝鮮人 1 名は確認できる。墓碑に印された名前からもそう判断できるし、その遺族と考えられる人々とも朴明子さんは対面している。

この「顕彰碑」の問題を粘り強く追求している朴明子さんの顔はさえない。ていねいに説明しながらもどかしげである。公園管理者の神戸市港湾整備局管理部新港管理事務所も、殉職者名簿管理者の神戸港湾福利厚生協会も港運協会や災害防止協会だって、こと外国人労働者に関する問題への対応が冷淡である。遺族と思われる人々も今のところ心を開いてくれないという。

だが上のような実情は、ひとり「顕彰碑」だけではない。わたしたちの活動が直面する課題ではあろうが、この共通の課題をしっかり見すえて、活動のためのあらためて勇気の糧にしたいものだ。

戦時下の神戸港で働いていた
平岡徳太郎さんに聞く

中国人調査班　上田 雅美

10 月 13 日（2000 年）、JR 塩屋駅北側の商店街で写真店を営む平岡徳太郎さん（85 歳）を訪ねた。平岡さんは 1924 年（昭和 17 年）から日本貨物検数協会に勤め、1945 年の神戸大空襲があった頃（3 月か 6 月かは記憶にない）まで神戸港の第 4 突堤から兵庫突堤の間を職場として働いていた。当時の灘区の上野通り（五毛）に住み、港に通っていた。

当時空襲警報が発令されると、港内に停泊している船は港外へ避難することになっていた。何年かは覚えていないが、吉林丸という貨客船が警報がでたので港外へ避難するために動き出したとき、機雷に触れ沈没するのを 100 メートル位離れたところで見た。私はハーベランド号というドイツ船で働いていた。

空襲が始まった頃はまだ神戸港へは貨物船が入港していた。多くは中国・大連からで、当時の積み荷は主として朝鮮米、大豆であった。その大豆の荷役のほとんどを中国人が行っていた。雑貨の場合は少し熟練した人でないとできないので、単調作業の大豆の荷役を中国人にやらせていたと思う。当時大豆は主食として配給されていた。

朝は６時すぎには岸壁に集まっていた。それから各貨物船への割り当てをして、集団で現場へむかい、８時には仕事を開始していた。人数が多いので時間がかかっていた。

岸壁を移動するときは、艀よりもっと小さな船をたくさん使い、数珠つなぎにして引き船が引いて連れて行った。

荷役は一隻の貨物船に４～５グループ（１グループは 15 ～ 20 人程度）、70 ～ 80 人程度の中国人があてられていた。船は何隻もあったので相当な人数がいたと思う。

彼らはいつも黒っぽい中国服を着ていて、裸足であったように思う。私はよく中国人とも一緒に仕事をしていた。話もしたが言葉が通じないので身振り手振りの会話で、子供は何人かなど簡単な話しかできなかった。顔見知りなのでタバコをもらったこともある。

当時港湾関係者には、竹の皮に包んだ黒っぽい飯の配給があって、中国人はそれを食べ残し次の日に饅頭のようなものにして持ってきて食べていた。もらって食べたこともあるが、味ははっきり覚えていない。材料は米が僅かしか入っておらず、ほとんどが粟のようなものであったように思う。

当時私がよく見かけた中国人は、いつ見ても同じ服で、手には薄汚い風呂敷か手ぬぐいかわからないような布に僅かなものを包んでいた。西洋人の捕虜もよく見ました。栄町通りを兵庫突堤の方へ隊列を組んで軍歌を歌いながら歩いていた。横に日本の兵隊が銃を持ってついていた。西洋人の捕虜は私が働いていた区域にはいなかった。朝鮮人は見かけなかった。中国人がどこから歩いてくるのかは知らなかったが、弁天浜から降りてきていたので多分上の方（北の方）に宿舎があるのだろうと思っていた。集団で降りてきて、よく走っていた。日本兵はついていなかったが、親分らしい人がリードしていた。

戦争中の港の写真はない。カメラはあってもフィルムがないし、もしカメラを持って外に出ていたらすぐに憲兵に捕まる状況だった。空襲が激しくなって貨物船も入ってこなくなり、私は田舎へ疎開して百姓をしていた。戦後 1946 年（昭和 21 年）２月か３月頃になって、神戸港の元の仕事に復帰した。戦争直後の港の写真は探せばあるかるかもしれない。当時一緒に働いていた者は何人かいるかもしれないが、ＯＢ会を開いても出てこなかった。中国人と一緒に働いた経験のある者は、もういないかもしれない。

強制連行された朝鮮人のこと

福井　新

毎日新聞　地域のニュース　2000年（平成12年）7月23日

強制連行された朝鮮人・中国人労働者について証言する

福井　新さん(73)

忘れ去られる前に記録に

写真、資料探し始める

1944 年（昭和 19 年）12 月から 45 年 2 月まで、川崎重工神戸工場に学徒動員で働いた。強制連行された中国人、朝鮮人やオランダ人、アメリカ人捕虜もいた。

明石市の自宅から通った電車には、途中、強制連行された人たちの寮のある舞子駅、塩屋駅から草色服の朝鮮人が集団でワーッと乗り込んできた。

昼休み、空襲で延焼するのを防ぐ建物疎開で取り壊された廃材のたき火に当たりながら、ある人が「釜山で、嫌がる朝鮮人を抜刀して無理矢理船に乗せた」と話すのを聞いたことがある。当時、神戸工業専門学校（現神戸大学工学部）の学生だった。

会の活動の記録①　1999.10 ～ 2000.10

1999.10.14　「調査する会」結成集会（於／神戸学生青年センター、以下同じ）
1999.12.09　第１回運営委員会
2000.01.20　第２回運営委員会
2000.02.10　第３回運営委員会
2000.02.20　ニュース「いかり」１号発行
2000.03.09　第４回運営委員会
2000.04.04　張忠杰さん講演会「中国河南省における強制連行」
2000.04.13　第５回運営委員会
2000.05.11　第６回運営委員会
2000.06.08　第７回運営委員会
2000.06.25　ニュース「いかり」２号発行
2000.07.13　第８回運営委員会
2000.07.20　フィールドワーク「いかりツアー」
2000.08.16 ～ 25　中国現地調査（安井三吉、村田壮一）
2000.08.20 ～ 22　韓国現地調査（孫敏男、金恩受、金旻榮）
2000.09.14　現地調査報告集会
2000.10.12　第９回運営委員会

＜運営委員名簿＞ 2000 年 10 月 11 日現在（50 音順）※ 訂正等は飛田まで。

1.林　昌　利／在日韓国青年連合兵庫地方協議会
2.上田　雅美／日本中国友好協会兵庫県連合会
3.姜 晃　範／在日韓国学生同盟兵庫県本部
4.金　慶　海／兵庫朝鮮関係研究会
5.小松　俊朗／神戸電鉄敷設工事朝鮮人犠牲者を調査し追悼する会
6.佐藤　加恵／神戸・南京をむすぶ会
7.申　点　粉／兵庫県在日外国人保護者の会
8.徐　元　洙／兵庫朝鮮関係研究会
9.徐　根　植／兵庫朝鮮関係研究会
10.孫　敏　男／在日コリアン人権協会・兵庫
11.高木　伸夫／在日朝鮮人運動史研究会関西部会
12.徳富　幹生／神戸電鉄敷設工事朝鮮人犠牲者を調査し追悼する会
13.中田　敦子／神戸空襲を記録する会
14.朴　明　子／
15.飛田　雄一／(財)神戸学生青年センター
16.黄　光　男／在日コリアン人権協会・兵庫
17.福井　新／

18.堀内　　稔／むくげの会
19.宮内　陽子／兵庫県在日外国人教育研究協議会
20.村田　壮一／神戸・南京をむすぶ会
21.門永　秀次／神戸・南京をむすぶ会
22.安井　三吉／神戸大学
23.梁　相　鎮／兵庫県朝鮮人強制連行真相調査団（朝鮮人側）
24.吉澤　惠次／（社）兵庫部落解放研究所
25.李　相　泰／在日研究フォーラム
26.林　伯　耀／旅日華僑中日交流促進会

＜参加団体名簿＞（（　）内は代表者、2000年10月12日現在、50音順）

1.神戸・南京をむすぶ会（佐治 孝典）
2.神戸華僑総会（黄 耀庭）
3.神戸電鉄敷設工事朝鮮人犠牲者を調査し追悼する会（徳富 幹生）
4.（財）神戸学生青年センター（飛田 雄一）
5.兵庫県在日外国人教育研究協議会（安保 則夫）
6.兵庫県朝鮮人強制連行真相調査団（朝鮮人側）（安 致源）
7.兵庫県在日外国人保護者の会（申 点粉）
8.兵庫朝鮮関係研究会（徐 根植）
9.（社）兵庫部落解放研究所（領家 穰）
10.在日本大韓民国民団兵庫地方本部権益擁護委員会（林 茂男）
11.在日コリアン人権協会・兵庫（孫 敏男）
12.在日研究フォーラム（李 相泰）
13.在日朝鮮人運動史研究会関西部会（飛田 雄一）
14.在日韓国学生同盟兵庫県本部（姜 晃範）
15.在日韓国青年連合兵庫地方協議会（朴 昌利）
16.自立労働組合連合タカラブネ労働組合神戸支部（島田 隆明）
17.日本中国友好協会兵庫県連合会（宗田 弘）
18.むくげの会（堀内 稔）
19.旅日華僑中日交流促進会（林 同春）
20.大阪人権歴史資料館

田中宏さん講演会

▼日時：2001年2月8日（木）午後6時30分
▼会場：神戸学生青年センター
▼テーマ：中国人強制連行－『外務省報告書』を中心として－（仮題）
▼講師：田中宏さん（竜谷大学教授）
▼参加費：１０００円
▼主催：「調査する会」

第２期会費のお願い

「調査する会」は第２期（2000.10～2001.9）の活動に入っています。
２回目の年会費をよろしくお願いします！

個人会費　一口　３０００円
団体会費　一口　５０００円

送金先＜郵便振替　00920-0-150870　神戸港調査する会＞

編集後記

「いかり」は港の象徴である錨であり、強制連行され、神戸港で労働させられた朝鮮人や中国人の怒りでもあります。この二つをイメージするものとして、会のニュースの表題にしました。

★ニュース３号をお届けします。今夏の中国および韓国での現地調査の報告があり、充実した内容になりました。今後とも現地調査に力を入れていく方針ですが、そのためには資金が必要です。第２期会費またはカンパよろしくお願いします。（堀内）
★後記を書かして貰うほど大したこともせず最後のお手伝いだけで、堀内編集長に申し訳ない。今回のニュース、やっぱり中国・韓国の現地調査の報告です。今後も継続すると同時に現地調査団が現地で貰ってきた宿題、当地での調査ももっと力を入れて行かなければなりません。（門永）
★分量が多いのに本日の作業は二人。つまり助っ人はゼロ。おまけに印刷用紙が不足気味で、最低の部数しか印刷できそうにありません。残りは後日です。「いかり」の印刷日は、安易に決めてはならないと反省しています。（堀内）

いかり 4

2001.4.30

神戸港における戦時下朝鮮人
・中国人強制連行を調査する会ニュース

〒657-0064　兵庫県神戸市灘区山田町 3-1-1　（財）神戸学生青年センター内
TEL 078-851-2760　FAX 078-821-5878　E-mail rokko@po.hyogo-iic.ne.jp

講演会の記録

中国人強制連行ー外務省報告書をめぐって

田中　宏氏

2001年2月8日、神戸学生青年センターにおいて、「神戸港調査する会」主催の田中宏氏講演会「中国人強制連行ー外務省報告書をめぐって」が開かれました。ここでは、その講演内容を紹介します。講演は広範な資料を駆使して行われましたが、紙面の関係から資料および話の一部を割愛しました。

50年戦争史観の必要性

ここでは外務省報告書、正式には「華人労務者就労事情調査報告書」といいますが、これがどうやってまとめられ、そこでどういうことがあったのかという話をしますが、外務省報告書というのはある意味で非常に問題のある文書なんですね。それで日中間の戦争とか、日本の過去の侵略戦争の構造のようなものをおさえながら、その中での位置付けをやることが必要ではないかと思います。なぜかというと問題は、この報告書が「労務者」という言葉を使っているところなんです。これは働かされた人だから労務者だろうというように考えるわけですけども、あえて彼らが徹頭徹尾労務者という言葉を使ったことには裏があると思うんですね。そのことを解き明かしていきたいと思います。

それでは日本と中国との間の長い戦争問題をどのように考えるのか、というところからいきましょう。ポツダム宣言を日本が受諾することによって戦争が終わったんですね。ここには「カイロ宣言の条項は履行せらるべく」、とカイロ宣言が引用されているんですね。カイロ宣言には８項に、「満州、台湾及び海南島のような日本国が清国人から盗取したすべての地域を中華民国に返還する」とあります。つまり、連合国が日本を相手に戦争をしていることの目的が、ここにあるというんですね。ポツダム宣言を受諾したということは、カイロ宣言に謳われていることを受け入れたわけです。

ここで特に注目したいのは、台湾まで含まれていることです。通常この間の戦争は 15 年戦争と一般的に言われていますが、わたしは 15 年戦争というとらえ方については、問題があるという考えをもっています。どうしてかというとこのポツダム宣言、カイロ宣言を素直に読めば、これは 50 年戦争ということになるんですね。なぜなら台湾は日清戦争の結果下関条約で日本が植民地にし、その台湾を中華民国に返すことを日本が同意して戦争が終わったからです。もし 15 年戦争ですと満州事変から 15 年ですから、もし 15 年戦争が 1945 年に終わったとすれば満州はなくなりますが、朝鮮や台湾はそのまま日本の植民地でなければならないでしょう。

ポツダム宣言の受諾は、満州事変から後の戦争の清算というかその後始末ではないんですよ。台湾が入っている。朝鮮も入っている。ですから足掛け 36 年の朝鮮支配、50 年の台湾支配、これが全部棒引きになるということを示しているんですね。太平洋戦争史観とか、東京裁判史観とか大東亜戦争史観とか色々な言い方がありますが、わたしは 50 年戦争史観と見ています。客観的に見るとそのような言い方しかないと思います。自由主義史観の人も連合国アメリカが原爆を 2 つ日本に落として日本を恫喝し、正当に手に入れた朝鮮や台湾を不当に奪ったと。こういう議論をする人はいないと思うのですが、どうでしょうか。

中国との戦争の構造

次に基本的に戦争は明治憲法というか旧憲法下で行われたわけですが、明治憲法は第一条が「大日本帝国は万世一系の天皇これを統治する」というのが憲法第一条ですね。国家主権は天皇にあるわけですから、対外的な戦争というのは天皇しかできないわけで、明治憲法の下で日本は四つ戦争をやっています。天皇の開戦の詔勅と呼ばれるものを出して、公式に国家主権を持っている天皇の名においてやったのが四つです。

この天皇の開戦の詔勅には、たとえば日清戦争では、「苟しくも国際法に戻らざる限り、各々権能に応じて一切の手段を尽くすに於いて、必ず遺漏なからんことを期せよ」という条件がついてます。国際法だけはしっかりと守って、その範囲内であとは色んな手を尽くして目的を達成する為に頑張れと檄をとばしたわけですね。これは日露戦争、第一次大戦も同じです。しかし昭和天皇の開戦の詔勅には、前後は大体似たような表現がされていますが、この条件のところがすっぽり抜けている。これは文章の性質上、うっかり入れるのを忘れたというわけではないんす。なぜ入っていないのか。これは実は後に絡んできます。

『産経新聞』に連載された有名な「教科書が教えない歴史」に、「国際法の権威を同行させた日露戦争」とか「ハーグ条約に従った板東収容所」という話があります。要するに「日本が文明国として国際法を守ってきちっとやったんだ」ということを自由主義史観の人々は得意気にいうわけですが、これはまあ客観的な事実です。

次に、『日中開戦』という中公新書の北さんの本の中に「宣戦せず」という文章があります。その一部を引用しますと、「海軍次官と梅津美治郎陸軍次官とが、つれだってたずねてきて両軍部とも、宣戦布告はみあわせてもらわねばならぬということに、意見が一致したとのことであった。わけをきくと、宣戦を布告したとなれば、外国からの軍需物資の輸入が、はなはだしく不自由になる、ところが、軍需物資の実情はどうかというに、いま、外国からの輸入がおもうようにゆかなくなると、それこそ大変なことになる、国防力に大穴があいてしまう、だから、宣戦布告はまっぴらごめんだというのであった。（略）かんじんの陸海軍当局のはらが、こうであったから、内閣としては、宣戦布告はとりやめということにしたのであった」。

実はこれは、盧溝橋事件の時の内閣の書記官長、これは今でいうと官房長官ですね。その人が書いた。要するに宣戦布告をすると戦時国際法ー戦争に関する国際法ーが動き出すわけです。いろいろなことがあるようですが、分かりやすく言えば一つは捕虜を保護する。もう一つは中立義務。戦争になると中立法規が発動し、交戦当事国である日本と中国以外の第三国は中立を守らなければならない。要するに戦争が公式に始まったらそれ以外の国はどちらかに味方をしてはいけない。もししたらその国との間に戦争

が始まっている状態に国際法的にはなる。そうなると具合が悪いから宣戦布告はしないと、これが政府の方針です。これは盧溝橋ですけれども、その前に満州事変があるわけですね。ここから 15 年戦争が始まります。

満州事変の後、いわゆるリットン調査団というのが国際連盟から派遣されて日本に来、満州に行って、そしてどうも今度できた満州国というのは全部日本が裏で操っていて、通常の独立国とは認められないという調査結果がでるわけですね。それで日本が満州にいるのはおかしいという議論が国際社会で出て、満州国が危なくなってきたんです。その時日本のマスコミは、一斉に「共同宣言」を出しました。「苟くも満洲国の厳然たる存立を危うするが如き解決案は、たとひ如何なる事情、如何なる背景に於いて提起さるゝを問はず、断じて受諾すべきものに非ざることを、日本言論機関の名に於いて茲に明確に声明するものである」。

年が明けて 33 年 2 月、国際連盟総会でリットン調査団の報告書の採択の場で、反対票を投じたのはわが日本だけ。タイ国が棄権をいたしました。あとの国は全部賛成なんですね。その後正式に国際連盟から日本が脱退します。同じ 33 年の 1 月ドイツにナチ政権が誕生し、ここから日本とドイツとの緊密な関係ができてドイツも同じ 33 年の秋、国際連盟から脱退します。でそのうちにイタリアが入ってきて日独伊の枢軸国ができてくる、こういう筋書きになっているわけですね。

守られなかった国際法

その延長線上で、真珠湾、マレー半島上陸作戦の昭和天皇の開戦詔勅がでてくるわけですね。ここで国際法を守るというのがでてくるはずがないんです。もう国際社会のルールなんかは無視すると。こうしたルールは、向こうが自分の都合のいいように作ったものであって、我々は信用しないと。我々はドイツ、イタリアとの三国、これで世界を抑えることによって人類は幸せになる。そしてこの神の国を世界に広げると、こういうわけですね。

戦争が終わった年の 12 月 1 日、衆議院は「戦争責任ニ関スル決議」というのを出します。1995 年に、戦後 50 年にあたって植民地支配や侵略行為の反省をした衆議院の決議が行われていますが、その 50 年前にも同じような決議が行われているんです。これにはびっくりしましたけど、その名も「戦争責任ニ関スル決議」ですよ。「国際条規ニ背反スル惨逆行為ヲ行ヒタル刑事犯罪」とある。簡単に言えば戦争犯罪を犯したと。だから自由主義史観の言っているように、日露戦争の時は国際法の専門家を連れて行き、第一次大戦のときは板東捕虜収容所でドイツ人を大切に扱ったと。ところがさきほどの私の説明で言えば、満州事変以降はやめたとなるわけですね。だって宣戦布告をせずに中国と戦争をやるわけですから。ところが戦争に敗け、胸に手を当てると忸怩たる思いがあるわけですよ。明治、大正とやってきたのに昭和天皇は国際法を守るというのを外してしまったわけですから。やばいというのが分かるわけですよ。

このときの決議に参加した人は、1942 年の最後の翼賛選挙と呼ばれるもので選ばれた人が残っているわけですよ。ですから当時を良く知っている人たちなんです。だから割り合い素直なんだ、というのが私の推理です。もちろん当時はマッカーサーが来ていますから、マッカーサーに入れなければけしからんといわれたかもしれないですけれど。

盧溝橋事件が起きた直後に陸軍からシナ派遣軍に出した秘密電報、陸支密 198 というのですが、その中に次のようなくだりがあります。「帝国ハ対支全面戦争ヲ為シアラザルヲ以ッテ、陸戦ノ法規慣習ニ関スル条約[ハーグ条約、日本加入]其ノ他交戦法規ニ関スル諸条約ノ具体的事項ヲ悉[ことごと]ク適用シテ行動スルコトハ適当ナラズ」。要するに中国に宣戦布告をしていないんだから、その戦争法規に基づいて動くようなことをしてはいかんと。それから例えば戦線で捕虜や戦利品という言葉を使ってはいけない。戦争をしていないことになっているんだから、戦争法規に関する言葉を使ってはいけないということになっていた。

戦後、例の東京裁判が行われますが、その判決文の一部に、「奉天事件（満州事変）の勃発から戦争の終わりまで、日本の歴代内閣は、中国における敵対行為が戦争であることを拒んだ。かれらは執拗にこれを『事変』と呼んだ。それを口実として、戦争法規はこの敵対行為の遂行には適用されない、と軍当局は主張した」というのがあります。これは先ほど言ったことですね。宣戦布告をしていないんだからそういうことは関係ないと。「この戦争は膺懲戦であり、中国の人民が日本民族の優越性と指導的地位を認めること、日本と協力することを拒否したから、これを懲らしめるために戦われているものである、と日本の軍首脳者は考えた。この戦争から起こるすべての結果を甚だしく残酷で野蛮なものにして、中国の人民の抵抗の志を挫こうと、これらの軍指導者は意図したのである」というふうに指摘されているんです。宣戦布告をしていない。そうすると戦争に関する法規は適用されない。さきほど戦争は４つしかないといいましたが、実は事変がたくさんある。中国は大体事変とよばれたんですね。満州事変、日華事変、上海事変とかね。これは全部宣戦布告をせずに事実上戦争をやったんです。これが日本と中国の戦争の非常に大きな構造的な問題なんですね。

判決文に次のような部分もあります。「陸軍省軍務局長であった武藤章は、東京裁判で次のように証言している。1938 年、中国との戦争は公には“事変”として知られていますので、中国人の捕らえられたものは俘虜として取扱われない、という事が決定されました」。要するに捕虜ではないわけです。したがって捕虜として扱われないわけですから捕虜虐待はありえないと。こういう論法なんです。それを一生懸命軍務局長は東京裁判で主張したんですが、認められなくて先のような認定をされたというわけです。客観的に見てそうですよね。

東京裁判の判決文は続けて、「捕えられた中国人の多数は拷問され虐殺され、日本軍のために働く労働隊に編入され、または日本によって中国の征服地域に樹立された傀儡政府のために働く軍隊に編入された。これらの軍隊に勤めることを拒んだ捕虜のあるものは、日本の軍需産業の労働力不足を緩和するために、日本に送られた。本州の西北海岸にある秋田の収容所では、このようにして輸送された中国人の一団 981 名のうち 418 名が飢餓、拷問または注意不行届のため死亡した」といっています。これはいわゆる花岡事件なんですね。このようにちゃんと東京裁判で認定されているんです。ですから戦争の構造の問題というのはお分かりいただけたと思います。

中国大陸からの引揚者は283万人

中国人強制連行っていうのは 1942 年の閣議決定以降ですから。その前に朝鮮人の強制連行があって、それが足りなくなるから大陸から持ってくる、そういう構造だったわけです。戦争が終わった時、日本の外にどれくらい日本人がいたのかということを学生に聞くんですね。大体 50 万とか多くて 100 万とか言うんですね。引き揚げてきた人が全体で 630 万です。引き揚げてきたというのは生きて帰ってきたということです。これは軍人軍属と民間人とで大体半々なんです。軍人軍属が 49 ％で民間人が 51 ％です。これは厚生省の方の引き揚げ統計なんですけれども中国大陸は合計で 283 万人引き揚げてきた。軍人が 111 万、民間人が 172 万。それから朝鮮半島。これが 91 万で、軍人が 20 万で、民間人が 71 万。実は中国と朝鮮は例外で、大体後は軍人軍属のほうが多いです。東南アジアなどはみんなそうです。だから中国大陸なり朝鮮、台湾もそうですけれども、基本的には民間人のほうが多いですね。それで中国大陸から引き揚げてきた人が 283 万人。

次に戦没者の数ですね。これが中国大陸が 71 万人死んでいるんですね。ですから 71 万と、帰ってきた 283 万を足すと 350 万という数字になるんですね。さきほど言ったように中国とは事変事変の繰り返しで、一度も宣戦布告をしていないんです。そこに 380 万の軍民が渡っているわけです。しかも訪ねていったという手合いのものではないでしょ。基本的には軍隊を先頭にしてです。中国との関係というのは、構造的にものすごく異常な戦争なんです。それを前提に

1 地域別・身分別（軍人軍属と民間人）引揚者数　厚生省「援護五十年史」'96

（平成8年1月1日現在）

区分	総数	軍人・軍属	民間人
総数	[illegible]	3,107,411	3,188,025
ソ連	472,942	453,787	19,155
千島・樺太	293,[illegible]	16,006	277,[illegible]
満州	1,045,525	41,316	1,003,609
大連	225,954	10,917	215,037
中国	1,540,183	1,044,490	496,723
香港	19,347	14,285	5,062
北朝鮮	322,585	25,391	297,194
韓国	597,319	181,209	416,110
台湾	479,544	157,388	322,156
本土隣接諸島	62,389	60,007	2,382
沖縄	69,416	57,364	12,052
蘭領東印度	15,593	14,129	1,464
仏領印度支那	32,303	28,710	3,593
太平洋諸島	130,968	103,462	27,506
比島	133,123	108,912	24,211
東南アジア	711,207	655,330	55,177
ハワイ	3,659	3,349	310
オーストラリア	138,843	130,398	8,445
ニュージーランド	797	391	406
百分率		49%	51%

（書き込み：満州〜香港 283万／111万／172万、北朝鮮・韓国 91万／20万／71万）

（注）1 この表の引揚者には、上陸地において引揚手続を行った者のみ計上し、引揚手続を経ないで帰還した者は含まれていない。

2 [illegible]

考えなければならない。冒頭に言ったように外務省文書でなんで労務者という言葉を使うか。これは捕虜という言葉を使うとまずいんです。彼らは捕虜はいないという建前なんです。だから徹頭徹尾労務者で通すんです。

中国人の場合には外務省報告書があるおかげで、強制連行の大体の構造というのは分かるんです。中国人の場合は全国で 135 箇所働かされたところがありますが、それは何処か。そしてそれはどこの企業がやったか。どれくらいの人が配置されたのかというのが書いてあります。一旦は神戸に入るんだけれどもその後富山に回したとか、そういうことがあるので、人数が延べ人員で 5 万人とかなっているんですけれども、大体 4 万人というのが連れてこられた数だといわれています。

外務省報告書には、被連行中国人の死亡時期というのが表されています。日本につれてくる時に船の中で死んだ人がどれくらいなのか。それから日本に上陸した後、実際に現場に到着するまでに死んだ人が何人か、それから事業場到着後 3 ヶ月以内に死んだ人、それから 3 ヵ月後に死んだ人、あわせて 6,830 人が死んでいるということが分かっています。亡くなった人の名前も、大体わかります。つかまったりすると即座に別の名前を言う訓練を受けているので、つかまった時に仮名を言って、それがそのまま残ってる場合もありますが。有名な花岡の現場には、中国人殉難者慰霊碑というものが建てられています。後ろに 418 人の名前が全部刻んである。それは外務省報告書で、一人一人の名前が全部わかるからなんです。

鹿島建設からもらった 5 億円をどのように配分するか、というのをこれからやるんですけれども、この人が花岡の現場に連れて行かれた人で、向こうで亡くなった人の子供だとか、親子関係とか親族関係は中国側の記録でやるしかないんですけれども、固有名詞が全部分かっているから 986 名を対象に 5 億円を信託してそのお金で全体的な救済をすることが可能なんですね。朝鮮人もこの間随分連れてこられていますが、どこかの現場に連れてこられた人がそもそも何人で、それが誰で、なくなった人が誰かという記録がほとんどありません。どうして中国人と朝鮮人でそういう違いが出てきたのか、というのは外務省報告書の成立に関係してくるんです。しかし、この外務省報告書のゆくえは、長い間わかりませんでした。

まぼろしだった外務相報告書

花岡事件の BC 級裁判判決では死刑が三人います。最初の判決はですね。結局マッカーサーが減刑しますので、実際に死刑を執行された方はいないんです。なぜ BC 級戦犯として裁かれたのかといえば、捕虜虐待で戦争法規違反で裁かれているんですね。それで外務省報告書を探すことになったんですが、なかなか見つりません。随分いろいろな方法で探しました。アメリカに持ち帰られた BC 級裁判の裁判資料を調べたら外務省報告書があるかもしれない、ということで調べたんですけれども、出てきません。

ところがアメリカの資料の中に、外務省報告書を作るプロセスを記録した外務省の文書が残っていた。要するに今度外務省報告書を作ることになったと。予算はいくらだと。調査は誰にやらせるのか。どういう方法でやるのか。運輸省、当時の鉄道省に文書を出して、今度こういう風に調査をやるから切符の手配などで便宜を図ってくれと

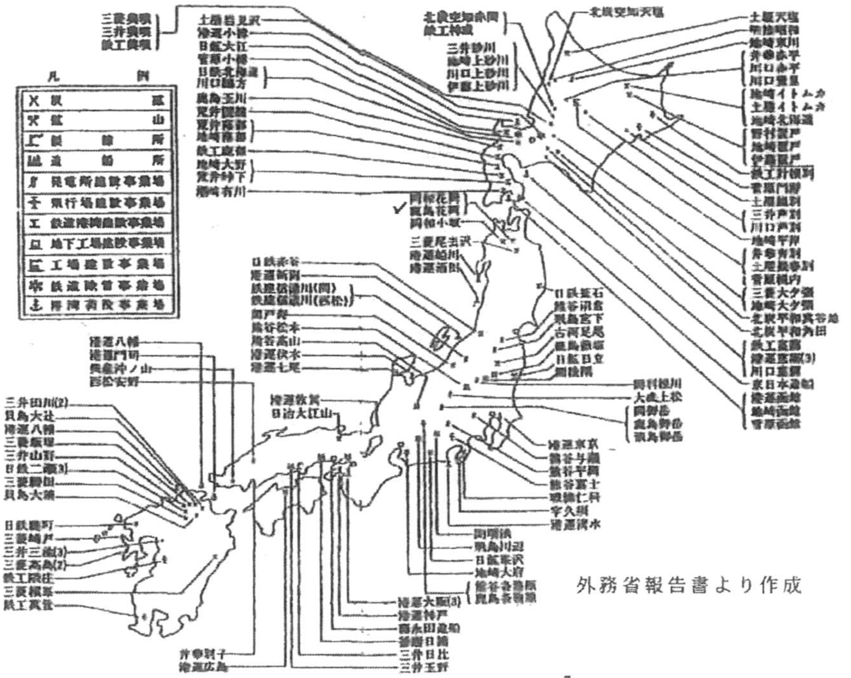

外務省報告書より作成

か、各事業場に対してきちんと報告書を出せとといったことを記録した文書です。

決裁文書、つまり外務省報告書を作ることを外務省内部で決裁した文書が、アメリカで見つかったんです。その中に調査を担当した人の固有名詞がある。これは一人一人に辞令を出しますから。ところが名前しか残っていないんですね。どこの人でどういう身分の人かわからない。四人か五人がまだ生きているんです。でその一人が去年の春頃なくなられて、手元に残っていた資料をご遺族の方が、国会図書館にそっくり収められることとなりました。そこに外務省報告書が眠っているということがわかっています。

戦後補償運動がはじまった頃、外務省報告書については国会でも散々議論されるんですね。「昔そのようなものを作ったという記録はあるんですけれども今は残ってません」と。「残ってません」という答弁の中でどうやらそういうものが残っていると、戦犯に問われるときに悪用される可能性があるので、それは焼却処分したと外務省のアジア局長が国会で言っていた。どうも外務省報告書というのは、戦犯裁判の時には使われなかったのではないか。うまく隠し切ったのではないかと思われます。使われていればアメリカにもって帰っているはずですから。

ただものすごく戦犯のことを意識して作られたということは間違いありません。時期的にですね、それは1946年の2月16日に決裁されている文書なんです。「華人労務者就労事情調査ニ関シ、協力方依頼ノ件」という決裁文書を、管理局長が決裁しているんです。そこには連合軍側の取調べも予想されるのみならず、諸般の情勢に照らして更に広範かつ詳細なる資料を準備しておく必要があると見られる。そういう形できちっとした調査をしておかざるをえないと。

中国からの日本人引き揚げのために

どうしてそういう調査を日本の外務省がやったのか、ここがもう一つ大事なところですね。それは一つは先ほどお話したことが絡んでくるんですが、それまでの日本がやっていた戦争が、非常に国際法的に見てもまずかったということが、終わってみれば明々白々なわけで、戦々恐々なんですね。それで外務省の決裁文書の中にどういう説明がしてあるかというと、「戦時中北方の労力不足補填対策として北方に移入せる華人労務者につき、その招致より送還に至るまでの諸般の実情を精密に調査し、内外の説明資料、ことに近く来朝を予想せらる中国側調査団への説明に備える目的をもって概ね別添要領により詳細調査を実施いたすべき也」。

これが一番のポイントになるわけです。そのうち中国から調査団が来る。その時にきちっと説明をしなければならない。どうして外務省がこんなことをすることになったのか。戦争に負けたということもあったんですが、実はアメリカから見つかった資料を読んでみると納得がいきます。厚生省の引き揚げ記録を見ると、中国から引き揚げて来た人は283万人いたわけですね。戦争が終わったら日本は無条件降伏をして白旗を揚げているわけですから、中国のお世話にならないと戻れないんですね。自分で勝手に船に乗って帰ることができない。この人たちの引き揚げというのが、日本の在外高官の一番大事な仕事なんです。それを円滑にするためには中国側にいろいろ協力を頼まなければならない。中国側からどういうことを言われたのか。それは我々のほうもやるけれども、ところでうちから連れて行ったのはどうなっている？といわれるわけです。ところが日本の出先は全くわからないわけです。それで上海とか北京の大使館から日本の外務省に電報が入ったわけです。とにかく中国から連れて行った労働者の問題についていろいろ問い合わせがあるから至急調査をしてくれと。何時どこに行ったか、生存についてなどについて。遺族も来ていると。そのことについて日本側が協力しないと、283万人の日本人が日本に戻ってくることができないわけです。そこで日本側は相当腹を決めて丁寧な調査をして中国側に応えざるをえない。向こうに人質がいるわけですから。

外務省が各企業に提出を求めた調査の全様をみると、たとえば最後に付属書類というのがありますが、移入契約書、死亡顛末書及死亡診断書写し各一綴となっています。中国人がこっちに来てどういう形で死んだのか、それからその死亡診断書、これを全部そろえなければならない。かなり嘘もあるといわれているんですが。だけれどもそろえなければならない。それから、個人別就労経過調査表というのがあります。一番上に名前、次に年が書いてあって、出身だとか一人一人全部書いている。外務省報告書というのは、非常に分厚いんですけれども統計なんですね。非常に細かい統計。例えば病気になった場合どんな病気になったのかとかね。各事業場から出てきたデータを全部集計をして、ものすごく大きな表が作られています。

外務省報告の信憑性

ただ明らかに戦犯に使われるという危険を感じていたでしょうから、46 年の 2 月に決裁文書ができて、日付は 3 月 1 日現在となっていますけれども実際にでき上がったのは、調査活動に携わった人に聞いてみるとですね、大体夏ごろだと。だから 46 年の 7、8 月頃に最終的にでき上がったというように考えられます。実は 45 年の 11 月頃から戦犯の逮捕が始まっています。そういう中で 46 年になると戦犯の取調べが進んでいくようになるし、新しく捕まっていくというそういう問題がでてくるわけですね。そして花岡の現場にも GHQ が入ってきますので、大量の中国人が殺されているということがだんだん分かってきて、その花岡の現場の人が捕まり、BC 級戦犯で牢獄に入れられます。そういう時期と調査が重なっているわけです。そこで調査にはいろいろな手心を加えることになるわけです。

例えば花岡の暴動が起こったところでは、非常にいいかげんに外務省報告書には書いてあるんですね。ところが実際に現場調査をした北村さんという人のメモを見るとですね、いわゆる診断書の書き換えを地元の警察署が要求されている。業者の提出する死亡診断書及び、死亡顛末書の正確度は極めて疑わしい。警察当局の指令に基づく死亡診断書の書き換えは、医療関係者の反感を買っているというように、鶴岡さんという調査した方が言っているわけです。だからかなり改ざんしたり、工夫をしたりはしているわけです。罪を免れるように。

ところが、返す時の向こうとの受け渡しの仕事が残っているわけです。もちろん生きて帰らなければ、この人はどうなったのかという説明をしなければならない。ですから頭数に関しては全部つじつまが合うようにしなければならないんです。そういうことで外務省報告書というのは、朝鮮人強制連行と比べれば抜群のデータがそろっているという点、非常に重要な役割を果たしているんですね。しかし、その具体的な中身の信憑性ということになると、戦犯を回避するとかでかなりきめ細かい改ざんが行われていたということは言うまでもありません。

最初の時に申し上げた「労務者」という言葉を使って、徹頭徹尾報告書をまとめ上げたというのは、捕虜ではないという筋書きにあわせるためには「労務者」という言葉でやるしかない。もちろんつかまった人の中には、戦闘で捕まった人はたくさんいます。だから実際は捕虜です。だけどもそれは口が裂けても捕虜とは言わない。それが労務者という言葉を使った理由なんです。

戦争の構造的な問題ということで、一言ついでに言っておいたほうがいいと思います。私が書いたものからの引用ですが、「マレー半島と真珠湾への奇襲によって始まった戦争は、従前とは違った側面を持っていた。すなわち、欧米列強の東南アジアにおける植民地に日本は軍隊を送り、そこでは米、英、蘭などの軍隊と交戦したのである。東南アジアの人々の眼に、当初は、自分達の抑圧者を打ち破る日本軍と映り、また欧米列強の支配からの独立を願う人々には、“敵の敵は味方”という力学が働いた側面がある」。ここのところを自由主義史観の人たちは、盛んにアジアの独立に貢献したといっているわけですね。ところが朝鮮を日本が植民地化したときに、あるいは中国に満州国を作った時に、そこにいた支配者を追っ払って、自分が行って乗っかっちゃうわけです。彼らはその辺のことは言わないわけです。そして盛んに「独立」のことをいうわけです。「大東亜戦争」というのはそういう側面を持っているわけです。

続けて引用しますと、「かつては『鬼畜米英、東亜の解放』を掲げる“聖戦”だとされ、竹内の文にもその口吻がうかがえる。そして、今もアジアの解放に貢献したとの戦争美化論が見られる。しかし、例えば、英軍内のインド兵に日本との合作を呼びかけた藤原機関長は、次のように述懐している。インド独立連盟のシン書記長は『朝鮮や台湾における植民地政策と満州及び支那における日本の軍事行動や政策を侵略的だと見る傾向が多く、日本が印度人の眼に好戦的かつ侵略的性格に映っていることを指摘した』と」、藤原は非常に困ったと書いているんです。要するにインド独立というけど、それならなぜいつまでも朝鮮や台湾を植民地にしているのかと。そして何で中国で南京でああいうことをやったのか、そういうふうに言われるとほとほと困ったと、彼は後日書いているわけです。ところが自由主義史観の人は、先ほどいった「敵の敵は味方」という論理のところだけで日本が独立に貢献したとかいうわけです。

外務省報告書からずれてしまいましたが、以上で終わります。

朝鮮人調査班報告

姫路に神戸船舶荷役会社に連行された体験者が？？？

朝鮮人調査班　徐根植

昨年はじめ、神戸船舶荷役株式会社に連行された朝鮮人の名簿を行政単位で整理し、該当する韓国の市、面、邑事務所に問い合わせを行った。このときは１市６面から回答があり１名の生存者が判明し、韓国での聞き取りもした。（いかり３号参照）しかし、その後20カ所からは何の返事もなかったので再調査依頼をした。

前回返答のなかった20の市、面、邑事務所に調査依頼書を再送付した。ただ今回は封筒に韓国の切手をだいたい必要とされる金額分同封した。少しは返答率が上がることを期待して。

結果、忠清南道錦山郡富利面、全羅北道金堤市白鴎面、全羅北道金堤市金溝面、全羅北道金堤市萬頃邑の４カ所から返答があった。

４カ所の対象者は21名で死亡確認が８人、不明が10人、３名が生存者であった。

３名の生存者の内１名は「日本の『ﾋﾟｮﾝｺﾞﾋｮﾝ　ﾋﾛｼ　ﾁｮﾝｻﾝ 833-1（原文ハングル）』に住んでいることが確認されました」との回答。ハングルの住所を「兵庫県姫路市青山833-1」と訳した。県内に生存者がいる。近くにいるのなら簡単だと喜んだ。

さっそく姫路へ調査に飛んだ。事前調査なしに現地へ。心配したとおり住所表示が変更されていた。日曜日なので市役所、区役所、郵便局は休み。新住所が何処なのか確認できない。道行く人にかたっぱしから聞いてみたが知らないという。

あきらめかけながら青山町内を車であてもなく走っていた。「青山」という喫茶店があった。この辺じゃないかなー？と思いながらすぐそばのケーキ屋さんに聞いてみた。

この店に住所表示変更前からの古い電話帳があった。それで調べると「833-1」は特定できないが800代が少し北東にあるので、心を取り戻し調査を開始。

それらしき場所を求め個人宅で聞いたり、陶器店、タクシー会社、クロネコの宅急便の運転手にも聞いた。結果ほぼ830台まで近づいた。

しかしその辺は新しい住宅が多い。違うかなと思いながら探していると畑仕事をしている70歳代と思える人がいた。当たってみる。その方は少し待ってくださいといって家に入られB5判のファイルを持って出てきた。そこに地番表があった。やったーと一瞬思ったが、833-2から5までは在ったが833-1がない。その方は「１番は今の国道になっている所じゃないかな」という。

国道のそのあたりでまた畑仕事をする高齢の夫婦に聞いたが、分からないという。

朝鮮総聯姫路支部の委員長に青山に居住するといわれる６名の名簿を渡し70歳から80歳代の同胞の聞き取りを依頼し、兵庫朝鮮関係研究会のメンバーである柳修一さんに法務局での地番調査を依頼し、この日の調査を終えた。

結果、法務局の地番表に「青山 833-1」という地番はなかった。同胞古老に当たってくれた李修男委員長も、名前の同胞はいないとの返事。「833-1」はどこかの数字が間違いなのか？

生存者と思われる２名と、青山居住の生存者調査を新たに始めたいと思う。

済州島出身強制連行調査に参加して（簡単な報告）

門永　秀次

1．報告にあたって

とにかく一度は行ってみたいと思っていた濟州島。関心を寄せる「濟州四・三事件」の現場に触れられるし、金慶海さんの話がちょうど四・三 53 周年を含み、しかも 4・3 研究所の招待ならば、言葉の障碍もそっちのけで参加した調査活動であった。特に神戸新聞記事のように朝鮮籍の金慶海さんにとってはやっと叶った濟州島での墓参。私などにそのことについて言葉のあろうはずもない。しかし今まで壁をつくってきたのも「政治」なら、可能にしたのもこの間の「政治」の動き。行く先々で「朝鮮籍の人とは初めて会った」という反応の韓国人を見ながら、昨年の 6・15 共同声明が一刻も早く現実になることを願わざるを得なかった。

2．調査活動の概要

今回の濟州島における強制連行調査活動は①軍人・軍属として徴用後ハワイ韓人捕虜収容所にいた 16 人の濟州出身者②播磨造船所に徴用された 218 人の濟州出身者についての調査が主目的だったが、「濟州四・三事件」関連の慰霊祭はじめ記念行事への参加もぜひ実現したいことだった。

調査に参加したのは、金慶海（兵庫朝鮮関係研究会）をリーダーに伊地知紀子（愛媛大学助教授）・高正子（ソウル大比較文化研究所研究員・在慶尚南道）・門永秀次（新社会党）の 4 人と、現地の安美貞（濟州大研究生）であった。調査はあらかじめ 16 人のハワイ関係の名簿・播磨造船所関係の 218 人の名簿（これはいわゆる厚生省名簿から梁相鎮さんがまとめたものに金慶海が若干の補足）を関係市・邑・面事務所に照会し、確認・連絡の取れた強制徴用の当事者や遺家族からの聴き取りを主に 4 月 2 日～ 6 日、濟州市・涯月邑・安徳面・西歸浦市で行った。そのほか翰林邑・翰京面・大静邑・朝天邑事務所も訪ねて関係者の戸籍の写しを提供して貰い、当方が用意した名簿の記載事項について正誤の指摘を受けるなどした。

3．証言をしてくれた人びと

われわれが会って証言を聴くことができたのは播磨造船所関係が 5 人と、ハワイ捕虜の 1 遺族・関係者 1 人であった。このほか太平洋戦争犠牲者遺族会の人たちとの懇談ももった。

相生関係は①權宗源（安東宗源/24. 8. 7生/濟州市在住）②李起順（國本起順/23.10.10 生/濟州市在住）③夫漢永（富永漢永/23.5.6 生/涯月邑在住）④林春發（はやし・しゅんぱつ/23.4.27 生/安徳面在住）⑤梁昌國（梁川昌國/23.5.29 生/濟州市在住）の 5 人。いずれも徴用当事者である。ほかにも現時点で幸存の判明している人が何人かいるが、今回は日程の都合で聴き取りができなかった。

5 人の証言を通して、たとえば名簿に退所日が記載されていても実際は逃亡であった事実が判明したり、相生に至誠寮・興亜寮など 40,50 の寮があったこと、徴用者が約 20 人単位の小隊に編成されていたことなどがわかった。また給料については多少の証言の食い違いも見られたが、帰国に際しての手当の類は一切支給されていないという証言は全員に共通していた。食事のひどさは異口同音であった。

ハワイ関係は韓公燮氏の遺族、妻の金甲春さんと長男の韓在煥夫妻を西歸浦市に訪

4月2日済州市内の喫茶店で播磨造船所徴用者の權宗源さんからの聞き取り

ねた。戸籍簿の写しを見て、42 年南洋方面で戦死との報告でいったん戸籍から抹消されていたのが、46 年帰還したことがわかった。公燮氏がこれだけしか持ち帰らなかったという捕虜名簿の実物を見せて貰った。

もう一人の関係者金福萬さんは、戦死した父親がタラワで韓公燮氏と一緒だった。公燮氏の傷のことなどを証言。

4．調査活動の今後

今回は日本からの参加者がそれぞれ実費負担での参加。今後の活動はまだ決めかねているが、当面今回のまとめまでは無責任にできないと、テープ起こしの手配などは決めた。

5．「済州四・三」のこと

まだ公然と研究が始まってあまり時間は経っていない。それだけに済州の人たちがいろんな角度から研究しようという熱意を肌で感じることができた。それに引き替え、日本の歴史歪曲・忘却は何だ！という思いを深くした。

三菱と川崎の造船所への強制連行のメモ

金 慶 海

日本が敗戦した一年後の 1946 年に厚生省は、強制連行してきた朝鮮人についての調査結果を「朝鮮人労務者に関する調査の件」（以下、「厚生省名簿」と略）としてまとめた。それによると、兵庫県全域では約 120 社に約 15,000 人の朝鮮人が連行されてきたことになっている。

ちなみに、兵庫県知事の事務引き継ぎ文書によれば、約二万五千人となっている。多分、この二万五千人の方がより事実に近いと思われる。というのは、「厚生省名簿」には、調査対象からもれた企業が多いからだ。しかし、残念なのは、知事事務引き継ぎ文書には、会社名などが詳しくは書かれていないことだ。それで、企業名や人数がより詳しく書かれている「厚生省名簿」に従って川崎と三菱についてみる。

「厚生省名簿」では、神戸市内の 14 社に 5,429 人の朝鮮人が連行されてきたとなっている。その内、会社別でみると、第一位は三菱重工業神戸造船所（兵庫区）で 1,984 人、第二位は川崎重工業神戸造船所（兵庫区）で 1,623 人。この二つの会社の連行数は、3,607 人（市内全連行者数の 66.4 %）になる。

残念なことは、神戸市内の三菱と川崎に連行された朝鮮人たちの証言が極少数で、その実態がつかめていないことだ。両社は、この連行について簡単だが社史にも書いている。

紙面の関係上、「神戸新聞」が報じた、三菱と川崎についての記事だけを記録する。

△「神戸新聞」'41.5/17 社説『労働力確保の問題』で、「国民徴用は強制労働で」ある　と論じている。

△三菱関係記事；'38.2/18,　'39.6/23,　'41.3/5,　'42.5/11,8/2,'44.1/17,6/14,　'45.1/3

△川崎関係記事；'38.1/15,　'42.5/11,8/2,　'44.1/6,17,3/3,5/23,24,25,6/19,　'45.1/12,2/15.

△川崎重工の朝鮮人の寮

- 打手寮（芦屋市南宮町。今は、川崎製鉄南宮町アパート、1948 年当時は 2 階建ての独身寮があった。）
- 大手前寮（今の山陽電車板宿駅と東須磨駅のあいだに大手前駅があり、その 1、2 分北側にあった。今はコンクリート建の社宅がある。「神戸新聞」'44.5/23,24.）
- 垂水寮（垂水区東垂水町。今も川重の寮がある）

※強制連行とは直接的な関係がないが、川崎重工の正門前に朝鮮人密集地が現存。

６月に提訴！在韓元軍人軍属裁判 生き証人が教科書問題に対する「答え」

在韓軍人軍属裁判を支援する会（仮称）
準備会

古川雅基

この６月に東京地裁に提訴予定の「在韓元軍人軍属裁判」を準備しています。

原告は、太平洋戦争韓国人犠牲者遺族会（代表：金景錫会長）と、太平洋戦争被害者補償推進協議会（共同代表：李種鎮さん、張完翼弁護士）の会員で、250 名を超えます。元軍人軍属といえば、強制徴用したのは雇用主＝日本政府です。給与の中から強制的に貯金させたのも政府。戦後強制送還させた一方で、未払いの給与や弔慰金を本人や遺族に通知することなく東京法務局に供託した（1950 年頃）のも政府。そしてその事実を隠しながら、1965 年、日韓請求権協定、国内法第 144 号によって、韓国人の請求権を「消滅」させたのも日本政府なのです。まさに自作自演の「詐欺」そのものです。

今回の原告の多くは、厚生労働省に照会して、軍籍、供託金・軍事郵便貯金の金額をあらかじめ調査しています。浮島丸事件やガダルカナル戦の生き残りの方、ＢＣ級戦犯として巣鴨刑務所に 10 年間服役させられた方、シベリアに抑留された方など、侵略戦争のために犠牲となった生き証人です。推進協議会副代表・李熙子さんのお父さんは中国で戦死し、靖国神社に合祀されています。戦死者の名簿を宗教法人の靖国神社に勝手に提供（77 年まで）しながら、韓国の遺族会へは「プライバシーの関係」と名簿の提供を拒否している政府の責任も裁判で追及します。これらの事実こそが、今問題になっている教科書問題に対する「答え」なのです。

裁判の争点は、遺骨と未払い金の返還、そして靖国合祀の取り下げです。

会の代表呼びかけ人は、神戸学生青年センターの飛田雄一さん、ＢＣ級戦犯を支える会の内海愛子さん、立教大学名誉教授の山田昭次先生、平和遺族会事務局長の西川重則さん、李宇海弁護士です。

250 人の原告を支えるサポーターを募集しています。ぜひサポーターになってください。

戦没船の資料館（神戸）の名簿に原告の名前を発見！

今回の原告である、船ごと徴用されたまま生死確認すらされていない韓広導さんの父・韓明竜さんについて、調査していたところ、海員組合の方から元町の組合ビル二階に「戦没した船と海員の資料館」があることを教わりました。

さっそく訪問、朝鮮人徴用者をはじめ、すべての戦没船に乗っていた犠牲者の名簿があることを確認。そして再度訪問し名簿を見ていくうちに、韓さんの日本名「くにだ　なかとみ」に極似した「韓田永富」の名前を発見しました。その遺族名が「妻　用仁」だったので、金景錫さんに照会したところ、妻の名前が「用任」であることがわかり、間違いないことが判明しました。（船名は拿捕船で「暁空丸」。1944 年荷衣島から上海に向かったが９月 18 日魚雷を受け沈没。682 名が戦死、うち４名が韓国人。）

この名簿の原型は、慰霊碑を建立するために、実行委員会が 1970 年に厚生省調査課・業務二課において、「厚生省の保管する戦没者原簿」をもとに作成したものであることも判明。（基礎調査は 1966 年に開始⇒日韓条約締結の際に隠した、強制連行の名簿がこの時すでに整理されていたことを示す。）

研究員の方はとても親切です。ぜひ一度訪ねてみてください。

戦没した船と海員の資料館（078-331-7541）
ＪＲ・阪神元町駅南西へ徒歩５分
平日のみ

在韓軍人軍属裁判を支援する会（仮称）
準備会　Tel：078-360-2171（古川）
ホームページ：http://homepage2.nifty.com/gungun/
Eメール：furu@gw5.gateway.ne.jp

中国人強制連行「港湾」会議
―2001.2.11、新潟―の報告

いわゆる「外務省報告書」には、船舶荷役のために中国人を強制連行した事業所として 21 ヵ所、7,572 名があげられている。中国人強制連行のテーマのなかでも船舶荷役特有の問題点もあるので、各地の港の調査に関わっているグループの交流会が行なわれている。去る２月１１日、雪の新潟に集まったのは、新潟、七尾、大阪、東京、秋田と中国からの張忠杰さんら約２０名。張忠杰さんは父親が大阪に強制連行された方で原陽県を中心とした地域で強制連行された中国人の調査活動を進められている。神戸でも昨年４月に彼を招いて講演会を開催している。神戸港に強制連行された中国人生存者を発見する等、神戸の調査活動にもなくてはならない人だ。

会議では、各地の調査活動・裁判の報告の他に、奈良の老田さんから強制連行当時の日本軍の軍事行動の意味等、それに張忠杰さんから中国での調査活動の進捗状況についてまとまった報告もうかがった。

神戸港に連行された中国人が室蘭、七尾、敦賀に送られたということもあり、各地の調査グループとの連携が神戸港への中国人強制連行の真相を究明に欠かせないものである。これからもこの「港湾会議」ネットワークを大切にしていきたい。（飛田）

オープン勉強会のお知らせ

三菱財閥と「強制連行」

三菱財閥は日本全国いたる所に事業所を持ち、海外へも遠くは南洋諸島まで進出し、「強制連行」もアジア的規模になっています。勉強会ではこの全貌に迫ります。

講師：金慶海
日時：6 月 15 日（木）午後 6:30
場所：神戸学生青年センター
参加費　500 円

資金カンパのお願い

夏の現地調査のための募金をよろしくお願いします。郵便振替＜ 00920-0-150870 神戸港調査する会＞第２期会費（2000.10 ～ 2001.9）個人 3000 円、団体 5000 円／一口もよろしく。

編集後記

「いかり」は港の象徴である錨であり、強制連行され、神戸港で労働させられた朝鮮人や中国人の怒りでもあります。この二つをイメージするものとして、会のニュースの表題にしました。

★ニュース４号をお届けします。田中宏さんの講演は、過去日本が行った戦争の構造が非常にわかりやすく勉強になりました。また自由主義史観論者に対する批判も明瞭です。講演のテープをおこされた姜晃範さん、ご苦労さまでした。（堀内）

★この夏に向けて、神戸での調査に力を入れていかなければと気は焦るばかり。細く長く続けるこうした活動の難しさを痛感しています。（村田）

★最近の運営委員会は 20 名も集まり、二次会とともに盛況です。第２木曜日午後６時 30 分からです。のぞいてみてください。（飛田）

★綿密な資料に圧倒されながらも、田中宏さんの講演には日頃のいら立ちに少しは溜飲の下がる思いをさせてもらいました。「つくる会」の企みをみんなで打ち砕きましょう（吉沢）

★イベント係として参加させてもらい、今回初めて「いかり４号」作成に参加させていただきました。多くの日本人にこの問題を広めるため、今後も各種行事に取り組みます。（李相泰）

いかり 5
2001.11.4
神戸港における戦時下朝鮮人
・中国人強制連行を調査する会ニュース
〒657-0064 兵庫県神戸市灘区山田町3-1-1 （財）神戸学生青年センター内
TEL 078-851-2760 FAX 078-821-5878 E-mail rokko@po.hyogo-iic.ne.jp

訪中報告—山東と北京

安井三吉

今回私は、中国社会科学院近代史研究所（所長張海鵬先生）の招請を受けて、８月１９日から３０日にかけて訪中しました。目的は、日中戦争に関する資料の収集と関係者との交流ということです。また中国人民抗日戦争紀念館（館長張承鈞先生）からも招請状をいただいておりましたので、この機会を利用して昨年に引き続き、戦争中神戸港に連行され、戦後帰国し、現在もなお健在な生存者の方々—中国語では“幸存者”—を訪問することを計画したわけです。本来なら、昨年と同様村田壮一さんとご一緒するはずでしたが、村田さんが勤務先の都合で参加を見合わされたため、今回は私一人で行くことになりました。

昨年は、河北省の保定、石家荘、河南省の原陽を訪問し、９名の生存者の方々にお目にかかり、お話を聞くことができました。この時のことについては、『いかり』３号（２０００年１０月）と『神戸新聞』（２０００年９月９日）に、村田さんが詳細な報告を書かれていますので、ご覧下さい。さすがジャーナリスト、簡潔に書かれています。今年はどうしましょうかと村田さんと相談した結果、山東省に行こうということになりました。河北と河南については、中国はもちろん日本でもすでに多くの方々が調査に入られていますが、神戸港に連行されてきた中国人は９９６人で、氏名が判明しているのは８５２名（８５．５％）で、その省別内訳は表１のとおりです。山東省は河北、河南に次いで多いにもかかわらずまだほとんど調査されていないのです。

表１　神戸港連行中国人省別内訳

河南	２５６人	３０．０％
河北	２３５	２７．６
山東	１６５	１９．４
上海	９２	１０．８
江蘇	４０	４．７
その他	６４	７．５
合計	８５２	１００．０

それに私たちの力では、全面的な調査はとても無理なことで、どこか場所を特定して行うしかないという事情もありました。幸い山東省については、昨年訪中した際、雑誌『抗日戦争研究』副編輯長の栄維木さんのご尽力により山東省社会科学院の趙延慶先生と北京でお会いし、来年は山東に行くかもしれないのでそうなったら宜しくとお願いをしておいたという経過もありました。

趙先生との連絡は、もっぱら北京の栄さんを経由して行いました。ところで山東省から神戸に連行されてきた人々（氏名判明者）の県別内訳は、表２の通りです。

表２　神戸港連行中国人山東省県別内訳

日照	２９人	１７．６％
汶上	１３	７．９
膠	１０	６．１
諸城	８	４．８
平度	７	４．２
文登	５	３．０
勝	５	３．０
蓬莱	５	３．０
その他	８３	５０．３
合計	１６５	１００．０

私たちとしてはもっとも数の多い日照県での調査を考えて、趙先生にそのような希望をお伝

えしておきました。しかし、今回の生存者探しは大変だったようです。７月末になっても趙先生からは生存者にお会いできるという連絡はありませんでした。村田さんが今回の訪中を断念せざるをえなかった理由の一つは、この点にもありました。私は、かねがね山東に一度は行ってみたいという願望を持っていましたのでたとえ生存者にお会いできなくても他の場所を見学することで計画を進めることができると考えていました。北京の栄さんから朗報が入ったのは、８月１６日、出発３日前のことでした。趙先生からの連絡で、生存者に会えるかもしれない、ということでした。しかし、その時は氏名はもとより何県の方なのかはまだ分りませんでした。

８月１９日、関西空港から北京へ直行しました。空港では、近代史研究所の劉紅さんが出迎えてくれました。今回の中国滞在中の日程は、彼女がすべて手配してくれました。近代史研究所での史料調査、青年討論会への参加、私の「自由主義史観」についての報告などについては別に書くつもりですのここでは省略します。また、８月１３日の小泉首相の靖国神社参拝の直後ということもあって、この問題と教科書問題はどこへいっても話題になりましたが、この点についてもここではふれないことにします。

１　新華院

８月２１日、北京駅１３時３０分発の快速列車で済南へと向かいました。車中子ども連れのお母さんと同席になりましたが、その子は車掌からゲーム機を借りてきて車中ずっとそれで遊んでいました。乗客の様子からみんな随分と豊かになったなあとの印象を深くしました。北京から４時間３０分、６時に済南に到着しました。列車が止まるとすぐ趙先生が車中に乗り込んできて、私を迎えて下さいました。これには大変恐縮させられました。

その夜、趙先生と社会科学院外事処副処長の姚東方さんと夕食をご馳走になりながら、済南での日程について打ち合わせをしました。２２日は、連行する中国人を一時収容していた場所、集中営である新華院、万人坑それに済南事件の記念碑を見ることにし、２３日に幸存者に会いに行くことになりました。この時はじめて汶上県に行くことを知りましたが、私は汶上県がどこのあるのかまったく知りませんでした。ただ、山東省から神戸港へ連行されてきた中国人の名簿を持ってきていたので、そこが日照県について二番目に多い出身地だということは、ホテルの部屋に戻って確認することができました。とはいえ今年も準備不足は否めません。すくなくとも復刻版『華人労務者就労顛末書』を持って行かなかったったことは失敗でした。

翌２２日、趙先生と社会科学院の孔鵬瑞先生の案内で新華院などの見学を行いました。新華院は、現在は「山東済南幼師」になっています。査巾さんという１９８６年に退職された女性の

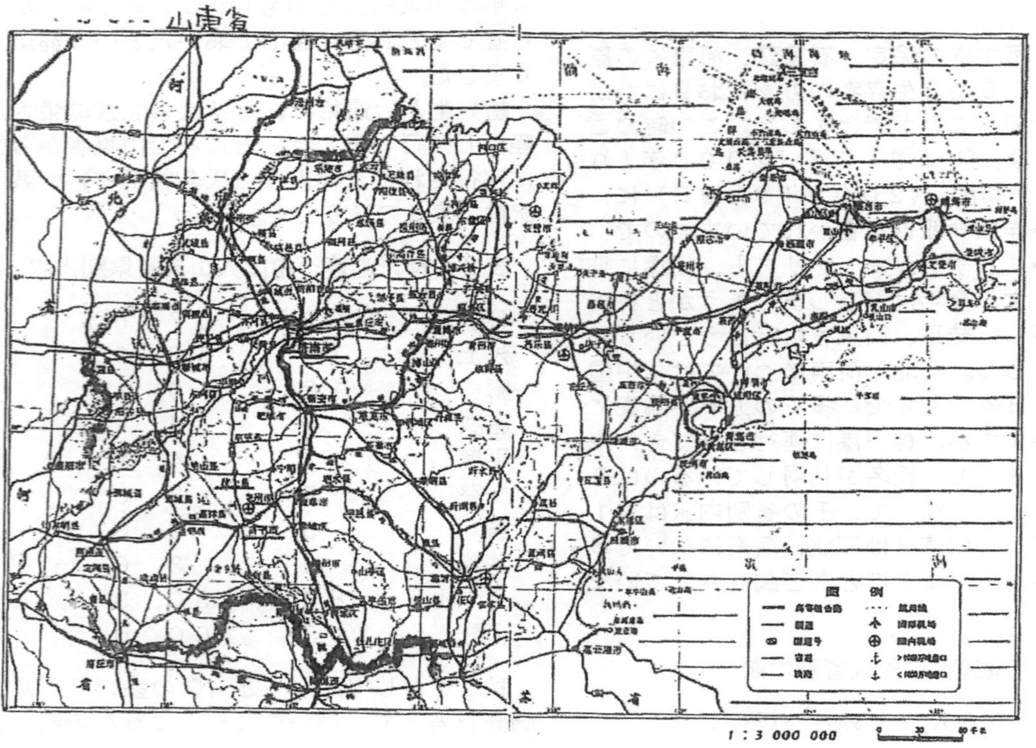

方が案内をして下さいました。この大学は幼稚園の先生を養成するところで、１９５８年に創立されたとのことです。建物はすべて建てかえられていて収容所当時のものはないとのことでした。しかし、入り口にある大きな柏の木や学校の周囲にある濠は昔の面影を残していました。１９９２年に工事のためキャンパスの一部を掘り返したところ沢山の白骨が出てきたとのことです。一通り見学したのち、応接室でさらに詳しい説明を受けました。学生たちには、新華院のことを折りにふれて説明しているが、残念ながら当時の档案はここにはない、とのことでした。しかし、資料として、１９９５年８月に趙壽冬氏が書かれた「昔日魔窟、今日楽園　不忘過去、珍惜今天―日寇残害中国人民的魔窟“新華院”」という新華院概史（A4 版５枚）と「新華院平面示意図」という略図をいただいた。これらは当時の様子を知るうえで貴重な資料です。ここで、このパンフレットによって新華院について簡単に説明しておきましょう。

新華院は、北支那方面軍が１９４３年３月に設置したものです。４４年から４５年８月の間、ここを管理していたのは、「仁字第２３５０部隊」、後の「依字第２３５０部隊」で青井真光中尉が部隊長兼院長を勤めていました。（パンフレットには、これとは別に従軍僧の桜井栄章が院長だったとも書かれています）。千仏山の麓にあった「救国訓練所」を合わせて拡大し、捕虜だけでなく、連行してきた一般の農民たちも収容しました。２５万平方メートルあり、常時２５００人を収容することが出来ました。東西に二つの農園（平面図では三か所）があり、収容者を働かせました。北側には、無影山に至る一帯にはここで殺された死体を埋める万人坑がありました。新華院の周囲は壁で囲まれ、その上には高圧電流の通る鉄条網があり、要所には監視塔がおかれ、また壁にそって幅５メートル、深さ５メートルの濠がめぐらせてありました。逃亡を防ぐ為です。

内部は内禁区と外禁区とに分かれ、内禁区は幹部隊室、図書室、医務室などがあり、また外禁区には捕虜たち（訓練隊と呼ばれた）が収容されていました。日本軍の執務室の後ろに運動場（操場）があり、ここで朝夕収容者の点呼や体操が行われました。

日本軍は、漢奸、手先（走狗）を育成して収容者を直接管理させ、また国民党軍将校のなかから選抜して幹部隊を組織して、よりましな待遇を施して、収容者の管理、弾圧に使いました。また、収容者にさまざまな任務や仕事を割り当て、彼らの間を分断し、相互に監視、労働させるなどしました。まさに「華を以って華を制する」、「戦争を以って戦争を養う」でした。

院には、常時２～３０００人が収容されていました。入所時は裸にして消毒し、囚人服を着せられました。支給された衣服はボロで、多くのものは裸足でした。寒さで凍死したものもいました。また血液検査の名目で採血をされましたが、これは日本軍の輸血用の血液として保存されました。炎天下でも水は十分には飲めませんでした。夜明け前から起こされ、一日１６、７時間の労働です。骨折や手足は擦切れてただれたりしたものもいました。何かあると軍用犬が襲いかかってきたり、時には銃でなぐられたり、ひどくなると針金で木につるされて銃剣で刺し殺されたりもしました。食事は、一日１２両（６００ g）の粟で、かびが生えていたり虫が混入したりしていました。野菜はほとんどでませんでした。

規則からはずれると監禁室に閉じ込められ、餓死を待つのみでしたし、逃亡を企てても鉄条網の上で焼死するだけでした。不服従者は銃剣で殺されました。一度病気になると、重い軽いにかかわりなく“病室”に送り込まれました。“病室”とは名ばかりで不衛生きわまりなく、またネズミが噛みつくなどしてここに入れられると数日で死亡して行きました。場合によっては、注射によって死を早めることもありました。

死体は、一旦死体置き場（停屍房）においた後、一定の数に達すると馬車で外に運びました。一台に６体、冬には一日５、６台出て行きました。運びだされた遺体は坑にほうり込まれ、上に僅かの土をかぶせただけで放置されたので、犬がきて食いちぎっていきました。そのため一面白骨となり、人々は万人坑と呼ぶようになったのです。趙寿冬氏は、この概史のなかで１９４３年３月から４５年８月の間、新華院で殺害された人は「３万５０００人」にも上ったと記しています。この数字が何に基づくものかは判明しませんが、一つの情報としてお伝えしておきます。戦後、済南市の人々は、この新華院での暴行殺人について提訴し、院長の青井真光は、市内引き回しのすえ銃殺されたとのことです。

各地で捕えられた中国人は、この新華院に一旦収容され、一定の訓練を受けた後、「身体強壮」の者が選抜され、日本に送り出されたのです。

済南幼児師範大学での参観をおえて、市の中心部にある「済南５・３惨案紀念碑」に向かいました。済南惨案とは、１９２８年５月、北京を目指す国民党の北伐軍と日本軍第六師団が済南で衝突した事件で、このとき日本軍の砲撃により市民数千人が犠牲になりました。碑の前で

山東済南幼師正門

山東済南幼師周囲の濠

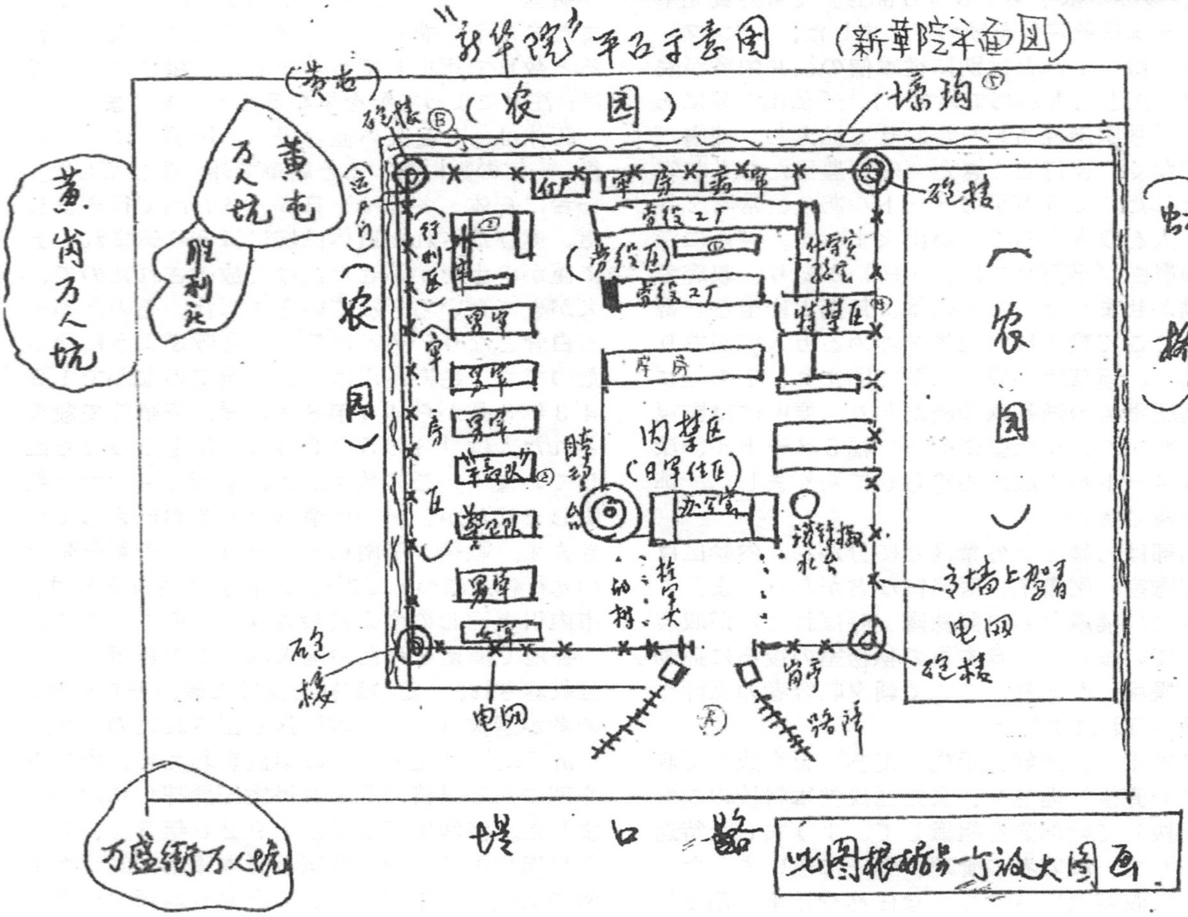

私たちが教科書問題や靖国の問題について議論をしていると二人の男性が近寄ってきて話しに割り込んできたのです。その一人が、葉盛吉（１９２３－１９５０）のご子息で台湾の成功大学教授の葉光毅氏でした。氏自身は、大阪大学の出身で、神戸大学にも知己の方がいるとのことでした。父親の葉盛吉は、台湾の生まれ、仙台の二高、東京帝大医学部卒で戦後台湾に戻って中国共産党に入り、５０年国民政府によって逮捕、処刑された人物です。始めは何のことかわかりませんでしたが、岩波の同時代ライブラリーに楊威理『ある台湾知識人の悲劇』というのがあるでしょう、といわれて思い出しました。もう何年もまえに読んだ記憶があったからです。帰国して研究室に確かにその本がありました。まったく奇遇というべきでした。葉さんの話は、もっぱら中国はそのスケールの大きさを踏まえないと実情は理解できないだろうというものでした。およそ１時間半、趙先生たちを交え議論になりました。おかげですっかり昼食の時間が遅くなってしまったのですが、台湾の人が大陸の状況をどう理解しているのかを知るうえで興味深いものがありました。

左から2人目趙先生、右から2人目葉氏

お昼をおえて、今度は、市の北西に位置する「琵琶山万人坑紀念碑」を参観しました。現在は、「済南試金集団公司」の敷地内になっていて、ここでは崔同公司党委員会弁公室主任が案内してくださった。崔主任からいただいた「“琵琶山万人坑”簡介」によれば、この万人坑は長さ４０メートル、幅４２メートルのもので大小８つの穴があったとのことです。１９４０年から４５年までの間、北支那方面軍第十二軍と第四十三軍によって作られ、使用されていました。山東省検察院と済南市検察院は１９５４年１２月と５５年１月に現場検証を行っています。また法医学者たちの調査によれば、ここで殺害され、埋められた人の数は７６４人にも上りました。山東省公安局には、園田慶幸（傀儡山東省政府最高顧問）らのこの万人坑に関する自供書があるとのことです。

敷地内には、１９９０年１２月、当時の「済南試験機廠」の全職員・労働者によって建てられた記念碑があります。

「済南５・３惨案紀念碑」といい、新華院といい、またこの「琵琶山万人坑紀念碑」といい、済南市—おそらく中国の町や村のいたるところ—には日本の侵略の爪あとを示す遺跡が今もなおあちこちにあるということを実感させられました。そしてこうした戦争の遺跡とかかわって、その迫害を受けた人々自身—幸存者—あるいはその遺族たちが無数にいるのだということにあらためて思い至らさせられました。その夜は、ホテルで山東省社会科学院の許金題副院長はじめ多くの先生方が歓迎の宴を開いて下さった。ここでも、教科書と靖国の問題から日本の右翼化、小泉首相の支持率の高さ、花岡事件の和解、劉連仁裁判の行方、今後の相互交流、さらには江沢民が提起している「三つの代表」（私営企業経営者の入党を認めるなど）論といった問題が話題になりましたが、さらには山東省の男はなぜあんなに大きい（山東大漢）のか、山東省にはなぜ美人が多いのかなど時に緊張、時に笑い大いに盛り上がりました。部屋に戻って明日、幸存者の方にどのような質問をするのかなどもう一度整理し直して眠りに就きました。

３　郭庭軒さんと朱元鳳さん—汶上県

８月２３日午前８時、社会科学院の用意してくれたワゴン車に乗り込む。雨が降り始め、外は真っ暗でした。その日の長い行程を考え、心配になりました。社会科学院からは、外事処の姚さん、それに趙先生と孔先生の３人が同行して下さった。しかし市内を抜ける頃には雨も上がり、良く舗装された道は信号はめったになく、車は猛烈に飛ばしました。ただ、運転手も目的地は初めてらしく、途中なんども停車しては道を確かめていました。小高い丘の間を抜けてゆくのですが、いまにも水滸伝の英雄や義和団の兵士たちがあの三角の旗を掲げて丘の上に出現してくるような感がしてなりませんでした。１１時２０分、車は汶上県人民政府に到着しました。出発から３時間２０分かかったわけです。地図で見ると済南市からずっと南に位置し、さらに南西に下ると孔子廟で有名な曲阜に至ります。

汶上県は人口７２万、県政府で李臣興副県長ら県の関係者の方々の出迎えを受けました。これは、大事になってきたなあ、というのがこのときの印象でした。社会科学院から県政府に生存者探しの依頼がなされたのでしょう。県の車に先導されて高粱畑のなかをおよそ１５分、とある農家に到着しました。そこが、インタビューの場所でした。現在の住所は汶上県次丘鎮。村の人々も何人か集まっていました。日本人など初めてなのかもしれません。珍しそうでした。

１１時４５分、インタビュー開始です。実は、このとき初めて相手が郭庭軒さんであることを知ったわけです。こんな時一人ではなかなかうまくいかないものです。写真をとり、テープを操作し、インタビューをしなければなりません。ここで、大失敗をしました。

手順を間違え、録音に失敗していたのです。そのとき確認しておけばよかったのですが、慌てていたのでしょう、ホテルの戻ってから入っていないことに気ついたのですがまったく後の祭りというのはこんなことをいうのでしょう。それに私の中国語の聞き取る力にも大きな限界がありました。まず郭さんの言葉がほとんど分からない、これを言い換えて下さる趙先生たちの言葉もなまりがあって十分には聞きとれないというのが実態でした。以下は、そんな不充分なままでの私のメモを再現したものです。間違いがないことを念じます。それと先にも書きましたように『華人労務者就労顛末書』を持ってこなかったことも大きな失敗でした。帰国後、『顛末書』に郭さんのことが明記されているのを確認しましたが、これを持って聞けば、もっと正確で、突っ込んだ質問ができたはずで、この点も残念でなりませんでした。

郭さんは、今年７７歳、捕まったのは１９か２０歳の時、すなわち１９４３年９月の初め（農暦）だった（『顛末書』では、４４年）。当時父親は東北（旧満州）に-行っていておらず、母親と祖父だけだった。当時は、八路軍の自衛隊に属していた。ご飯を食べている時に捕まった。一部は殺され、一部は逃げた。一緒に捕まったのは２０人余りだった。南站鎮から縛られたま

郭庭軒さん

ま、歩いて済寧に行き、１週間滞在した後兗州に行き、そこで１５日ほど滞在した後済南に行った。新華院という名前は知らなかった。黒い色の服を着せられた。黒は八路軍のものを意味した。国民党軍からきた者は緑色の服だった。食事は粟で、腹一杯にはならなかった。ひどく殴られた。ここには半月ほど滞在した。新華院を出発する時は行き先は知らされなかった。青島には一日とまり、翌日船に乗せられた。ここでも行き先は知らされなかった。船中の食事は、マントウ、粟飯で布団などなかった。５－６日して下船した。他の人が下関だといっていた。消毒はなかった。藤井という人が迎えに来た。列車に乗せられた。下車する時、字の読める者が神戸だといった。旅館は鉄道の西側にあった。新華寮の名は記憶にない。夜が明けると起床、食事は雑米、包子などで腹一杯にはならなかった。寮には２００人位いて、河南、四川からも来ていた。部屋の中では話しは自由だったが、管理人はよく殴っていた。食事が終わると仕事で、荷物の積み下ろしは危険だった。休日はなかった。しょっちゅう爆撃があった。外出はできず、日本人との接触はなかった。その後石川県に移された。大阪からも中国人が来た。日本の降服はそこで聞いた。これで故郷に帰れると思った。日本降服後も仕事をしていたが、もはや日本人は我々を管理できなくなっていた。帰国のことは中国人（国民政府の代表？）が来て話してくれた。９月（農歴）に帰国したが、その時は、一銭の支給もなかった。下関から船に乗り、塘沽で下船した。身の回りのものしか持っていなかった。中国に戻ってとてもうれしかった。天津に行き、そこで国民政府から兵隊になれと言われ逃げた。途中、八路軍が護送してくれた。家について“ただいま”というと母は泣き出した。日本に行っている間は、親戚のも

のが家を助けてくれていた。
人生でもっともつらかったことはやはり捕まり、日本に連行されたことだ。一番幸せなことは今、子どもや孫と一緒に一家団欒の生活を送れることだ。日本に対しては、賠償を求めたい。

インタビューが終わったのは1時でした。そこで写真をとり、郭さんはじめ村の方々に別れを告げ、車に乗り込みました。お昼をご馳走になった後、同じ鎮で別の村にいるもう一人の生存者を訪ねることにしました。

朱元鳳さんといい、８０才（数え？）の方である。神戸ではなく大阪に連行された方である。インタビューは、３時に始まった。朱さんはお元気そうだった。捕まったのは１９４３年８月のことという（帰国後桜井秀一さんからいただいた資料では４４年）。当時朱さんは八路軍の機関大隊（県自衛隊？）で総勢２００人余りの一員だった。盈撮州で日本軍と傀儡軍戦い、一部は撤退したが朱さんら４０名余りが捕まってしまった。当時家には母と二人の兄とかれらの嫁がいた。上の兄は農民、下のは教師だった。腰に縄をつけられ南站まで歩いて連行された。そこから済寧に行きそこで半月いた。さらに汽車で撮州にいった。そこの臨時収容所（看差所）に１２日間留まった。そこから済南に連行され、新華院に入れられた。緑色の服を着せられた。毎日死体が運び出されていた。今にも死にそうで、半眼、歯をむき出しにしたままの者もいた。“新民体操”といったものをやらされ、できないと殴られた。半月ほどたって別のところに行くことになった。行先は言わなかった。出発前に身体検査があり、熱があったり、気管の悪いものは除かれ、４００名余りが選抜された。青島で４日滞在した、日本人は、中国で仕事をしてもらうなどといっていた。船中の食事は、とうもろこしとか窩頭といったものだった。青島から１１日かかった。どこで下りたかは覚えていない。日本兵が出迎えた。汽車に乗った。下りる時、だれかがオーサカといっていた。（ここで朱さんは、突然片言の日本語の単語をしゃべりだした。）ハナ、ミミ、メシ、タバコ、イチ、ニ、サン、シ、ゴ、ロク、シチ、オバアサン、オトウサン、オクサン、ムスメ、チュウタイチョウ……。床は木で、地下１階、地上１階、大部屋に皆で一緒に寝た。２００人ぐらい。宿舎の前は川で、向こう岸に発電所があり、８本の煙突があった。起床は朝５時、おにぎりを食べた。腹は一杯にはならなかった。昼食は、小さなマントウや焼きソバ、ジャガイモなどで、夜は大きなおにぎりがでた。宿舎には３人の警察官がいて管理していた。仕事は、船の積み下ろしで、石炭、大豆、たまねぎなどであった。６時に仕事が始まり、途中昼食をとり、日が暮れると仕事は終わった。夜勤もあった。現場の監督は、工頭でよくバカヤローといっていた。黄という男が、荷物に下敷きになって死んだ。日本の降服は防空壕でで聞いた。降服と聞いて拍手した。鄭という男が神戸から来た。国民党の将校が集会で君たちは帰国するのだ、といっていた。かれは、“５１万の労工”が帰国する、死者は含まないといった。日本の会社は仕事をしていた時も帰国する時もお金を払わなかった。汽車に乗り、船に乗って帰国した。１１月のことだ。塘沽で下り、そこから天津に行った。国民党が歓迎してくれたが金はくれなかった。汽車で泊頭まで行き、そこから馬車で禹城へ、そこからまた汽車で済南へ、（徒歩で？）白馬山を経て肥城までいった。そこで、八路軍司令部に連れていかれた。国民党軍の服を着ていたからである。家に戻るとすべて売り払われてしまっていたが、兄嫁以外はみんな元気だった。土地はなくなったが人は残ったということだ。帰国後は日雇い（短工）をやって暮らした。
もっとも苦しかったことは、日本に連行された時のことだ。食べるのも不自由で、殴られたりしたからだ。一番幸せなことは、やはりこの数年の暮らしであろう。食べもの、着るもの子どもたち、楽しくやっている。日本は忘れてはならない、私はこの目で見ている、中国人を殺したり、婦女を犯したりしたことを。永遠に忘れてはならない、日本は賠償すべきである。責任は指導者にあって、主には人民のものではない。しかし、日本人民は、この歴史の事実を認

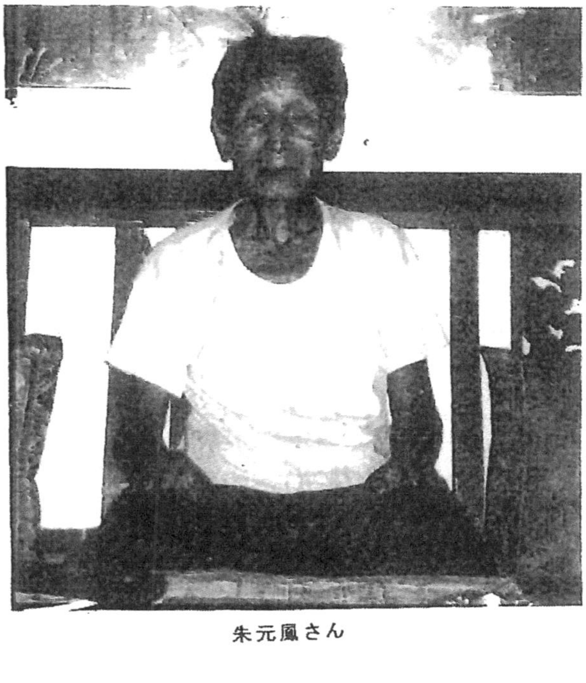

朱元鳳さん

識しようとしないのではないかと心配している。

話が終わった時はもう５時になっていました。ちょうど２時間でした。８０才のお年よりにはすこしきつかったかもしれませんが、終始真剣に答えて下さった。済南市のホテルに戻ると８時になっていました。帰りは随分飛ばしたようです。ホテルで今後の交流について意見を交換した。

翌２４日朝、姚副処長と趙先生が駅まで車で送って下さった。３泊４日の短い日程だったが、二人の生存者の方にお会いできたことをはじめとして私にとってさまざまな収穫がありました。

４　抗日戦争紀念館

８月２５日、中国人民抗日戦争紀念館の李宗遠さんがホテルに出迎えて下さった。車で盧溝橋に向かう。車中、教科書と靖国、それに花岡事件の和解などについていろいろ意見を交換しました。魏永旺副館長、それに唐暁輝さんが出迎えて下さった。しばらくして張承鈺館長も顔を出された。去年一緒に調査にいった方軍さんが所用でお会いできなかったのが残念でした。

李さんからその後の調査の進捗状況について説明がありました。

調査は順調に進んでいる。河北省の涿州、広平、順義（北京）、河南省の原陽で調査を行い、すでに２７名の生存者について聞き取りを行い、その記録はすべてＶＣＤに収録してある。回想録を出す予定である。日本側の関係者（監督など生存者、会社、医師など）の証言がほしい。神戸では１９４５年１０月１０日に双十節の祝賀行事の時に警察と衝突したとのことだが、新聞記事はないだろうか？死亡診断書は正確だろうか？天津から来ていた華僑で“叫一先生”という人はわからないだろうか？

などと調査の要望が出された。さすがに紀念館であり、この一年、こちらの調査が不充分なことを痛感させられました。

今回の調査には、山東省社会科学院の趙先生はじめ多くの方々から多くの便宜と協力をいただきました。ここに記してお礼の代えさせていただきます。（２００１年１０月２９日）

講演会の記録

三菱財閥と「強制連行」

2001年6月14日午後6時30分より、神戸学生青年センター・ホールにおいて、「神戸港調査する会」のメンバーである金慶海さんを講師に、「三菱財閥と『強制連行』」をテーマとする講演会を主催しました。

三菱財閥は日本全国いたるところに事業所を持ち、海外へも遠くは南洋諸島にまで進出していました。したがって「強制連行」も、日本全国にわたっているだけでなく、アジア的規模に拡大しています。講演は、現在手に入る限りの資料を駆使し、三菱財閥の「強制連行」の実態の全貌に迫りました。

まず、財閥や強制連行の用語や概念の検討から始め、三菱財閥の起業から解体までの歴史に簡単に触れた後、日本全国の三菱財閥の事業所158社に合計13万3,490人が「強制連行」されたという竹内康人さんの推定数が紹介されました。これらの連行者は朝鮮人が最も多いが、中国人や連合国軍の捕虜も含まれています。中国人は北海道の美唄炭鉱、夕張炭鉱、長崎県の高嶋炭鉱など10数カ所で、また連合国軍捕虜は、宮城県の細倉鉱山、神奈川県の三菱倉庫など数カ所で使役されています。

兵庫県では、三菱電機伊丹工場、三菱重工神戸造船所、三菱鉱業生野鉱山、同明延鉱山など7事業所で、判明しているだけで4,578人が連行されました。そのうち逃亡者数は2,064人にのぼり、死亡者数は53人、帰国者数は2,390人です。

三菱財閥の「強制連行」だけでも、まだ不明なところが数多くあります。その真相の徹底糾明を今後の課題とすることで、講演会は終わりました。

朝鮮班報告

神戸にある川崎重工業製鉄所に強制動員された朝鮮人労働者に関する問い合わせ

中間報告（２００１年１０月１１日現在）

朝鮮班では神戸船舶荷役株式会社に連行された生存者調査とともに、川崎重工業製鉄所葺合工場に強制連行された朝鮮人労働者に関する調査を開始した。

連行者の名簿は総数１３９８人。このうち江原道にある２郡１１面の８９人に対する調査を現地行政に依頼した。

問い合わせ送付先は江原道の横城郡で安興面、甲川面、書院面、隅川面、屯内面、晴日面、横城面の７面、洪川郡で化村面、斗村面、南面、内面の４面である。

回答は１０月１１日現在、横城郡の安興面、隅川面、屯内面、横城面からあった。

洪川郡の四つの面からは回答が無く、横城郡の残り３面も返事がない。

回答内容は次の通りである。

安興面：１０名の内
　生存者　　　１名
　死亡確認　　３名（縁故者確認）
　＊１名移籍
　不明　　　　６名
隅川面：５名の内
　生存者　　　なし
　不明　　　　３名
　戸籍なし　　２名
横城面：１３名の内
　生存者　　　なし
　戸籍書類　　２名
　不明　　　１１名
屯内面：８名の内
　全員不明（８月２３日現在）

＊引き続き調査する。

結果１名の生存者が確認された。その方は横城郡安興面に住所のあった鄭壽錫（松田壽錫）さんである。現在は 京畿道安養市東安区飛山２洞５７７－１１通４班進興アパートな棟 306 号に住んでおられる。電話連絡もつき、１０月１５日孫敏男さんが現地へ行き聞き取り調査をする予定。

特記したいのは、この手の調査依頼に対し回答をしてくれる韓国自治体は極端に少ないことである。確かに色々と多忙な仕事がある中で日本からの調査依頼は迷惑な事かもしれない。

前回の神戸船舶荷役株式会社への連行者の調査時も２７の自治体に調査依頼を送ったが、返事があったのは7カ所、残り２０カ所は返事がなかった。回答率約２６％である。

今回横城郡安興面の担当者柳英愛さんは全体の調査報告Ａ４、１枚、個人調査報告４名について同じく報告書、国民登録謄本、戸籍コピーなどＡ４、３３枚の資料を送ってくれた。電話でお礼を言いましたが、誠意ある対応がうれしい。

パンフレット案内

フィールドワークノート
「神戸港における戦時下朝鮮人・中国人強制連行」

（Ａ５，１６頁、カンパ３００円、送料１４０円）

守恵一さんが描いてくださった素敵な地図がはいっています。
購入希望者は、上記郵便振替で送料とも４４０円をお送りください。

新たな事実を発見！～いかりツアーで～

在韓軍人軍属（GUNGUN）裁判を支援する会　古川　雅基

9月23日、いかりツアーの午前中、私たちは「戦没船フィールドワーク」に取り組みました。目的は、私たちのGUNGUN裁判の原告が関係する戦没船についての調査でした。「戦没した船と海員の資料館」は、神戸元町の全日本海員組合関西地方支部のビル2階にあります。「開館から1年、毎日遺族の人が訪れない日は一日もない」そんな研究員・上沢さんの説明を聞いている時にも、広島から一人の女性が父の乗船した船の行方を求めて、来館されていました。

終戦後、政府が発表した船舶被害の総数は、官民汽船３５７５隻、機帆船２０７０隻、漁船１５９５隻。資料館の全ての壁に、びっしりと１２００枚の戦没船の写真が並んでいます。しかし、こうして船の写真が残っているのは戦没船の3分の1。中には一般の漁船もあります。運航中や漁のさなかに、海軍や陸軍から現地調達として、徴用されたのです。家族に連絡するすべもなく、突然海洋に連れ出され、何の武器も持たない漁船とともに運命をともにした人の無念や、帰らない男たちを待つ家族の思いがいかほどのものだったか・・・・・　私たちの原告の無念、遺族の悲しみと重なります。

上沢さんの協力を得て、原告の関係する戦没船を探し始めると・・・　「あった一！」座っているすぐ後ろの壁に「辰武丸」の額縁が。原告№１４２　張学順さんの父、張在珞さんが乗っていたという船が、何とすぐに目に飛び込んできました。１９４３年5月１０日トラック島付近で米軍の魚雷で撃沈。陳述書に書かれている内容が、その額の絵の中に書かれていたのです。

次いで、戦没者（韓国朝鮮人）の名簿の中に、原告№１５０　金金洙さんの父、金福童さんを探し当てました。日本名「朝本福重」とあり、「童」と「重」のちがいはあっても、生年月日、出身地から間違いないと判断できました。船は「第七快進丸」。沈没したのは山口県とある。「ああ関門海峡ですね。米軍は関門海峡に約五千もの機雷を敷設して海峡封鎖しましたからね」と上沢さんが教えてくれる。１９４５年、６月２７日に沈没、船員２４名が戦死とある。金福童さんは機関部の軍属乗務員として記録が残っていたのです。しかし遺族の金金洙さんは、お父さんの戦死については何も知らされておらず、死亡通知も受け取っていません。なんと理不尽なことか。

「海を再び戦場にしてはいけない」と誓う上沢さんたちの長い間の努力で、この日ひとつの真相が明らかになったけれど、私たちの国は、真相究明に何の努力もせず、放置したままなのです。

上沢さんは語ってくれました。「海軍は徴用する際に契約を交わしていますが、陸軍は漁船を沖でそのまま徴用し、手続きなど無視したのです。だから徴用された小さい漁船や乗組員などについては、一切不明のものも多いのです。」・・・そう。陸軍の発想は「現地調達」だったのです。侵略した先で焼き尽くし、奪いつくした、あの軍の同じやり方で民間船も徴用していたのです。

午後からのいかりツアーとあわせ、私たちの役割を胸に刻んだ有意義な日でした。

なお、「戦没した船と海員の資料館」は、平日のみの開館ですが、まとまった人数で事前要望があれば、休館日にも開けてくれます。また、韓国朝鮮・台湾出身の被害者名簿も見せてくれます。

近い近い昔の旅（いかりツアー）

東條義子

私が今回いかりツアーに参加しようと考えたのは、文部科学省が扶桑社の「つくる会」歴史・公民教科書（中学校）を検定に入れ、市民権を得させたことが発端です。

戦争を美化し歴史を歪曲したことです。小泉政権の衣の下の鎧を見たからです。

―過去に目を閉ざすものは現在を見ることができない（ヴァイツゼッカー）―

口では国際理解、国際交流と言いながら、36年の間、植民地支配を続けてきた事実、朝鮮だけではなく1868年、明治維新で日本が近代国家としてスタート。1869年アイヌの大地、蝦夷地を北海道と改称し、1872年琉球王国を琉球藩とし、1879年沖縄県として併合。1895年日清戦争で台湾を、1910年日ロ戦争で朝鮮を植民地支配したのです。

日本が近代社会を成立させるために、経済発展させるために、国民という一つのまとまりを形づくるために天皇に忠誠を誓う・・・「皇国臣民」づくりをしたのです。

その上、日本の周辺アジアの国々を“遅れた社会”“日本人より劣った人間”と蔑視し、それぞれの国の独自の文化・歴史などないとし、民族の独立運動を阻止し、おさえ込んできたのです。（たしか江戸時代までは一時期を除いて友好的で、大陸の先進文化を伝えてくれる憧れの対象でもあったのですがー。）

この15年戦争で強制連行をあたりまえのようにやったのです。

戦後57年が過ぎようとしているのに、戦争に学ぶことなく、歴史的反省もなく、何年かかってもドイツ・ポーランド間のように、戦時賠償・戦後補償に真正面から取組まないのでしょうか。

今回のツアーで現地に行っても何も無い。目を閉じなくても蓋をしなくても消え去っている。しかしあったことは事実なんです。私が近い近い昔と言ったのは、新華寮・滝の茶屋の丘陵の東垂水寮・大手山側の大手寮・本庄町のダイジンサン（ガスタンク）周辺の朝鮮の人々のトントン屋根・禅昌寺から妙法寺にかけての朝鮮人の住い、しっかりと脳裏に浮かべることができました。

又、連合軍の捕虜の人々のことですが、長田の大塚町から名倉町を通り新開地へ抜けていく道筋に、高い板囲いの家があり、人数は確かめるすべもありませんでしたが、白人の人々が寒い日には毛布にくるまって庭先でお日さんにあたっていたのを記憶しています。みんなとてもやせていました。8月15日の終戦後2ヶ月後、その家は無くなっていました。生きて国に帰られたかずうーと胸にしまったままです。

私にできることは過去から学び、今をしっかり受け止めて未来に役立てることだと思います。

会の活動の記録② 2000.10〜2001.10

2000.10.29 ニュース「いかり」３号発行
2000.11.09 第１０回運営委員会
2000.12.14 第１１回運営委員会
2001.01.11 第１２回運営委員会
2001.02.08 田中宏さん講演会「中国人強制連行ー『外務省報告書』を中心として」於／神戸学生青年センター（以下、会場がセンターの場合は会場名省略）
2001.02.11 日本国内で港湾に強制連行された中国人の調査グループの会議（「港湾会議」）に飛田事務局長参加、於／新潟
2001.03.08 第１３回運営委員会
2001.03.31 朝鮮人強制連行真相調査団「フィールドワーク案内」（於／尼崎市小田公民館）に参加
2001.04.12 第１４回運営委員会
2001.04.30 ニュース「いかり」４号発行
2001.05.10 第１５回運営委員会
2001.06.15 勉強会「三菱財閥と『強制連行』」（金慶海）
2001.07.12 第１６回運営委員会
2001.08.19〜26 中国現地調査（安井三吉）
2001.09.08〜09 強制連行調査ネットワーク全国交流集会in大阪に参加
2001.09.13 中国現地調査報告会
2001.09.23 フィールドワーク、第２回「いかりツアー」、フィールドワークノート発行
2001.10.11 第１７回運営委員会

＜集会案内＞
川崎重工に強制連行された朴球會さんのお話を聞く会
日時 ２００１年１２月１３日（木）午後６時３０分
会場 神戸学生青年センター（阪急六甲下車、北東徒歩２分）
ＴＥＬ ０７８−８５１−２７６０
参加費 ５００円
主催 調査する会

＜第３期会費納入のお願い＞
調査する会の活動が第３期（2001.10〜2002.9）に入りました。会費の納入をよろしくお願いします。
個人 １口３０００円
団体 １口５０００円
送金先：郵便振替＜００９２０−０−１５０８７０ 神戸港調査する会＞
調査活動のための募金にもご協力をお願いします。

＜運営委員会募集中＞
調査する会の運営委員会は現在２９名。毎月第２木曜日の午後６時３０分から神戸学生青年センターで大体１０〜１５名ぐらい集まって開いています。終了後の飲み会も？人気です。個人の資格の運営委員会もいます。関心のある方、是非一度のぞいてみてください。

編集後記

「いかり」は港の象徴である錨であり、強制連行され、神戸港で労働させられた朝鮮人や中国人の怒りでもあります。この二つをイメージするものとして、会のニュースの表題にしました。

★ニュース５号をお届けします。今回は安井代表の訪中報告が中心となっています。“幸存者”の聞き取りの他、新華院についての貴重な報告もあります。／早いもので会が発足してまる２年。当初目標の３年を前に、そろそろ成果のまとめ方を考えなければならない時期になりました。（堀内）
★来年は兵庫県下で「７３１部隊展」を開きます。いまから実行委員会に行って来ます。12/7には南京証言集会、12/21には山西省裁判集会、12/22には平頂山集会と集会がめじろ押しです。（飛田）
★アメリカでの多発テロの影響が在米アラブ系住民へのヘイトクライムがニュースにでます。事あることにマイノリティーが標的になる。戦争はまさに差別です。（吉沢）
★ハヤ、二年。色々と勉強になっています。仲間らもいいし、楽しい集まり。あと一年で記念碑を建てたいが、建設費用が心配。でも、やるっきゃない！がんばろう！（金）
★本日（11月４日）の印刷、発送作業の参加者は少し少なめです。。

いかり 6

2002.4.29

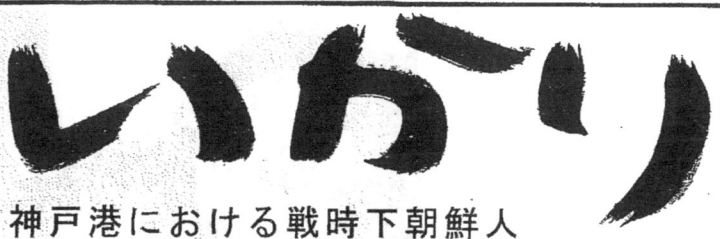

神戸港における戦時下朝鮮人・中国人強制連行を調査する会ニュース

〒657-0064　兵庫県神戸市灘区山田町 3-1-1　（財）神戸学生青年センター内

TEL 078-851-2760　FAX 078-821-5878　E-mail rokko@po.hyogo-iic.ne.jp

川崎重工業製鉄所葺合工場に徴用された鄭壽錫さんの現地調査報告書

兵庫在日外国人人権協会：事務局長　孫敏男（ｿﾝ ﾐﾝﾅﾑ）

はじめに

厚生省調査報告書名簿をもとに川崎重工業製鉄所葺合工場（以下「川重」という）で働いていた生存者 1,398 名のうち、1943 年 4 月 4 日に入所された鄭壽錫（ﾁｮﾝ ｽｽｸ、1923.5.19 生）さんへの聞き取り調査を行った。鄭壽錫さんは入所当時、江原道横城郡安興面アンサン里183番地に住まわれており40年前に故郷を離れている。

（左から孫敏男、鄭壽錫、高正子　自宅前にて）

調査地・日時・通訳

鄭壽錫さんは、ソウル駅から南に向かう地下鉄１号線に乗り約 50 分（約 25km）、鳴鶴駅で下車してタクシーで約 10 分のベッドタウン「安養市トンアン里」に住んでいた。聞き取り調査は、鄭壽錫さん自宅である鉄筋コンクリート壁式構造の進興アパートにて行った。調査日６ヶ月前に仁川（ｲﾝﾁｮﾝ）から転居されており、鄭さん夫婦と未婚の長男とで同居されていた。通訳としてご協力いただいた高正子（ｺｳ ﾁｮﾝｼﾞｬ）さんは、在日韓国人２世、現在国立民族博物館の博士課程学生として渡韓し、慶尚南道固城市にて居住しながら仮面劇を研究されており、貴重な時間をなんとか融通していただき今回の調査に同行していただいた。2001 年 10 月 15 日、午前 10 時 20 分から２時間の聞き取りをした。

「自分たちが４番目になる」

鄭壽錫さんから「自分たちが４番目になる」という証言を手がかりに「表－１」（文末に掲載）「図－１」（4頁参照）を作成した。江原道で５００人規模の募集計画を立案し、一度の募集で１００人集める計画だつたことが理解できる。三つの郡で合計１００人集める計画だったことも理解できた。また、鉄路から離れた郡は避け、鉄路に沿って募集計画が立案されていたことも地図から理解できる。鉄路のある郡は５０人枠、鉄路から離れた徒歩圏の郡は３０人枠としていたことが理解できる。洪川郡、横城郡、原州郡の３ヶ月後の連続２回募集以外の８郡は各郡一回限定の募集である。１月に１回、３月に２回、４月に２回。ひもじい季節である農閑期（1～4月）に募集が集中している。

徴兵制度と軍隊訓練が契機

鄭壽錫さんが川重の徴用工として応募した理由は、1944年(S19)から実施予定の朝鮮人徴兵制度と当時行われていた1週間に2～3回の朝9時から夕方6時までの軍隊訓練が契機となっている。江原道は金剛山(1638m)と太白山(1561m)を南北にいただく太白山脈に位置し、耕地率が10%未満で米作地が5%未満という雑穀主体の貧農がおおい。鄭壽錫さんは生まれた頃に父を亡くし、9才上の兄と母を支えた貧困生活のなかで「農作業のできない軍隊訓練」をするなら日本で働き、食料を一人でも減らすことを考えて川重行きを決心されている。そして、どうせ徴兵されるのならその前に「日本に行って慣れておこうと考えて行った」と証言された。

3郡にまたがり毎回合計100人募集できたのは軍隊訓練が人集めを容易にしていた実態が明らかになった。

聞き取りをして

徴用しやすい時期（農閑困窮期）に、事前に軍隊訓練を押しつけて日本に働きに行かせる環境作りを軍隊と一丸となって行っていた。軍が企業の後押しをしていたため、人集めが簡単に出来たという背景は特筆できるのではないか。

最後に、鄭壽錫さんの発見につながった生存者調査にご尽力いただいた江原道横城郡安興面事務所の戸籍担当者である柳英愛(ユ ヨンエ)さんに感謝いたします。

聞き取り内容

①生年月日は？
　戸籍　新暦1924年2月20日
　本当　旧暦1923年5月19日
②現在の戸籍住所は？
江原道横城郡安興面アンサン里450番地
(渡日前住所)江原道横城郡安興面アンサン里183番地
(理　由) 日本から帰国してアンサン里内で家を買い移り住んだ。

（鄭壽錫さん自宅にて ）

③入所時年齢は？　渡日時は20歳
④出発日は？
1943年4月1日横城郡庁を出発。1943年4月3日芦屋市打出町に到着。1943年4月4日に入所した。入所初日から3ヶ月間、芦屋市打出町で軍事訓練があった。勤務日は1943年7月4日。入所4ヶ月目から葺合工場で製鉄所勤務が始まる。退所日は1945年4月3日。実質1年9ヶ月勤務。2年間の契約期間が満了したため退所した。
⑤川崎重工業製鉄所へ行った理由は？
　募集があり志願した
⑥当時の募集の様子は？
募集は、面事務所でなく郡庁で行われた。日本語の聞き取り試験がありました。ほとんど理解できず少し聞き取れた程度で合格した。合格したらその場で服と腕章を支給されたのですぐに着替えさせられた。腕章には「挺身隊」と書かれていた。家に戻らず、着替えたその場から日本へすぐに出発した。
⑦日本へ行く決心をしたのはなぜか？
18歳、19歳の時から徴用に行かされることを聞いていたため。「近所の人に先に行った人が居て、いついつ募集するから来なさい」と言われて行った。「自分たちが4番目になる」と証言された。「鉄原郡でも2回行ったようです」と証

言された。
⑧１９４３年４月４日の同期入所者数は？

４番目と人数は鄭壽錫さんの記憶と同じ。

1回目	2回目	3回目	合　計
洪川郡	横城郡	春川郡	
29人 (30)	30人	40人	99人 (100)

⑨連行経路は？

そのまま郡庁から原州へ行き汽車に乗った。汽車で原州から釜山に行き船に乗った。連絡船で釜山から下関へ行った。汽車で下関から芦屋についた。

⑩宿舎兼訓練所は？

芦屋市打出町。食堂あり。木造２階建のアパート。５００～６００人収容。

⑪３ヶ月間の軍事訓練とは？

寮から近い海辺で軍事訓練を受けた。

⑫寮での食事は？

長い米、おそらく外米を食べた。朝はスープとﾀｸｱﾝとごはん。昼はﾀｸｱﾝとごはん。

⑬軍事訓練中の一日の行動は？

軍隊と同じ生活をした。起床６時。朝６時に起きて、ゲートルを巻いて寮の食事をし、海辺で軍事訓練をした。海辺で暗くなる前までに引きあげて寮で食事をとった。食事後、軍人みたいに点呼して、７帖程度の畳の部屋に４人で寝た。この生活を３ヶ月間した。

⑭葺合工場（製鉄所）勤務の一日の行動は？

阪神電鉄に乗って三宮の手前の工場の前で降りました。駅から工場までは近かった。３交替で働いた。朝６時３０分に工場に着かないといけなかった。(朝勤務6:00～13:30 昼勤務13:30～21:30 夜勤務21:30～6:30) 阪神電車は一般車両であつた。引率者は居なかった。打出寮に事務所があって食券を配る日本人がいた。食券をわたすと川崎重工のマーク入りのアルミ製弁当箱に入れた弁当がもらえた。日本人の引率の人はいたけど監視の人はいなかった。逃げようと思えば逃げられた。６ヶ月の定期券で通勤した。月給をもらう時に定期券をもらった。弁当は現場まで運んでくれた。ご飯とたくあんだけだが、良いときは魚がでた。朝・夕は打出寮、昼は工場で弁当。夜勤は１２時になると弁当がでた。米がないときはサイマイモだけのときもあった。工場では、日本人と同じものを食べていた。日本人のなかには食事がまずいと言って、田舎から送ってきた米を食べている人がいた。昭和１９年の秋に、２交替制になり打出寮から歩いて行ける工場に異動した。

●朱英哲という人はいますか？

一緒に行き、帰るのも一緒だった。徴兵検査を受けたが徴兵されなかった。金

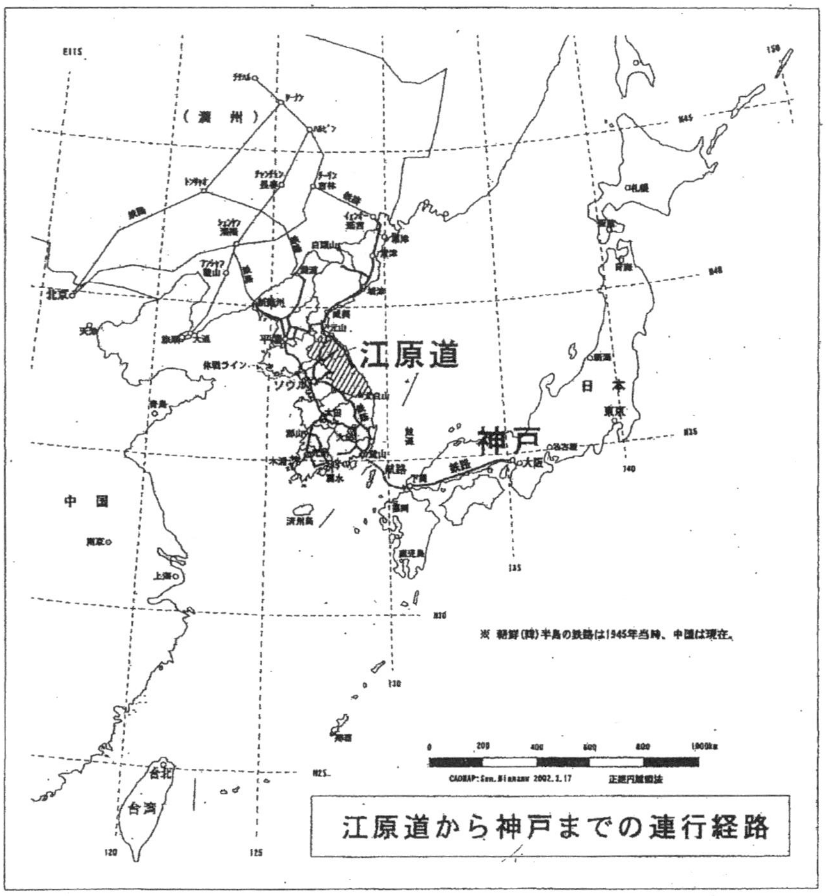

江原道から神戸までの連行経路

東雲ｷﾑ・ﾄﾞﾝｳﾝは自分より年下だから（いまも）生きているのではないか。

●空襲の記憶はありませんか？

１月で満期になる人が帰るときに空襲がひどかつたので満期退所日にでてこれなかった。

●逃亡した人の理由とは？

出身地で仕事をしていなかつた人が、日本で仕事がきついので逃げたのではないかと私は考えている。出来上がった鉄を挟んで引き揚げる仕事をしていた人が、重労働できついために、仕事を休む日が増え、お金がいるので、もうからないので、もっと楽なもうかる仕事に行くと言って逃げた人は知っている。

●一時帰国はしましたか？

していない。

●木村さんは逃げた人ですね？

７０年度に、この木村さんから手紙がきました。

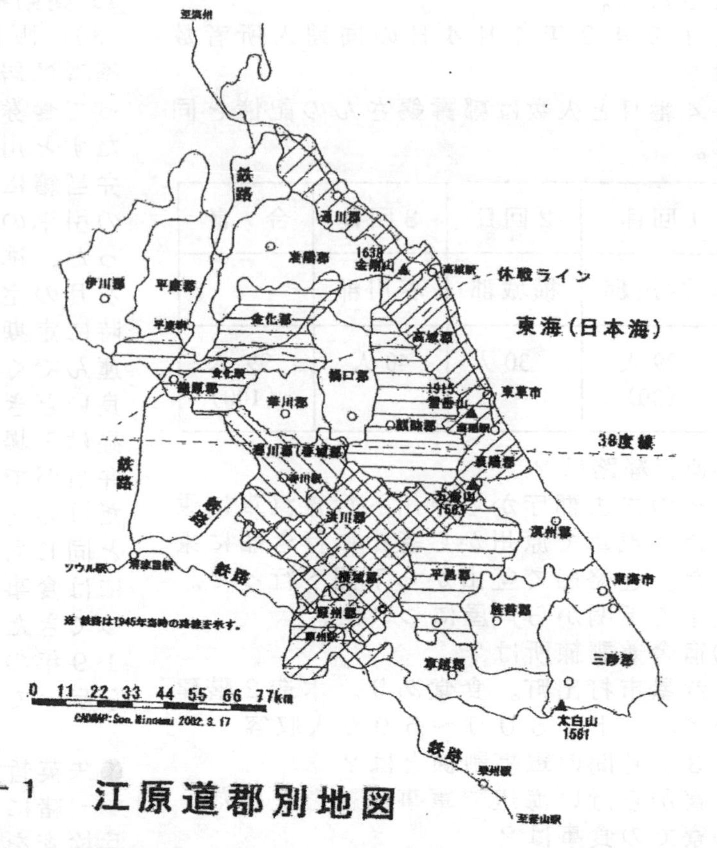

図－１　江原道郡別地図

川崎重工業製鉄所葺合工場に連行された江原道郡別一覧

入所年月日	地図凡例	郡別入所人数											合計
1943年1月11日		原州郡 40人	横城郡 30人	洪川郡 29人									99
1943年3月21日						鐵原郡 35人	金化郡 50人						85
1943年3月26日								襄陽郡 1人					
1943年3月27日						鐵原郡 15人			通川郡 50人	高城郡 50人			116
1943年4月4日			横城郡 30人	洪川郡 30人	春川郡 40人								100
1943年4月14日		原州郡 40人									平昌郡 30人	旌善郡 30人	100
郡別小計		80	60	59	40	50	50	1	50	50	30	30	500

2002.3.17

●日曜日は休みで、食べに出かけた記憶がある。大阪の四天王寺まで行ったこともある。その当時、日本語が聞けて理解できたので行けた。

●服装は、何も持たず日本に行ったので支給された作業服を着ていた。

●川重への印象は？

私自身が山奥で育って昔から仕事はよくしていたので、川重での仕事は苦しいと思わなかったので、もともと人の言われた通りにやったので、日本人からたたかれたりとか、そういう、怒鳴られたりとかいう記憶はない。韓国でも苦しい、貧しい家にいたので、川重での体験とそんなに差がないと考えている。

●日本での記憶は「お腹が空いたという記憶しかない」と言っていましたが、思い出に残っていることは？

韓国の生活がひどかったので韓国より川重のが良かった。お金さえ持っていけば何でも買えたし。昭和１９年からは、そういうことが無くなってしまった。天王寺動物園に行った記憶もある。日本人は個々人は良いひとたちだ。歴史を歪曲するから悪いと思う。私は愛国者ではないですが、考えてみれば、私に対しては、そういうことは無かったけれど歴史的に見れば韓国人を無慈悲に扱ったひとではないかと。私が考えるには、私は運が良かったと。２年契約なので、２年で帰してくれた。しかし、炭坑へ行ったひとたちは一人も帰ってこなかった。炭坑にも募集があって当時行っていた。炭坑に行ったひとは２年契約でも、２年後帰ってこなかった。そういう話を聞きました。行った工場が良かったと私はそう考えています。

●帰国について

郡までの帰国費用は川重が負担した。時間が無くて貯金も引き出せなかった。帰ってきたあとに貯金を送ってくれました。だから、ありがたい。

●退所時の一時金、贈り物は？

無かった。帰るときにいくつかのおにぎりをくれたくらいです。

●帰国行程は？

４月２３日の夕方に列車に乗り、下関へ向かった。下関で８日間、船がなく待った。連絡船がなく商業船に乗った。対馬に行き１日泊まり翌日麗水ﾖｽ方面に行き着いた。夕食後、麗水ﾖｽから貨物船に乗って夜通し船に乗りソウルに朝６時に着いた。ソウルから原州行きの汽車に乗った。横城郡の近くの旅館でマッコルリをごちそうしてくれた。その時、また日本に行くひとを募集したが誰も行かなかった。郡からは、そのまま歩いて帰った。７０里歩いて帰った。

●当時、川重行きを断ろうと思えば断れたのでしょうか？

昭和１８年に募集に応じたのは、昭和１９年には徴兵で引っ張られていくのがわかっていたので、お金を儲けるのではなく、それよりもむしろ、その前に行って少し慣れておくというつもりで行きました。昭和１９年は、軍への徴兵第一期生になるため、どうせ自分は軍に行かないといけないので、そのために軍に行くのならば先に日本に行って慣れておこうと考えて行った。（その当時１９歳）

●日本に行く前に働いていたのか？

１週間に２～３回、朝９時から夕方６時までの軍隊訓練に出てこいと、日本に働きに行く前にも言われて参加していた。

●家族

父は顔も知らない。母は生きていた。９歳上の兄一人だけの二人兄弟。

●日本行きへの家族の反対は？

（日本行きを）知ると反対されると思ったので、合格してすぐそのまま、その日に日本へ行き、日本に着いてから手紙を書いた。手紙は自由に書けた。

●兄と若者の徴用のがれはあったのか？

兄に徴用が来ていたが長男であり母の面倒も見ないといけないので逃げていた。逃げると代わりに「下男」を連れていったらしい。自分は兄の代わりに行ったのではない。自分は必ず徴兵されるので行った。若い人は４月になるとみんな連れて行かれて若い人は居なかった。

●募集会場の様子は？

３０人を選ぶのに１００人来ていた。「坂本」という日本人が選考した。「秦」という川重の人が来て、「いさか」と言ったか？４月１日に選んで４月１日、その場で着の身着のままで日本へ出発した。作業服、腕章、リュックをもらい、リュックに「入れていく物は入れろ」と言われたが、自分は入れる物がなかった。

●自分の子どもと家族は？

娘２人は結婚した。年をとって息子を一人生まれたが結婚がまだでいま一緒に暮らしている。

●６ヶ月前に仁川から引っ越してきた。

●横城郡からは４０年前に離れた。

●自分１８才、妻１６才で日本に行く前に結婚していた。妻は兄家族と一緒に暮らしていた。『「日本に行く」と言ってそのまま行ってしまった』とは、妻の一言。

川崎重工業製鉄所葺合工場　朝鮮人徴用工退所事由別人数一覧

エリア	道	人数	郡	郡別総数	日別人数	寮への到着日 芦屋市打出	満期	一時帰国	病気送還	不良送還	死亡						入営	逃亡	退職	自由	残留	不明
											死亡	病死	公傷	戦死	戦災	爆死						
韓国	江原道	500	横城郡	60	30	1943年1月11日	22	4	1									3				
					30	1943年4月4日	24	1				1	1					3				
501	500		原州郡	80	40	1943年1月11日	29	3				1					1	6				
|					40	1943年4月14日	28	3		2								7				
200			洪川郡	59	29	1943年1月11日	20	1	1	1				1				5				
‖					30	1943年4月4日	23	1				1						5				
301			金化郡	50	50	1943年3月21日	33	4									1	12				
			鐵原郡	50	35	1943年3月21日	17	2										16				
					15	1943年3月27日	7	2									1	5				
21.5%			高城郡	50	50	1943年3月27日	36	1	1	2							1	9				
			通川郡	50	50	1943年3月27日	28	6		3							3	10				
			嚢陽郡	1	1	1943年3月27日														1		
			春川郡	40	40	1943年4月4日	32	1									2	5				
			平昌郡	30	30	1943年4月14日	17	4									1	7	1			
			麟蹄郡	30	30	1943年4月14日	15	2										12	1			
			小計	500	500		331	35	3	8	–	3	1	1	–	–	10	105	2	1	–	–
	京畿道	1	京城府	1	1	1944年3月26日												1				
北朝鮮	咸鏡北道	283	会寧郡	27	27	1944年3月18日		1										17		9		
			鏡城郡	20	14	1944年3月18日		1							1			6		6		
897.	283				6	1944年3月26日		2										1		3		
＋			城津府	33	30	1944年3月18日		2	1									21		6		
200					3	1944年3月26日												3				
‖			清津郡	43	4	1944年3月18日											1	1		2		
1,097					36	1944年3月26日											1	21		14		
					3	1944年4月3日			1									2				
78.5%			富寧郡	11	9	1944年3月18日												9				
					2	1944年3月26日												1		1		
			茂山郡	20	20	1944年3月18日		1						1			1	6		11		
			明川郡	45	42	1944年3月26日		5	1								3	15		18		
					3	1944年4月3日												3				
			羅津府	2	2	1944年3月26日												1		1		
			吉州郡	55	24	1944年3月26日		3					1					6		14		
					31	1944年4月3日		3							1			11		16		
			鶴城郡	27	27	1944年4月3日		2			1						3	7		13		1
			小計	283	283		–	20	3	–	1	–	1	1	2	–	9	131	–	114	–	1
	平安北道	412	慶源郡	8	8	1944年3月18日		1								1		5		1		
			博川郡	161	105	1944年10月24日		6	10			2	1					15		69	2	
	412				56	1944年12月5日		2	2			1						17		31		3
			雲山郡	45	44	1944年10月24日		4	1			1	1					9		28		
					1	1944年12月5日														1		
			定州郡	84	84	1944年12月5日						1	1		4			39		33		6
			竜川郡	114	114	1944年12月5日		7	3						1			26		77		
			小計	412	412		–	20	16	–	–	5	3	–	5	1	–	111	–	240	2	9
	黄海北道	66	平山郡	66	1	1944年3月26日														1		
					16	1945年4月5日												8		8		
	66				49	1945年4月9日												25		24		
			小計	66	66		–	–	–	–	–	–	–	–	–	–	–	33	–	33	–	–
	黄海南道	136	安岳郡	80	80	1945年4月9日		6										46		28		
			延安郡	56	56	1945年4月9日												27		29		
	136		小計	136	136		–	6	–	–	–	–	–	–	–	–	–	73	–	57	–	–
	合計	1398					331	81	22	8	1	8	5	2	7	1	19	454	2	445	2	10
											死亡 24人											
							満期	一時帰国	病気送還	不良送還	死亡	病死	公傷	戦死	戦災	爆死	入営	逃亡	退職	自由	残留	不明
							23.7%	5.8%	1.6%	0.6%	1.7%						1.4%	32.5%	0.1%	31.8%	0.1%	0.7%

注　1) 上から道、郡毎に寮へ到着した年月日順とした。
2) 自由とは1945年8月15日以降に退所された人数。
3) 退所事由が空欄であったものを不明とした。
4)太線枠の郡は、休戦ライン以北にあり北朝鮮エリアとして計算した。

『いかり』5号　　安井三吉「訪中報告－山東と北京」訂正表

頁	行		誤	正	頁	行		誤	正
1	左	6	張承錠	張承钧	7	右	3	もらうもだ	もらう
2	右	11	頸東方	姚東方	〃	右	下18	嚶城	禹城
〃	右	下 4	たったこと	たこと	8	左	9	頸副処長	姚副処長
3	左	14	壽冬	寿冬	〃	左	19	張承錠	張承钧
〃	左	下15	搭	塔	〃	右	4	簑州	涿州
5	右	下 6	頸さん	姚さん	〃	右	9	詳言	証言
7	左	18	摂州	兗州	〃	右	13	うあか	うか
〃	左	下 9	摂州	兗州					

講演会の記録

闇に隠された強制連行—知られざる拿捕船の中国人乗員ら

安井三吉

3月14日、神戸学生青年センター・ホールにおいて開催された表記の講演会は、私にとっては初めて聞く話が多々あり、大変勉強になった。

司会の飛田雄一さんは、安倍能成『岩波茂雄伝』(岩波書店、1957年)を片手に、戦争中、尼崎大日電線で労働させられていた中国人を訪問したことがあるという王鳳鳴さんが、本講演会を知らせる新聞記事(別掲)を見て、センターに電話してきたこと、直接王さん宅を訪問して当時の話を伺ってきたこと、『岩波茂雄伝』には、その王さんのことが書かれている(360-361頁)ことなどを紹介した。王さんは、なお現役の医者として神戸で活躍中とのことであった。

上澤祥昭さんは、神戸市中央区海岸通り3丁目1番6号にある「戦没した海員の資料館」(全日本海員組合関西地方支部2階)の研究員として、資料の収集整理と各種の問い合わせに応じられている方である。昨年夏の「いかりツアー」で、資料館を参観した際も、上澤さんが館内を案内してくださった。この資料館は、KCCビル(神戸中華総商会ビル)からほんの数メートル西のところにある。KCCビルには、2階に「神戸華僑歴史博物館」があって、よく寄るのだがそのすぐ隣にこのような資料館があることはまったく知らなかった。そして、戦時中、台湾籍の船員が多数、乗船中、米軍の攻撃によって戦没していたことを知り、驚かされた。資料館の資料「本籍地・所属別戦没船員調査表」(財団法人戦没船員の碑建立会)によると、戦没船員総計60,331人の内、本籍が朝鮮の者は2,614人、台湾の者は1,019人にも上る。これらの人々がいつ、どの船で、どこで亡くなったのかについては、資料館に尋ねれば教えてもらえるのだという。上澤さんのお父さんも、戦時中、敦賀と朝鮮の清津・羅津の間を航海する満洲丸(日本海汽船)の船長をしていたが、1944年7月、朝鮮から門司に戻ったところ突然関東軍に船ごと徴用され、台湾の高雄に回航、そこでタ(高雄)マ(マニラ)船団として再編、マニラに向かう途中、9月9日夜、カラヤン島北西で米軍の攻撃を受け、豊岡丸(鏑木汽船)につづいて満洲丸も撃沈され戦没した。67才だった。満洲丸には、将兵約900名、船員29名が乗っていた。上澤さんは、「有事法制」になると同じように民間船がいきなり徴用されるというようなことが起こる心配があり、だから海員は反対なのです、といわれた。

塚崎昌之さんは、大阪府朝鮮人強制連行真相調査団のメンバーとして防衛研究所図書館で発見された「昭和二十年九月　移入華人労務者現況調」について報告されたが、これも初めて聞く話で、大変興味深かった。この資料は、14道府県71事業所からの報告をまとめたもので、兵庫県関係では4個所の事業所からのものがあり、その中に「華人労務者送還者名簿」「華人労務者死亡者名簿」が含まれている。前者には、神戸華工管理事務所の238名、相生播磨造船所の461名の他に、尼崎大日電線株式会社の34名と神戸大連汽船会社の68名の名簿が含まれていた。これは、重要な発見である。というのは、神戸華工管理事務所と相生播磨造船所の分については、いわゆる『外務省報告書』によってよく知られていたが、大日電線と大連汽船関係のものについては未知のことだったからである。

そこで、私は、昨年夏中国人民抗日戦争

紀念館で李宗遠さんから、『外務省報告書』に記載されているものの他にも、日本に強制連行された人々がいるのではないか、との質問を受けていたことを思いだしたのである。その時は、李さんにはよく分りませんとしか答えられなかったが、塚崎さんの話しを聞いてやはりそうだったのか、という思いがした。『外務省報告書』に載っている以外にも実は、日本に強制連行され、働かせられていた中国人がいたということである。その総数がどれくらいになるのか、現段階では判明していないが、中国人強制連行 38,935 人というこれまで言われてきた数をどのように変更してゆくべきか、今後研究していかなければならない。

講演会の記録

川崎重工に強制連行された朴球會さんのお話を聞く会

「神戸港調査する会」が、昨年 12 月 13 日に開催した講演会の記録です。紙面の関係から一部要約しましたが、要約の責任は「いかり」編集責任堀内にあります。

学生事件に巻き込まれる

私は来年の2月で79になります。元、咸鏡南道咸州郡州北面岐陽里（現　咸鏡南道栄光郡厚柱里）という所で生まれました。昭和6年（1931年）の4月、ちょうど満州事変が勃発した時に、普通学校（小学校）1年に入学しました。普通の学年より1年遅れの入学で、卒業したのが昭和12年（1937年）3月です。翌4月5日に咸興公立農業学校（5年制）の学校の1年に入学しました。そして、太平洋戦争の起きた1941年12月に繰り上げ卒業しました。当たり前でしたら1942年の3月が卒業予定だったのです。

卒業してちょうど3日目が大晦日で、私が卒業したというので、身内のものが皆集まって、お祝い事が始まろうとした晩の、たしか7時か8時ごろ警察が訪ねてきて、「ちょっと一緒に行こう」というので、何気なくついて行った訳です。ものすごい寒い晩でした。それで最終列車に乗って、咸興駅に降りたら、同級の友達と出くわして運悪く彼もそこで捕まって、咸興の警察の留置場に入ったわけです。

そこで一晩明かしましたが、何が何だかさっぱり判らん訳です。何のために入れられとるのか。そしたら次から次へ毎日毎日、皆知った者だけれども、男女合わせて250人位、同じ留置所に入れらました。畳で何畳くらいありますかな、とにかく入るだけ詰め込んで十何人、一部屋に入れられました。隅っこがトイレで、前が檻みたいになっていて、ご飯を差し入れするんです。

取り調べは毎日、殆ど夜やっとるんです。静かな夜中に拷問を受けて大きな声で悲鳴をあげるわけです。後から聞いた話ですが、に水を飲ます拷問なんですね。

私が釈放されたのは、明くる年の2月11日、忘れもしないけど、シンガポールが陥落した日で、昔の紀元節でした。その日に釈放されるまで、拷問は受けなかったんです。ただ取り調べされた時に、何か話が気にくわなんだら革靴で蹴るわけですわ。手足がすりむけて血がダラダラ流れる。それでも、そういうことはほんの序の口なんですね。

再び朝窒関連の事件で拘留

私はそんなに長くは調べられず、2月11日に釈放されました。そのときは一応無事釈放とゆうことで済んだんですが、咸興無尽会社というところに就職が決まってたのに、出勤要請が来ても出勤できなかったために、結局それは取り消されてしまいました。

半年ぐらい何処にもいくところがなくて、家でいろいろしてましたけど、朝鮮食糧営団咸鏡南道支部に、学校が推薦してくれて、6月15日から出勤しました。その時の初任給は45円でした。働くといっても、事務関係は初めてなんで、まともに文章書けないで苦労しました。

卒業時に皆留置所に入っていて、バラバラで互いの連絡が取れなかったので、休みの当直の日に会社のガリ版を勝手に借りて、自分で近況を書いて友達の住所を分かるところへ発送したんですが、会社の封筒を使ったもんだから、どこかで引っかかったみたいで、大分目をつけられたみたいです。

その後取り調べがあったりして、多少警戒はしておりましたけど、明くる年の8月、特高刑事が「ちょっと一緒にきてくれ」といって、特高へ連れていかれました。そこでさんざんどつかれたうえ、水を飲ます拷問の段取りをしよる訳やな。話では聞いてたけども、実際に自分が拷問を受けたのは初めてやったからね。しばらく水を飲んで途中でもう気絶したマネをしました。

刑事は「もう言え」というけれど、何を言っていいのか分からないし、友達に借りた本の名前を言えといても、こちらが言うと違うと言うわけです。

拷問が終わると、刑事は続いて「朝鮮独立万歳」と書きなさいと言う。筆跡を調べてるな思って、これは当然2～3ヶ月はかかると覚悟しよったけど、1週間くらいで「帰れ」言われました。結局、朝鮮窒素興南工場で起きた万歳事件関連で、取り調べられたのでした。

徴用で川崎重工へ

その明くる年(1944年)に徴用令状が来て、川崎重工へ来た訳なんです。最初は行き先も何もわからないんです。噂では、どっかの炭鉱に行くんだとか。北海道に行くんだとかいろいろ言うとりました。

私みたいな前歴があると、何せ窮屈でね。どちらかといえば日本に行ったほうが、少しはましかも知れないと思ったわけです。最終的に神戸の川崎重工に行くということで、個人的には「やれやれ」と思ったところがあったんです。ただ家の生活状態を考えると、後ろ髪を引っ張られるような気がしてました。川崎へ来てみると、土方の現場だとか、炭鉱だとかに比べると、組織の中で一応規律はあるみたいでね。そういうところでは、ちょっと安堵しました。

神戸では、同郷人300余人とともに、川崎艦船・東垂水第1寮に収容されました。第2寮、第3寮合わせると、約3000人いました。約1ヵ月間の訓練の後、現場出勤となり、私は第3銅工に配置されました。私の班は、潜水艦の伝声管を主に作っていました。

貧しかった小学生時代

家の生活状態ですが、私は小学校の(普通学校)月60銭の月謝を、ほとんどまともに持っていった事がないような状態でした。小5の時に、弟が腸チフスで死んで家で飼ってた農牛も死んで散々な目に合いました。

朝は早くから牛飼いしに起こされ、弁当もほとんど持ってったことないんです。学校から帰って、冷めたらカチカチになるような満州の粟飯と味噌で昼飯食べて、牛を引っ張って行きました。草が多く生えないから、遠い山まで引っ張って行って、晩、暗くなってから帰る。そういう生活が小学校のほとんどでした。

それで小学校を卒業し、中学で農業学校に入りました。入るまでは隣の人は、私と同級で同じ歳で。当時50人募集で370人～350人受験生があって、だから競争率は7倍でしたが、何の間違いか一発で入学しました。

農業学校へは汽車通学で、汽車に乗って40分くらいで乗り換え、それからまた40分ぐらいで学校のある駅に着きます。。汽車の中でしか勉強できないから、最初の成績は散々でした。50人のうちで確か席次が40何番目やったと思います。これではいかんと思って、まァちっと勉強するふりをしてたら、二学期か10何番になりました。こうして農業学校の1～2年過ごしました。

農業学校の入学金は75円でした。だから、おふくろはそれが心配で、落第するのも心配やし、合格しても入学金がないし、どないしょうと心配ばっかりしとったわけです。親父が友達から籾数表借りて、それを売ってなんとか、入学金75円間に合わせてました。結局それは私が農業学校卒業して、食糧営団に就職してから、私の給料で完済したような始末でした。、私達の戦前の生活状態は、そんな状態でした。

父は私立学校や書堂の先生

父は学校の先生をやってるということで、村では一応インテリで通ってました。おじいさんの時代は、農地をかなり持っていたみたいです。私が小さい時、何か商売するとか言って、田や畑を売ってしまった。

父は、高等普通学校、いまの中学ですが、3年の時に学校でストライキに連座して途中退学になったようです。だから、公立学校には勤められず、私立学校ばっかり廻ってました。私が農業学校卒業するまで、ある学校で辛抱して、それから勤めを辞めて、村に書堂みたいなのを建てて、未修学児集めて教えていました。年がいって学校には行けないような人を集めて、それでも3学級くらいありましたよ。そういう生活をしていました。8月15日の解放後。たよりに聞けば、咸興の中学校の先生をやっているいう話でした。

それで、家では親父もお袋も私が卒業するのを、指折り数えて待っていたわけで、徴用に来まではほとんど営業資金などは私の収入でまかなっていました。しかし、私が徴用になってからは、殆ど仕送りできません。もちろん徴用に来る時の餞別は、こっちへ着てから全部送り返しました。それでなんとか間に合わせたんじゃないかな思うんです。

とにかくお腹が空いた

徴用期間中はとにかくお腹が空きました。あの当時5円も出せば、寮の近所でうまいご飯に鶏のスープが食べられたので、みんなはよく給料をはたいて行きましたが、私は一回もそういう所に行っことはないんです。ひもじい時は豆を買って、それを煎ってポケットに入れてね、それを出してポリポリかじりながら飢えをしのいでいました。

寮の食事は、私が家で食べておった食事よりずっとましでした。ただ量が少なくてお腹が空いてたわけです。

日本に来て、1ヶ月は訓練を、現場へ出ないで訓練を受け、翌月から会社へいきました。記念写真撮って互いに「俺やせてるか？どうか？」と言いながらね。毎日みてるから、そんなに目立ちませんが、写真を家に送ったら、えらくやせてというわけです。1ヶ月の間に、3キロくらいやせました。

寮の食事はそれでも、多少お米が入っていいましたから、量さえあれば、お腹が空かなければ食べるのに困らなかった。日本の寮の幹部は「豆ごはんばっかりでこんなもん、食べれるか！」と言っておりましたが、私にとっては、国で食べていた食べ物よりずっとましだったわけです。

何故、そういう風になったかといえば、それは日本の植民地支配のせいですね。歴史でいろんな事実が明らかになってきています。

人間というのは、食うことに関してはずい分浅ましい。お腹がすいたら、もう妥協は出来ない。お腹が空くことに、妥協はない、といわれていますが、私の経験を一つ、申し上げると、徴用に来て、1年目の終戦前の12月でした。小隊長の使いで神戸の平野町へお使いに行って、年末の30日だったと思うんですが、雑炊屋の店が開いているんです。食べられるか聞いたら「よろしい」ということです。米粒が数えられるくらいのお粥でしたが、それでもそれを食べて「おかわりいけますか」と聞いたら、「いける」というので、遠慮しながらもう1杯、もう1杯って9杯食べたんです。

それで、「今晩は、もうお腹一杯になったから、寮に帰ったら、ご飯を他の奴らに譲ってあげよう」と思いましたが、平野から東垂水まで帰ると、自分のご飯を譲るどころか全部食べてしまいました。それで、もうお腹が大きいかと思ったらそうでもない。これは私の実体験です。

奈良の訓練所の時、神戸大空襲

寮の食生活は大体こんなものでした。3月になって逃亡者が増えてくるから、これは朝鮮人同士で監督させた方がいいということになります。それで、幹部を養成するということで、奈良の西部訓練所へ3月1日からちょうど1ヶ月行きました。

訓練といっても仕事の訓練ではありません。行水するなど精神の訓練ですね。毎晩、毎晩空襲警報が鳴って、とにかく皆避難しないといけないので、布団が温もる間もない。ちょうど大阪、神戸の大空襲の時、朝起きたら、紙くずがいっぱい庭に落ちています。夕べは、大阪やられた、ああ、神戸がやられたって。

3 月 31 日に満期になって帰りますが、どうしてか国電は走っております。国電に乗ったら神戸や大阪は、周囲がみな焼けて高架しかありません。帰ったら、たくさん焼け死んだのを見たということだったけど、私は死者は一つも見ておりません。

その代わり 6 月に明石の工場が爆撃された時は、私の住んでいる寮もやられました。あの時は同僚が 16 人も亡くなりました。

増える逃亡者

寮には、警備専門の人がいて番はしてるんですが、彼らだって、寝なければならないし、とにかく、工場へ行って帰らなきゃしまいです。寮から直接逃げるということは、あまりないんです。工場からの帰りなどにどっかにずらかって、あの人が帰ってない、この人が帰ってないということになります。時々憲兵隊が来たりするんですが、調べようがないわけです。人数も多いしね。

たいてい毎日誰かがいなくなります。私も、終戦直前に友達から「下関への切符手に入れたから、一緒ににげよう」ともちかけられました。ところが、一年契約だったけれども徴用期間を続けてくれと、家の者に言ってきた話を、故郷からの連絡で聞きました。それでも約束は約束だから、とにかく9月はじめまで待とうと。逃げたら逃亡罪になるし、その時は「とにかく故郷へ堂々と帰ろう」と思ってました。それで、友達がやっとの思いで手に入れた切符をストップさせたんです。それから、10 日もたたないうちに終戦になりました。

その友人は私と一緒に日本に残って、関西大学を出て、私どもが作った学校の教務主任までやりましたが、途中で不幸にして亡くなりました。

空襲の思い出

空襲もたびたびありました。寮では、東垂水の裏山へ逃げたりしました。寮の部屋の下に壕みたいなのを掘って、中へ入ったりもしました。地下へもぐって、焼夷弾落ちたら、ピカピカ光ってね。みんな、もう戦々恐々でいたのですが、私は空襲のたびに火の見櫓へあがってました。この櫓へ爆弾が落ちたら、これは私の運命なんだと、あきらめなしゃあないと考えたわけです。

上へあがったら、飛行機がよく見えるます。それで、「今、あっちへ行ったよ。こっち行ったよ」とか、「もう飛行機は行ったよ」といって、みんなに出て来てもらったりしました。空襲の時にはそういうことをしました。

爆弾で死んだ人たちはたいがい、爆弾の振動で内臓をやられていました。トラックに乗って手を振って「元気でね」と言った人が、その晩のうちに亡くなっておる。これは余談になりますけど、空襲に逢った時は目と耳を押さえて、腹ばいになないで跪いてお腹を地面に当てず、そういう姿勢で待ちなさいという話を聞いたから、もっぱらそれでしのいで来ましたけれ。何も知らん人は、地べたに寝そべって、爆弾の至近弾を受けるとすぐお腹をやられるわけです。それも戦争のおかげで、覚えたことです。

帰国船の手配で苦労

戦後、如何してみんなを朝鮮に返すかに苦慮しました。何も手段はない訳です。ちょうど友人が、350 人ほど乗れる 100 トンの機帆船を買って神戸港で改造し、日本人の船員を雇って釜山に向け出航しました。

その途中、広島県の機帆船の港で、船底に牡蠣がたくさん付いているから、掃除したらもっと早く行けると、船の人がそういうから、そうしようとやったんです。ところが、機帆船が満潮時に砂浜へ乗り上げる計画がちょっとずれて、半分だけ陸へ上がって、半分は海の中のままで、潮が引いたら船が沈んでしまいました。素人考えで、潮が満ちたら船が浮くだろうと思ったんですが、全然浮かないんです。

それで 300 人からの人が、路頭に迷うわけです。戦後間もない時だから、食べ物はもちろんないし、それで警察に相談して、公会堂と大きな釜を借りて、米も特配を配給をもらって、そこで炊き出しをして、約 1 週間寝泊りしたんです。

それで、岸本という地元の金持ちの船主に頼んで、30 何隻か船持ってるおじいさんだけども、釜山まで船をだしてもらおうとしました。ところがすでに 1 隻釜山まで行った船が、帰らないといって出してくれないのです。それを「わしらがここに残るから」と、頼み込んで 200 何十人船に乗せて、釜山まで送りました。

白頭同志会を組織して活動

私の戦後の動きを少しだけお話しします。白頭同志会というのを作りました。当時、手分けして関西だけで会員を６千何百人集めたんです。国へすぐ帰らなければならないのに、ここで会作ってどうするんだと声もあったけれども、６千何百人集めました。その名簿が惜しいかな途中で行方不明にりました。今残っているのは大阪に、白頭学園、建国高等学校・中学校・小学校・幼稚園がのこっているだけです。それは、大阪の先輩達が守っています。私達の時は、北と南もない中立ということで、統一されたら、統一された政府に学校を引き継ぐんだという精神でやってきました。何年か前に韓国の国旗を掲げるようになって、多少、学費もそこから援助があるそうなんですが、今は私どもの理事は一人もいません。いずれにしても、教育機関だから、学校法人として残っています。それだけが、私が一生懸命に夢見た名残でございます。

＝＝＝＝＝＝＝＝＝＝＝＝＝＝＝＝＝＝＝＝＝＝

中学校副教材＆論文集を作成中！
そして、記念碑の建立へ

事務局長　飛田雄一

＝＝＝＝＝＝＝＝＝＝＝＝＝＝＝＝＝＝＝＝＝＝

９９年１０月に結成された当会は、３年目の活動にはいっています。当初、３年をメドに記録の出版、記念碑的なものの建立をめざして発足した会ですので、その最終年ということになります。

とはいっても、そううまくことが運んでいる訳ではありません。が、いよいよラストスパート？をして、ゴールをめざしたいと思っています。

出版物としては２冊の本を作ります。

ひとつは、太平洋戦争下の神戸港における強制連行をテーマにした中学校の副教材です。読みやすくかつ内容の濃い教材を作ろうと宮内を中心に作業を進めています。

もう一冊は、これまでの調査結果を集大成したぶ厚い？論文集です。聞き書きを行なった朝鮮人・中国人、日本人の証言、また収集した資料も収録します。堀内、高木が中心となって編集作業を行なっています。引き続き新しい証言・資料を求めています。どんな小さなものでもけっこうです。お知らせください。

記念碑は、強制連行された朝鮮人・中国人、それに平田の調査であきらかとなってきた連合軍捕虜を含めて強制労働の歴史を刻んだものを作りたいと考えています。土地の確保、費用の捻出等、難題は山積していますが是非とも実現させたいと思っています。

今後ともみなさまのご協力をよろしくお願いします。

＝＝＝＝＝＝＝＝＝＝＝＝＝＝＝＝＝＝＝＝＝＝

＜既刊書の紹介＞

①資料集／復刻版『昭和２１年３月華人労務者就労顛末報告書（神戸港運業会神戸華工管理事務所・神戸船舶荷役株式会社作成）』2000 円

②フィールドワークノート『神戸港における戦時下朝鮮人・中国人強制連行』300 円
※申込みは調査する会まで。

編集後記

「いかり」は港の象徴である錨であり、強制連行され、神戸港で労働させられた朝鮮人や中国人の怒りでもあります。この二つをイメージするものとして、会のニュースの表題にしました。

★ニュース６号をお届けします。朴球會さんの講演の記録は神戸空襲を記録する会の中田敦子さんにテープ起こしをしてもらいました。お疲れさんでした。（堀内）

★６号にして初めてニュースに作りに参加しました。もうすぐ５月３日、憲法が私たちのためにその意義を発揮してくれているのだろうかを考えるゾ。（朴明子）

★第５号から今号までの間、運営委員会も担当のニュース発行の方もまともに仕事をしなかったので、きょうは罪滅ぼしに印刷と発送の作業に参加。いまわが貧弱な頭を支配しているのは、いかに有事法を廃案にするか！（門永）

★はい、きょうは５人でいまから製本発送です。（金慶海、飛田）

いかり 7

2002.11.17

神戸港における戦時下朝鮮人・中国人強制連行を調査する会ニュース

〒657-0064　兵庫県神戸市灘区山田町3-1-1　（財）神戸学生青年センター内

TEL 078-851-2760　FAX 078-821-5878　E-mail rokko@po.hyogo-iic.ne.jp

ホームページ http://www.hyogo-iic.ne.jp/~rokko/kobeport.html

神戸港に係わる連合軍捕虜と収容所について

平田典子

1．連合軍捕虜と日本への移送

はじめに第2次世界大戦中、日本軍の捕虜となった連合軍将兵は35万人。そのうち本国軍将兵は15万人で、国籍内訳としてイギリス・オランダ・アメリカ・オーストラリア・ニュージーランド・カナダなどである。

その内35,000人もの捕虜が死亡している。戦争が進むにつれて内地では徴用工、中国・朝鮮人労務者などの労働力投入が進められたが深刻な労働不足は解決せず、これにより東南アジアで抑留されていた連合軍捕虜を内地労働力として投入する指針が出された。

その結果、約36,000人と推定される捕虜が内地移送されたが、これ以外にも約11,000人が移送船内で病死・衰弱死したり、あるいは乗船した船が米軍により撃沈され死亡した。

2．全国・兵庫県内の捕虜収容所

日本国内における連合軍収容所数は91ヶ所で、函館・仙台・東京・名古屋・大阪・広島・福岡の7都市に本所を設置し、北海道・東北・関東/甲信越・東海/北陸・近畿・中国/四国・九州の分所・分遣所を統括した。

終戦時総員数として全収容所人数は32,418人と言われている。

写真1　焼けて崩壊した神戸分所　1945年6月5日
（ジョン・レーン著「夏は再びやってくる」より）

兵庫県下における捕虜収容所については大阪捕虜収容所（1942年開設）の管轄下に置かれたが、9つの分所・分遣所と神戸連合軍捕虜病院の計10施設で構成させていた（次ページ表1「兵庫県県内の捕虜収容所」参照）。ところで各分所と兵庫県全体の捕虜の人数については焼失・疎開などの理由で捕虜が収容所を移動していることから流動的で不明となっているが、終戦時における県下の捕虜の全体数については1,636人、神戸市内では545人となっている。（「大日本帝国内地俘虜収容所」茶園義男著による）

表1

兵庫県内の捕虜収容所一覧表

	収容所名 分所／分遣所	所在地	開設 年・月・日	閉鎖 年・月・日	収容数（人） （年・月・日）	国別内訳（人） 英	米	豪	中	他	作業所・業務	備考
1	脇浜分所	神戸市葺合(中央)区脇浜町3丁目 (元脇浜小学校の一校舎使用、日本香料(株)脇浜町3ー3ー2(隣)	1945・2・10 1945・6・19 (神戸分所として再開)	1945・5・20 1945・9・2	488 (終戦時)	360	26	73	2	27	川崎製鉄　労務（約200人） 内海組　労務 上組　荷役 日本通運神戸港支店　荷役 三井倉庫　荷役 三菱倉庫　荷役 西灘駅　荷役 兵庫波止場駅　荷役	1945年2月 米・英・蘭捕虜19 人を収容。 閉鎖(疎開)後、滋賀県米原分所へ移動。琵琶湖干拓作業に従事。その後、焼け出された捕虜を収容するため6月19日に再開、400名収容。7月10日第2分所に改称。
2	川崎分所 (丸山分所)	神戸市長田区丸山町2丁目 (現在:神戸市総合療育センター)	1942・12・8 1945・6・19 (神戸捕虜病院として再開)	1945・5・11 1945・9・2	600 (最大時)						川崎重工艦船工場　労務	最大収容時:米英蘭豪捕虜など約600人。神戸電鉄にて通勤。閉鎖により米・蘭・豪・英捕虜は広島・福岡の収容所へ移動。
3	神戸分所	神戸市神戸(中央)区伊藤町28 (現在:神戸市役所南西側、三井生命ビル周辺　仲町通りに面した所、元ドイツ総領事館ー東町115斜め)	1942・9・21	1945・6・5 空襲で焼失	400 (1942・10)	1945・6・19捕虜は脇浜分所へ移動					吉原製油　製造 昭和電極　製造 東洋製罐　製造 神戸船舶荷役　荷役 日本通運湊川支店　荷役 上組　荷役 三井倉庫　荷役 住友倉庫　荷役 三菱倉庫　荷役	大阪捕虜収容所管轄内で最も早く設立された。 焼失後、捕虜は丸山町の川崎分所へ移動し、6月19日まで滞在。その後脇浜分所跡地へ移動し、終戦を迎える。森本・竹中大尉はじめ86名の日本人職員が監視
4	尼崎分所	尼崎市西高洲町31	1943・1・20	1945・6・16	200 (1943・1) 300 (1944・8)						大谷重工業　労務	1945年5月20日、捕虜350人が広島第3分所・名古屋第9分所へ移動。6月16日の閉鎖で残りの捕虜は名古屋へ
5	鳴尾分所	武庫郡鳴尾村上田	1945・2・1	1945・5・20	120 (1945・2) 239 (1945・3)						昭和電極、炭素製造	1945年2月12日神戸分所と台湾からの捕虜120人が入所。同年3月29日多奈川分所からの捕虜239人が入所。
6	生野分所	朝来郡生野町銀谷	1945・3・28	1945・9・2	440 (終戦時)	383	44	8	0	5	三菱鉱業生野鉱業所 採掘・運搬・選鉱作業	1945年3月29日多奈川分所と和歌山分所から米・英400人収容。また31日神戸分所と鳴尾分所から将校捕虜40人を収容。将校は菜園等の作業。
7	明延分所	養父郡南谷村和田	1945・5・16	1945・9・2	296 (終戦時)	168	100	28	0	0	三菱鉱業明延鉱業所 採掘・運搬・選鉱作業	1945年5月、300人が入所。 分所から300mの明延鉱山での作業。将校は菜園等の作業。
8	播磨分所	相生市相生5292	1942・12・8	1945・5・21	400 (1942・12)	0	0	0	0	400蘭	播磨造船 労務	分所から100m北の造船所で作業。
9	広畑分遣所	播磨郡広畑町才、後に広畑町小阪	1942・10・18	1945・9・2	302 (終戦時)	1	300	1	0	0	日本製鉄広畑工場 製鉄作業・物資運搬	1942年10月、50人が入所。1943年9月米捕虜406人が入所。開設当時、広畑分所は神戸分所の一部だったが、分遣所として独立。1943年9月19日広畑町小阪に移動。1943年9月26日から1944年7月16日まで神戸港で降伏した伊特務艦の乗組員も一時抑留。

＜収容所に係わる医療施設＞

病院名	所在地	開設（年・月・日）	閉鎖（年・月・日）	備考
神戸捕虜病院	神戸市葺合(中央)区熊内町1丁目 (元神戸神学校を利用。現在:神戸文書館南 熊内町1丁目8ー21)	1944・7・10	1945・6・5 焼失により川崎分所跡地へ移動	各分所の重病者を収容。終戦時の1945年8月末/9月初旬に大阪の病院へ全員移動。 大橋兵次郎医院長をはじめとする日本軍医と米・英・豪・インドネシア(蘭)軍捕虜医師が在籍。

＜備考＞

＜捕虜について＞

捕虜(POW: Prisoner of War)を人道的に扱わなければならないという考え方が確立したのは18世紀のことである。具体的な保護の内容は19世紀中頃から法典化され、拡大されていった。1907年の「陸戦の法規慣例に関する条約(ハーグ条約)によれば、捕虜の権利を受けることができる交戦者は正規兵・民兵・義勇兵および群民兵である。民兵と義勇兵の場合、部下に対して責任を負う指導者が存在すること、遠方から確認できる固有の印があること、武器を携帯していることがはっきりわかること、が条件とされている。群民兵の場合、占領されていない地域の人民で武器を公然と携帯する等の規定がある。

戦前、日本にはPOWに対応する語として「捕虜」と「俘虜」の2語があったが、法令用語としては「俘虜」が用いられていた。しかしながら、戦後の国際法用語としては「捕虜」が採用されている。

＜捕虜収容所の編成＞

終戦時を例にとると、全国7ヶ所(函館・仙台・東京・名古屋・大阪・広島・福岡)に本所が置かれ、その管轄下の地域に多くの分所が置かれていた。他に分遣所、派遣所と称されるものも若干あった。兵庫県内に設置されていた分所は大阪捕虜収容所の管轄下にあった。

神戸市内の各収容所・神戸捕虜病院周辺地図

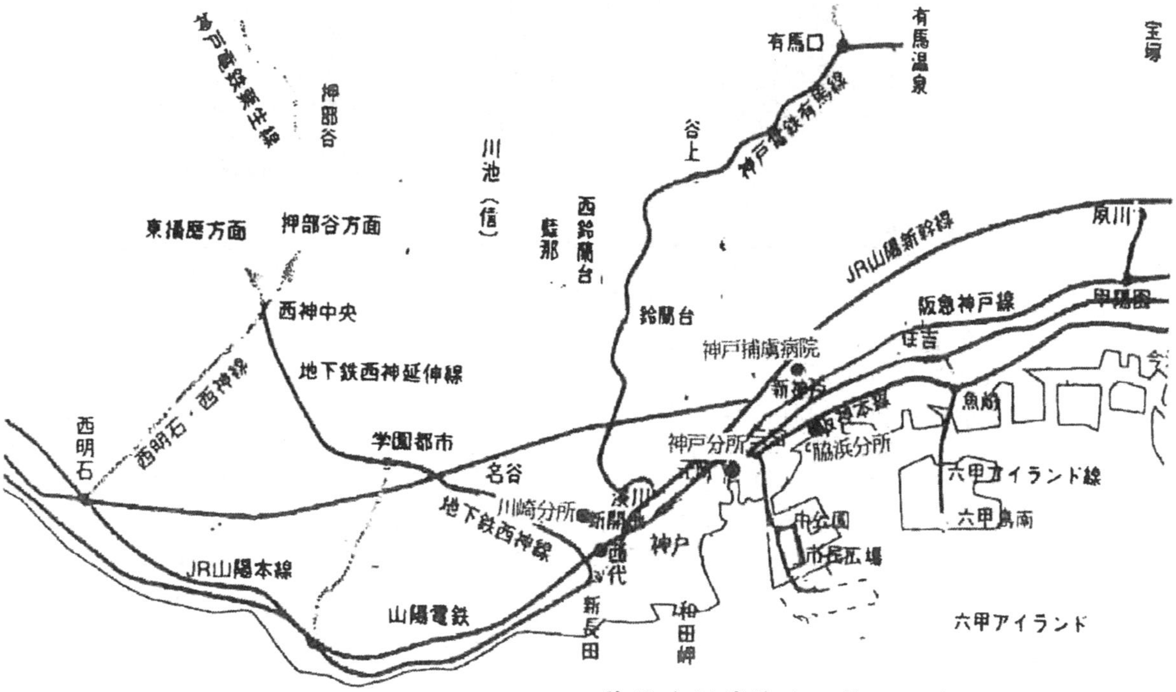

3．神戸市内の捕虜収容所

ここまで日本全体並びに兵庫県における捕虜について大まかに触れたが、次に神戸市内の収容所については以下３つの収容所と神戸捕虜病院から構成されていた。

●神戸分所　（別名「大阪捕虜収容所第２分所」1945年６月神戸大空襲まで）
●川崎分所（別名「丸山分所」）
●脇浜分所（1945年７月10日以降「大阪捕虜収容所第２分所」に改称）

各分所ならびに病院施設における詳細については表１「兵庫県内の捕虜収容所」をご参照頂きたい。では、これら分所が捕虜の管理も含めてどのように運営されていたかを、項目別に分けてみる

(1) 分所施設の配置

いずれの分所も外部との接触がないよう配慮されている。また、窓は見えないように、格子で塞がれていたようだ。脇浜分所においては小学校校舎を使用していたため、１階を木枠の戸、2･3階をスチール製の防火戸を用い入り口を防いでいる。また、神戸分所・川崎分所についても外壁をたてて外部から見えないような構造である。設備としては、どの収容所も風呂などの衛生施設や医療施設は使用の度合いは別としても一応設置されていたようだ。

(2) 作業所　（神戸港・神戸市内に特定）

●神戸分所　－　神戸港、上組など
<u>神戸港の作業</u>　（「夏は再びやってくる」ジョン・レーン著より抜粋）
くず鉄などの扱いは危険で、軍手をはめて作業をしても１日働いただけで手が傷だらけになりボコボコになった厳しい作業.。日本人が小うるさい指示をした。ところが、神の恵みか時折倉庫の中からコンビーフ・魚・果物の缶詰が発見され、我々はそれをなんとかしてかすめようとした。見つかった時の罰は考えただけでも恐ろしいものがあるが、その見返りを思うと生き抜く手段として、危険を犯してでも盗みをやめるわけにはいかなかった。

<u>上組の作業</u>　（「夏は再びやってくる」ジョン・レーン著より抜粋）
運搬作業については70kgほどある大豆袋を肩に乗せると重みで体が折れたようになる。　重々しくよろけた足取りで１日中波止場から倉庫へ運搬し、袋の積み上げをするのである。一日の割り当てである豆袋2600に対して、18人の人夫たちが各々12トンの豆を運ぶことになる。又同時に各人夫たちは約70kgの荷物を背負い5kmほど走っていることにもなる。これは背中に

70kgほどの袋を背負い約100m先の倉庫へ運ぶ作業の繰り返しだからである。もう一つの作業は非常に狭い板の上を渡り荷物を担いで運搬するのだが、これにはほとほと困った。わずかな幅の板の上を歩くため体のバランスが取れず荷袋が思うように積み下ろし出来なかった。休みの日には、悲しい事に私の体は痛みで動くことすら出来ない上、夜毎うずくような頭痛に悩まされた。数日後ようやく回復したが手当てとしては抗生物質のような物をもらっただけであった。

写真2　1943年当時の脇浜小学校（コンクリートは黒く塗られている）
神戸市立春日の小学校保存写真より

尚、本分所作業における報酬については、「最初に働いた2週間分である1円40銭が払われたが、その日の内にお金はすべて取り上げられた。日本人が代わりに貯金してくれていて、残りは日用品代に充填するそうだ。この日以後、賃金はすべて日本人が管理することになった。」とある。

●川崎分所　－　川崎重工業艦船工場
（「GHQ法務局調査課報告書1203号」より）

本分所は川崎重工業艦船工場で捕虜を労働させるために設立。管理は陸軍によってされていたが、運営に関るほとんどは会社側によって行われていた。本分所は作業所からかなり離れたところに位置しており通常電車により通勤していたが、時折徒歩通勤も強いられていたようである。（通勤時間：20～60分）

労務としては運搬・圧力機の操作・ドリル操作・ボイラー室での労務・船の鋲打ちなど全種に渡る。ある捕虜は軍用船の組み立て作業にも関っていた。ちなみにこの工場で作られていた船は航空母艦又はタンカーである。捕虜は日本人の監視のもとで働いていた。1日8時間労働。1時間の昼食休憩。日曜休み。

●脇浜分所　－　神戸港、西灘駅、兵庫波止場駅など（「GHQ法務局調査課報告書80号」より）

同上資料では作業所名が特定されているだけで、作業内容など具体的記述は不明。但し、1945年6月5日の神戸大空襲後に移動してしてきた神戸分所での作業については需要が減少していたようである。市内作業所については神戸港、西灘駅、兵庫波止場駅など。労務としては運搬・コンテナ積み下ろし・波止場での荷役など全般。会社から派遣された監視員と軍からの監視員によって作業中ずっと監視された。

また、当時（1945年4月頃から終戦にかけて）、小野浜にある三井倉庫で捕虜と一緒に作業をしていた吉川静夫氏（現在73歳）の証言によると、「捕虜たちは作業所に着いた鉄道貨車の積荷の仕事を日本人の監視下（三井倉庫から派遣）で行っていた。倉庫から1俵80kgほどある大豆・とうもろこし・こうりゃんなどを、猫車（丈夫な手押し車）に載せて貨車にそれら荷物を載せる仕事をしていた。作業中、自由時間はなかった。」

「貨車に積む時には地面と車に『歩み板』（幅30cm長さ1.5m）を渡し、荷物を肩に背負って板の上を歩いて貨車のなかに積み込んでいた。荷物を肩に担がせるための捕虜が2名、それを運ぶ捕虜が5～6名。降ろした荷物をさらに貨車内に積み上げる捕虜が2名ほどで計10名ほどが1グループとなって1つの場所を担当していた。日にこの1連の作業が3～4回繰り返される。体力のない捕虜は歩み板の上からよく落ちていた。」

「勤務時間は朝8時から夕方5時までだった。昼食の配給がなかった為、捕虜たちは石油のはいっていた1斗缶を使って、乱俵（破けた袋）の大豆などを茹でて、それを昼食にしていた。当時は食料事情も悪く、配給など全くなかったので、それら破損した袋のものや拾ったものを食べることについては、皆黙認していた。私はよく捕虜から『水』をくれるよう頼まれたので、バケツに水を入れて捕虜に渡してやった。捕虜はとても喜んだが、日本人の監視員から『捕虜とあまり話をするな』と怒られたりもした。食器類などはなく、捕虜たちは皆1つずつ自分たちでアルミ製のマグカップをもっていたので、それで食べたり水を飲んだりしていた。ベルト通しにコップを引っ掛けて持ち歩いていた。ちなみに、日本人社員・警備員も、破損した袋のものを食べていたが、運良く破俵の白米もあり、それを食べていた。但し同じ破俵でも捕虜には米は与えられなかった。」

(3) 食事、医療などの生活環境

神戸分所　(「夏は再びやってくる」ジョン・レーン著より抜粋)

御飯だけの偏った食事。1日3食。ビタミン不足になやまされ脚気を起こすもの、視力を失うものがいた。倉庫作業で隠れて入手した缶詰などで空腹・栄養を補った。暖房器具がないため、風邪をこじらせて肺炎やインフルエンザにかかる捕虜がいた。記録中「オーストラリア兵ボイス軍医の日記(1944年)」によると、「12m x 12mの医療室で病気の者・死に行く者と寝食を共にしている。まるで病気のパレードを日々見ているようだ。11月のある日、我々連合軍医たちは24時間体制で兵士の健康診断を行ったが、194名もの兵士に治療を施す必要があった」とある。

川崎分所　(「GHQ法務局調査課報告書1203号」より)

会社側が用意した食事が配給された。朝食は御飯と味噌汁、昼食は御飯(時折小さいパン1個又は麺類)、夕食は御飯と味噌汁まれに魚が1切れ付く。戦後、米軍の尋問に答えて会社側の医師は、「アメリカ人に必要な栄養摂取量としては十分ではないが、当事の日本人の食事内容においては当たり前の状態である」と言っている。

会社側のヤマシタ・シンゴ医師によると、軍から供給されている医療設備では不十分であり、彼自身が会社の病院から幾つか医薬物品を購入し、また赤十字からの配給物にも頼った、との事である。脚気と肺炎の2つが最悪の病気であり、おのおの30ケースにものぼる。一時は170名の捕虜が赤痢にかかった。また、病室の患者収容数は50名が最大であったため、その数を超える患者が出た場合、あぶれた捕虜は仕事に行かなくてはならなかった。これは、大阪捕虜収容所の規則として10％を超える捕虜作業員が病気などの理由で仕事を休むことは許されなかったことに関連している。また、収容所内には「のみ」がたくさんおり、空襲のため水不足に悩まされ、水道が1日1時間しか使えない有りさまだった、とジョン・レーン氏の記録にはある。

脇浜分所　(「GHQ法務局調査課報告書80号」より)

手洗い施設などもなく(運動場の水道場を使用)、衛生施設は劣悪だったようである。病人・死者については不明。神戸大空襲後に移転してきた神戸分所として、医薬品などは皆無に等しかったのではないかと思われる。

(4) 捕虜の取り扱いについて

●神戸分所

分所長の交代時におけるジョン・レーン氏の記録として「我々は今度の竹中大尉が森本大尉ぐらい人間味のある人であることを切に祈っている」というコメントが残っている。森本大尉の任期中は分所内でクリスマスをしたり、あるいは捕虜たちでコーラスグループを作らせたり、レクリエーションの機会を与えたりしていた様子。

●川崎分所

GHQ「法務局調査課報告書1203号」の西原司令官聴取という人物に対する米軍の尋問のなかに「本所は環境並びに待遇において大阪捕虜収容所一円でもっともひどい収容所であった」という供述がある。また、ジョン・レーン氏記録中には「川崎分所と名付けられたこの収容所は長屋建てでのみがたくさんいた。空襲のため水不足に悩まされ水道が1日1時間しか使えないような有様だった。行進のとき地面に足もつけられないほど弱り果て、列から遅れて木の枝にぶらさがるようにつかまった2名の捕虜がいたが、やがて日本の監視兵たちは木の枝とフェンスのやぶれた金属線を集め、それらでその捕虜たちが気絶するまでぶちはじめた。他の捕虜たちは2列に並ばされて監視兵が殴りつける場面を見学させられた」とある。

そして、更にグラスマン元米捕虜軍医のメモでは「丸山(川崎分所の別名)は、さらにひどい所だった。下水設備はなく、ハエがうなり、医薬品はなく包帯・石鹸そして食器類さえなかった。」と記され、また息子さんのジョン・グラスマンさんの話によると「当時、父親の体重は30kgほども落ちてしまい、軍医自身が赤痢や脚気で苦し

んでいた」との記録が残されている。また同氏は、「1945 年 6 月の神戸大空襲で焼け出された神戸捕虜病院の患者たちは、病気の体を引きずりながら裸足で次の病院となる川崎分所まで歩かされた。」とも証言している。

●脇浜分所

GHQ「法務局調査課報告書 80 号」の記録によると、捕虜身体の安全に対する配慮として防空豪もないどころか「コンクリート作りの校舎に収容されているので空襲をまぬがれるのに適切な建物である。」という、1 人の日本兵の供述が残っている。又捕虜を収容している印である「POW」というサインが屋根と校庭にあったものの、本分所が軍事的目的を果たす工業地帯の中心地に位置する収容所であることは明確であるにもかかわらず、その捕虜生命の安全には著しく無関心であったようである。全施設において不潔で生活環境も劣悪と見受けられる。

4．神戸捕虜病院

神戸市内収容所については上記 3 つの捕虜収容所と神戸捕虜病院から構成されていることは先に述べた通りであるが、ここで少し病院について記しておく。添付表 1 にもあるように、この施設はもともと当時葺合区雲内町にあった(開設 1944 年 7 月 10 日)のだが空襲で焼失しその後、長田区にあった川崎分所へ移動した。 米・英・豪・蘭領インドネシアの捕虜軍医を揃え、薬剤・歯科・内科・精神神経科・外科という総合病院のような機能を備えていたようだ。(写真 3 参照) そして、各分所の重病人者を収容していた。しかしながら、戦局の悪化により医療設備・薬品が著しく不足し、病院としてほとんど機能していなかった様子。終戦後の 1945 年 8 月末から 9 月初旬ごろ全員が大阪の病院へ移動したとのことである。以下、この病院に係わる 1 つの実際にあった出来事を紹介する。

●元米海軍捕虜軍医マーレー・グラスマン中尉（写真 3 参照）による証言

（息子さんのジョン・グラスマン氏の 2002 年 7 月　神戸での講演による。）

氏はフィリピンのマニラ湾、キャビテ海軍基地で勤務中、開戦直後日本軍のフィリ

写真3　医療スタッフー神戸捕虜病院 1944年11月8日撮影

後方列より：蘭領インドネシア軍医 E.N.ゴニー中尉（薬剤科），蘭領インドネシア軍医 L.ランドルフ中尉（歯科）,米海軍予備隊 J.J.ブックマン中尉（内科）,米海軍予備隊 M.グラスマン中尉（精神・神経科）,米海軍 S.N.スミス中尉（歯科）

前列より：米海軍 F.V.バーリー中尉（外科）,英海軍軍医 J.A.ページ中尉（外科）,日本軍医 H.大橋中尉（院長）,豪空軍 J.F.アケロイド少佐（内科）

（備考）このうち米捕虜ブックマン、グラスマン、バーリーの 3 氏については、1942 年 12 月フィリピンで捕らえられ日本内地連行された。　（写真資料提供：石井信平氏）

ピン攻略作戦で捕虜となり、1944 年にマニラより輸送船で日本へ移送され同年 3 月 25 日大阪市津守分所に入る。「最悪の衛生状態と絶望的な収容所」と書き残された同収容所から 6 月に大阪市岡捕虜室へ移動、その地獄のような生活は変わらず、やがて翌 7 月 10 日、氏は神戸捕虜病院へ移動。そこで大橋兵次郎という日本人軍医(同病院長)と出会った。この時の様子を氏は「ついに、一人の医師にして軍人、そして本当の紳士にわれわれは出会った。」と記し、更に息子さんのジョン・グラスマン氏は当時の父親の記憶を次のように話している。

「大橋氏は困難な状況の中で捕虜への食料調達に尽力しました。

また、捕虜の軍医たちと共通の言語をもとうと積極的に彼らの話に加わり医学上の症例と情報を互いに分かち合い、アメリカの医療から積極的に学ぼうという姿勢をも示しました。　いいものはいいのだ、という姿勢は、当時の「鬼畜米英」の世情のなかではなかなか堅持できることではありま

2002年7月13日ジョン・グラスマン氏来神、収容所を見学

せんでしたが、彼は、始終人を癒す人でありつづけました。大橋氏と捕虜の軍医たちは昭和20年3月と6月、連合軍による神戸大空襲を体験しました。日米の医師たちは共同の責任と奉仕の精神で市民たちの治療に奔走しました。彼は、捕虜の軍医たちのために時にはささやかな宴席も設け、国境と敵意を超えて医師としての友情の機会をつくりました。それは捕虜たちにとって“食べ物”以上の何かを与えられた時でした。　国も自由も家庭もなくして虜囚の身にある人々に、大橋氏は再び人間の「尊厳」を呼び戻してくれたのでした。フィリピンで捕らえられ「恥さらしの者たち」と日本人の大部分から見られていた彼らです。日本内地に連行されて以来、捕虜たちはもはや2度と味わうことはないのだろうとあきらめていたものを、大橋氏は惜しみなく表現してくれました。それは人間の“人格”でした。」なお、ジョン・グラスマン氏は上記のような父親の思いを受けて大橋医師を探すため 2002 年 7 月に来神。大橋兵次郎氏ご本人は数十年前に亡くなられていたが、大橋医師のご家族と会い当時の話を聞かれた。(「毎日新聞」2002 年 3 月 29 日後頁添付記事参照)

5. 記録と証言

●記録

「夏は再びやってくる」(Summer Will Come Again) ジョン・レーン　著

上記全項目に渡り、元オーストラリア捕虜兵だったジョン・レーン氏の記録「夏は再びやって来る」を1つの貴重な証言内容として多く抜粋させて頂いた。氏はシンガポールで捕虜になりチャンギー収容所から日本に船で移送され、神戸に連れて来られ

『毎日新聞』2002年3月29日付夕刊

捕虜に人間として接してくれた日本人医師

元米軍医が情報捜し

敵国の捕虜に人間として接してくれた日本人医師の消息を知りたい――。第二次世界大戦中、神戸の捕虜収容所で捕虜生活を送った元米軍医、マーレー・グラスマンさん(87)＝米マサチューセッツ州在住＝が、収容所の病院長として捕虜の健康管理や待遇改善に尽力した大橋兵次郎さんの家族を捜している。

グラスマンさんは1942年5月、フィリピンで日本軍の捕虜になり、神戸や大阪の連合軍捕虜収容所を転々とさせられた。大橋さんは44年7月、グラスマンさんがいた神戸の収容所に病院長として着任した。

当時、食糧難や医療資材の不足で捕虜の待遇は悪化していたが、大橋さんは食料や医薬品の確保に力を注ぐ一方、捕虜の軍医たちと症例研究や米国の最新医療技術を学ぶ勉強会を開催。気分転換のためにささやかな宴席を持つなど、敵味方を超えた医師同士の友情をはぐくんでくれたという。

戦後、収容所関係者の多くは戦争犯罪の疑いをかけられ、大橋さんも巣鴨プリズンに数カ月拘束された。しかし、グラスマンさんの同僚の軍医が「大橋さんに問題はなかった」との報告書を連合国軍総司令部（GHQ）に提出。大橋さんは間もなく解放され、感謝の手紙を送ってきたという。

しかし、その後の消息は不明。米国立公文書館の資料などから、大橋さんは1894年3月、和歌山県西内原村（現・日高町）で生まれ、大阪大医学部卒、在学中は兵庫県西宮市木津山町に住んでいたことが分かっているが、それ以上足取りをたどる手掛かりは得られていない。

グラスマンさんは「大橋さんは人間の尊厳を持って接してくれ、多くの捕虜が勇気づけられた。家族に感謝の気持ちを伝えたい」と話している。

情報提供は、日本側で調査に協力しているフリージャーナリスト、石井信平さん（0467・22・7497）へ。【藤田宰司】

44年秋、神戸市内の収容所で撮影された捕虜と大橋さん（右から4人目）。グラスマンさんはその右後ろ

たが、３つの市内収容所(神戸・川崎・脇浜各分所)を経験された方である。　本記録は、氏が市内の各所で経験された様々な状況や事柄を細かく記しており重要な資料である。

●証言

＜１＞　東條義子氏（現在神戸市北区に在住）

13 才の時の記憶(1945 年 6 月頃)で、「…芝生の上に男の人(おじさん)が、毛布を頭からかぶって座っていました。目が大きくくぼみ、頬がこけて顔色が変に白っぽくどこか悪い(病気)のかなあ？　毛布をかぶっておられるけどやせておられると思いました。2 ～ 3m 離れてもう 1 人毛布をかぶってじっと目をつぶっておられました。… 2 日後母が炊いてくれた大豆(お昼ごはんの代り)をポケットに入れて同じ所にきましたが、今度は 1 人だけ同じ格好で座っていました。ポケットの豆を穴からポトポト入れました。豆とおじさんの間は離れています。食べられるとは思いません。でもそうしたかったのです」

＜２＞　元米海軍捕虜軍医マーレー・グラスマン中尉のご体験についてのご子息ジョン・グラスマン氏による証言

前述、神戸捕虜病院に関わるところで紹介させて頂いた通り。

＜３＞　松本充司氏（1944 年、神戸で神戸警備隊中部 46 部隊として連合軍捕虜等の警備にあたっておられた）

「…一般人から文句を言われないように服もシャツも破れたものを『わざと』着せていたようだ。ある時、捕虜の少佐が『食事が悪い、虐待している。』と抗議してきたので、警備隊が捕虜と同じ内容の食事をしているところを見せたら、あとで通訳を通して（その捕虜が言ったことだが）日本の敗戦を予告された。」

＜４＞　大島茂昭氏、宇山哲雄氏（西宮市在住、捕虜を見た 1943 年頃は小学生）

大島氏は昭和電極へ向かう捕虜を、また宇山氏は吉原製油に向かう捕虜を見かけられた(1942 ～ 43 年頃)。以下、西宮市在住の逸見憲一氏を介しての聞き取りによる。

「昭和電極に通う捕虜を朝夕見かけたが、2 列 50 人ほどで歩いていた。帰りはすすで真っ黒に汚れていた。冬でも寒いのに彼らは（オーストラリア兵かと思われるが）短パンをはいていた。」「吉原製油に向かう捕虜は 30 人ほどだったと思うが、毎朝 8:00 頃出会った。」

＜５＞　吉川静夫氏（現在 73 歳、戦争当時日本通運に勤務されていた）

先述の脇浜分所における作業のところでご紹介させて頂いた通り。

６．今後の課題

連合軍捕虜関係についてはまだまだ多量の記録が残されているらしく、今後それらを翻訳しながら１つ１つ発掘する努力をしていく必要がある事を知った。また、元捕虜兵の方たちや捕虜と係わりのあった日本人に直接話をお聞きする機会を模索することが早急の課題として挙げられる。なお、上記証言内容は本誌構成上、割愛させて頂いた部分もあることを特記しておく。

＜参考文献＞

福林徹『大阪捕虜収容所について』(2002 年 6 月「神戸港における朝鮮人・中国人を調査する会」での講演資料)
金慶海『三菱財閥と強制連行』(2001 年 6 月「神戸港における朝鮮人・中国人を調査する会」での講演資料)
茶園義男著『大日本帝国内地俘虜収容所』(1986 年　不二出版)
『兵庫県警察史』(昭和編)
『GHQ 法務局調査課報告書』(80,166,289,1203 号)
ジョン・レーン著『夏は再びやって来る(Summer Will Come Again)』(インターネット掲載)
大橋兵次郎軍医に係わる資料（石井信平氏提供）
ジョン・グラスマン氏の記述メモ
小林一雄著『捕虜と通訳』(1989 年)
油井大三郎／小菅信子著『連合国捕虜虐殺と戦後責任』(岩波ブックレット No.321、1993 年)

勉強会
「神戸港における連合軍捕虜の強制労働」

「調査する会」はさる6月13日6時半より、神戸学生青年センターにおいて勉強会「神戸港における連合軍捕虜の強制労働」を開催した。

講師として、近畿における連合軍捕虜について書かれた『大江山捕虜収容所』の著者である福林徹さんをお招きし、「太平洋戦争下の連合軍捕虜」について、また「調査する会」メンバーの平田典子さんには「神戸港における連合軍捕虜の実態」のテーマ（内容は本号参照）で、それぞれ講演していただいた。そのほか、実際に捕虜を目撃した体験を東條義子さんに証言してもらう予定だったが、体調をくずされたということで体験談の記録の代読となった。

太平洋戦争の緒戦において、日本軍は予想外の大勝利をおさめ多くの欧米人を捕虜にした。1942年4月に日本政府は、国内の労働力不足を補うために捕虜の一部を移送して使役することを決め、日本各地に捕虜収容所を開設した。福林さんにはこうした連合軍捕虜収容所の全般的な状況、その中でもとくに大阪捕虜収容所の概要についてお話ししていただいた。大阪捕虜収容所には多くの分所があったが、その中に神戸俘虜病院、神戸分所、神戸脇浜分所、神戸川崎分所など、神戸市内の捕虜収容所があったのである。

この勉強会は、6月12日付『神戸新聞』に紹介されたこともあって、会のメンバー以外の参加者も若干名来られた。その中に松本充司さんという、元神戸警備隊中部46部隊として連合軍捕虜等の警備にあたっておられた方がおられた。「自分は元連合軍捕虜の警備をしたことがあって、神戸空襲の時にその捕虜たちがどうなったのか気になっている」との発言があったことからわかったもので、福林さんの「幸い神戸空襲で亡くなった連合軍捕虜はいない」との回答に、ちょっとホッとされた様子だった。

松本さんにはその後、自分が当時担当していた巡回地域を書き入れた神戸市の地図（貴重な歴史的資料）を提供していただいたり、10月の「神戸港調査する会」主催の連合軍捕虜フィールドワークで体験を話していただくなど、非常にお世話になった。

神戸新聞 02.6.12

連合軍捕虜の実態報告 あす 灘

太平洋戦争中、神戸で強制労働をさせられた元連合軍捕虜の実態をテーマにした報告集会が十三日午後六時半から灘区山田町三、神戸学生青年センターで開かれる。神戸港での荷役労働などを記した元オーストラリア兵の手記を紹介し、当時の捕虜たちを目撃した市民も証言する。

「神戸港における戦時下朝鮮人・中国人強制連行を調査する会」（代表・安井三吉神戸大教授）の主催。

戦時中の神戸には、三カ所に連合軍捕虜収容所があり、終戦時に捕虜五百四十五人が連合軍側に引き渡されているが、全容は分かっていない。

同会がこのほど入手した元オーストラリア兵捕虜、ジョン・レーンさんの手記では、神戸港で重さ約七十キロのピーナツ袋などを運ばされ、休日には体の痛みで動くことができなかったという。倉庫の魚の缶詰などを食べて飢えをしのいだが、多くの人が栄養不足でかっけにかかったり失明したりしたという。

集会では、同会の平田典子さんが手記の内容などを報告するほか、当時、収容所の捕虜を見たことがある北区在住の東條義子さんも証言。近畿の収容所を調べている京都府亀岡市の福林徹さんも講演する。参加費五百円。同センター☎851・2760

「太平洋戦争下における連合軍捕虜」フイールドワーク
・・・消えつつある戦争の傷痕を探して・・・

朴　明　子

１０月１４日午前１０時、三宮集合。１０時２０分、兵庫県中央労働センターに場所を移し、オリエンテーション。参加者は２７名。

京都から来られた連合軍捕虜を研究している福林さんと、わが「調査する会」の平田さんが案内役である。また戦時中、神戸の警備隊員だった松本さんが８５歳とは思えないお元気な姿で参加され、当時の模様を話してくださった。

県からバスの費用の補助金が出るという制度を利用する為には、県の施設を２ヵ所以上利用する事が要件になっているという。そして簡単なアンケートを各自、提出するように言われて、みんな「県はええこともしてるんやなぁ」と感心しながら書いている。労働センターでオリエンテーションをし、県民会館で開催中の展示会を鑑賞し、昼食も会館内でとれば一石二鳥にも三鳥にもなる。飛田さんのアイデアはグッドであった。

初めに訪れたのは捕虜収容所「川崎分所」跡（長田区丸山町、現神戸市総合寮育センター付近）。長田区のやや山手の地だ。１９４２年5月まで。最大時６００名収容されていたことがあるという。１９４５年６月からは捕虜病院として再開した。当時は住宅が殆ど無かったらしいが、現在はすっかり住宅街になっている。

次は「川崎重工」。捕虜たちは川崎分所から、当時は艦船工場だったここに連れてこられて、労務に従事させられた。川崎重工は、朝鮮人・中国人強制連行のフィールドワークでも訪れている。この地域は震災前までは「朝鮮人部落」を形成するほど、朝鮮人が沢山居住していたという所である。

神戸捕虜病院跡にて

捕虜収容所・川崎分所跡にて

１２時２０分頃から１時間余り、県民会館付近で昼食時間になる。

午後から訪れたのは、連合軍捕虜収容所「神戸分所」跡（神戸市役所西、中央区伊東町）。１９４２年９月より４５年６月５日空襲で焼失するまで。４００名収容されていた。東遊園地に隣接している辺り。現在は三井生命神戸三宮ビルがそれ。資料にあった地図の「中町通」の記述は間違いではないかと意見が飛び交う。再調査の必要ありか。

４番目に訪れたのは「神戸連合軍捕虜病院」跡。（中央区熊内町、神戸文書館南）１９４４年７月より空襲を受ける４５年６月５日まで。各分所の重病者を収容。空襲で捕虜にも数人の犠牲者が出たという。焼失後は川崎分所に移転。当時捕虜の中に米軍医がいて、日本人の病院長の配慮で敵味方を越えた医師同士の交流をした、という話がある病院跡である。その時の米軍の軍医は親切にしてくれた礼を言いたいと病院長を探していた。しかし高齢のため、代わりに息子が来日したのは、今夏だった。病院長はすでに亡くなっていたが、捜し当てた家族と会うことができたという心温まる後日談がある。

５番目は、病院跡からそう遠くない連合国民間人を収容したという「第一抑留所」跡（東灘区青谷町、旧青谷馬場付近）「抑留所」の側に馬場があって、警備隊員だった松本さんが「外国人が馬に乗っているのを見て羨ましく思った」所である。今はマンションや駐車場になっている。

そして最後は、連合軍捕虜収容所「脇浜分所」（中央区脇浜町３丁目）元脇浜小学校の校舎の一部が使われていて、終戦時４８８名収容していた所。小学校は戦時中使われていたが、終戦後、建物は引き上げ者の住宅に、その後市営住宅となったという。

参加者の一人波戸さんが、小学校跡の近くにある酒屋さんは「昔馴染み」だと言って、休日でシャッターを下ろしているにも関わらず、話を聞こうと呼び鈴を押した。顔を出した店の奥さんは、大勢の視線を浴びて驚いていたが、快く話をしてくれた。奥さんは、昭和３３年以後の事しか分からないが（その頃にここに嫁いできたから）校舎は幾つかに区切られて市営住宅になっていて、建物は資料の写真のＬ字形ではなく一棟だけだったとのこと。建物の写真を学校跡の網の囲い越しに重ね合わせ、当時

捕虜収容所・脇浜分所跡にて

の面影を偲んでみる。

今日私たちが巡ったのは、戦争の傷痕のほんの一部分であったが、歴史的な事柄がこのように跡形もなく消えていってしまうことに、危惧を抱いたフィールドワークであった。

１０月の半ばとは思えない暑い日差しの下、４時少し過ぎにほぼ予定通りに終わり、解散後「陽のある内は帰途につけない癖」の有る１０人余りが居酒屋でジョッキを傾けた。

戸塚先生を迎えての勉強会
戦後処理の立法化について

7 月 11 日の第 23 回運営委員会前半の 1 時間は、戸塚悦朗先生を招いて「慰安婦」問題の戦後補償立法についての勉強会を行った。現在神戸大学にきておられる戸塚先生は、これまで国連の機関などを通して「慰安婦」問題など戦後補償の問題に積極的に取り組まれている。

戸塚先生は、昨年 11 月に参議院に提出された「戦時性的強制被害者問題の解決の促進に関する法律（案）」について、この法案が提出された経緯や法案のもつ意味などを中心に話されたが、とりわけこの法律の立法化が、「慰安婦」問題だけでなくさまざまな戦後補償の問題を解決する、いわば「パンドラの箱」であることを強調された。要するにこの法律を突破口にして、他の問題にもアプローチできるから、この法

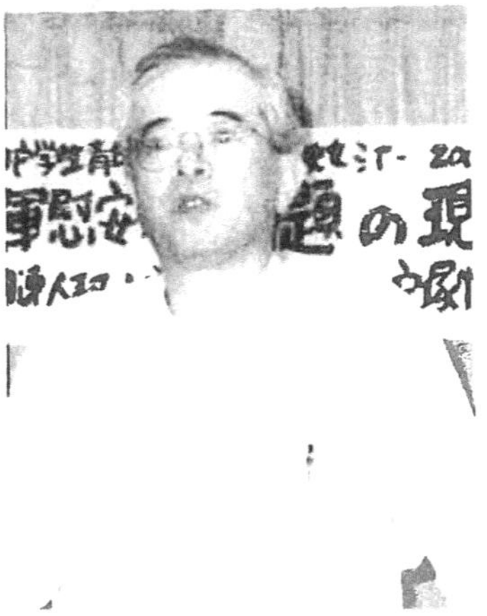

案を通すことが何よりも重要だと。

また、村山内閣時に〝見切り発車〟的に設立された「女性のためのアジア平和国民基金」について、当時戦後処理策の立法化はほとんど不可能だとされたことから、あのような問題の多い「国民基金」を持ち出したのだが、これで解決されたと思う人は少なく、やはり真の解決には早期の立法化が不可欠だという。

先生がこうした問題に取り組むきっかけになったのは、兵庫県における朝鮮学校の生徒の通学定期の問題、すなわち一切の割引が認められていない差別的待遇に関わったことだと話されたのが印象深かった。

（堀内記）

♪♪♪♪♪♪♪♪♪♪♪♪♪♪♪♪♪♪♪♪♪♪♪♪

活動の記録（3）

２００１．１０～２００２．１１

♪♪♪♪♪♪♪♪♪♪♪♪♪♪♪♪♪♪♪♪♪♪♪♪

2001.10.15　孫敏男・韓国現地調査、鄭壽錫さんの聞き取り

2001.11.04　ニュース「いかり」５号発行、訪中報告ほか

2001.11.08　第18回運営委員会、於／神戸学生青年センター（以下、会議・講演会は同所）

2001.12.13　川重に強制連行された朴球會さん講演会

2002.01.10　第19回運営委員会

2002.02.14　第20回運営委員会

2002.03.14　塚崎昌之氏・上澤祥昭氏講演会「闇に隠された強制連行－知られざる拿捕船中国人乗員ら」

2002.03～04　兵庫７３１部隊展、実行委員会に参加

2002.04.11　第21回運営委員会

2002.04.29　ニュース「いかり」６号発行、訪韓報告ほか

2002.05.09　第22回運営委員会

2002.06.13　連合軍捕虜勉強会、講師・福林徹氏・平田典子氏

2002.07.11　戸塚悦朗氏小講演会「戦後補償立法」、第23回運営委員会、

2002.07.14　連合軍捕虜の息子・グラスマン氏を迎えて神戸フィールドワーク、交流集会

2002.07.20　大阪女学院職員研修・神戸港強制連行フィールドワーク

2002.09.12　第24回運営委員会

2002.10.10　第25回運営委員会

2002.10.14　第３回いかりツアー「連合軍捕虜」

2002.11.14　第26回運営委員会

＜調査する会の今後の仕事＞

①記録集を発行します

朝鮮人・中国人・連合軍・資料編の４部からなる記録集を刊行します。調査する会３年間の調査活動の総集編です。原稿がそろってきています。

②副読本を発行します

大部な記録集とは別に中学高校の副読本を刊行します。図版をふんだんに入れたコンパクト＆読みやすいものを目指します。

③モニュメントを建立します

朝鮮人・中国人・連合軍捕虜が太平洋戦争の神戸港で強制労働させられたことを記録するモニュメントをつくります。

＜第４期調査する会・会費納入のお願い＞

調査する会の活動は第４期（2002.10～2003.9）に入ります。会費の納入をよろしくお願いします。

個人　１口３０００円

団体　１口５０００円

送金先：郵便振替＜００９２０－０－１５０８７０　神戸港調査する会＞

編集後記

「いかり」は港の象徴である錨であり、強制連行され、神戸港で労働させられた朝鮮人や中国人の怒りでもあります。この二つをイメージするものとして、会のニュースの表題にしました。

★ニュース7号は「連合軍捕虜」の特集となりました。会のメンバーの平田さんには力作を書いてもらいましたが、平田さん、ごくろうさまです。(堀内)

★自分で作った原稿以上の原稿を堀内編集長に作って頂きました。作業も皆様にお手伝い頂きとてもすばらしい物になりました。有り難うございました。(平田)

★来年中には、かならず記念碑を建てましょう！（金慶海）

★調査活動は、１年目は中国人、２年目は朝鮮人、３年目は連合軍捕虜がテーマとなってきたようです。順調に調査がすすんできたようですが、着地はうまく決まるでしょうか。今後とも、よろしくお願いします。（飛田）

いかり 8

2003.12.21

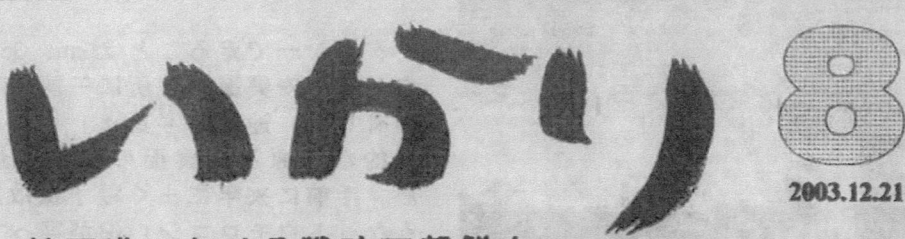

神戸港における戦時下朝鮮人
・中国人強制連行を調査する会ニュース

〒657-0064 兵庫県神戸市灘区山田町 3-1-1 （財）神戸学生青年センター内
TEL 078-851-2760 FAX 078-821-5878 E-mail rokko@po.hyogo-iic.ne.jp
ホームページ http://www.hyogo-iic.ne.jp/~rokko/kobeport.html

鄭壽錫さんの本籍地を尋ねて

孫敏男

訪問目的

鄭壽錫さんは、官斡旋による労務動員により大韓民国の中東部に位置する江原道から川崎重工業製鉄所葺合工場に連行されて1943年4月4日から1945年4月3日の2年間を芦屋市打出町で生活した。私は、2001年10月15日、ソウルに隣接したベッドタウンである安養市で、40年前に故郷をでた鄭壽錫さんから聞き取り調査を行った。

その後、聞き取り調査をまとめるために江原道の農業について調べた。雑穀主体の農業しかできない「とても貧農が多い地域」であることが、おぼろげながら理解できた。

私は、鄭壽錫さんから「1週間に2～3回の軍隊訓練に行かされた。農作業ができなかったので、いっそのこと日本に行こうと思った。」と日本への渡航動機を聞いていた。あくまで鄭壽錫さんの証言は「強制的」でなく自らが「自主的」に応募して川崎重工業製鉄所葺合工場に勤務した気持ちで終始していた。

しかし、当時20歳で結婚したばかりの鄭壽錫さんが「なぜ」故郷を捨てなければならなかったのか、私は鄭壽錫さんの出身地をこの目でたしかめて、「軍隊訓練」が後押しした当時の江原道の状況を知りたいと思うようになっていた。

今回の江原道訪問の目的は、「軍隊訓練」という軍の後押しによる「強制に近い動員（連行）」が本当だったのかを確認するために、鄭壽錫さんが生まれ育った江原道横城郡安興面上安興里（現在は上安里に里名変更）を訪ねた。

［写真1 現在の原州駅舎］

江原道横城郡への玄関口「原州駅」

2003年9月22日（月）の朝7時35分にソウル市南部バスターミナルを出発した。直通バスは、江原道横城郡への玄関口となる江原道原州市の高速バスターミナルに9時15分に到着した。すぐにタクシーに乗り京慶線「原州駅」へ向かった。

鄭壽錫さんたち一行30人は、1943年4月2日に原州駅から釜山に向けて出発している。

原州駅に向かう途中、タクシードライバ

［写真２　原州駅にて　釜山に向かう鉄路］

ーに横城郡安興面までバスで行くと何時間かかるかを尋ねると、乗り換え時間も含めて３～４時間かかると言われ、夕方までにソウルに戻れないと判断したため安いバスをあきらめてタクシーで行くことに決めた。タクシー車内で朝食を食べようと原州駅舎撮影後に駅前の屋台で「オデン」でも食べようかと屋台を覗くと「トウモロコシ」「ジャガイモ」「サツマイモ」の蒸したものしかなく、選択の余地なく「トウモロコシ」と「サツマイモ」を買い、急いでタクシーに乗った。

江原道は、雑穀主体の農業だということを改めて屋台メニューで勉強することができた。「トウモロコシ」は一粒一粒の歯ごたえとコシがあり美味しくいただけたが、「サツマイモ」は水っぽくて食べることができなかった。「サツマイモ」が好きな私は、やはり江原道はやせた土地が多いんだなとイモから学んだ。

［写真３　安興面事務所］

異動していた柳英愛さん

タクシーで走ること 25km、35 分、30,000 ウォンで安興面事務所に午前 10 時 15 分に到着した。途中「写真４」にあるような典型的な江原道安興面の農村風景を撮影した。手前に来年にまく種子採取用であるような「トウモロコシ」畑が写っている。

［写真４　安興面の農村風景］

鄭壽錫さん発見につながる本籍地調査に協力していただいた英愛さんに面会を申し入れたところ、３週間前の９月１日付で 50km 離れた面事務所に異動されていることが判明した。

事前のアポイントを取っていたら特別に旧職場まで駆けつけてくれたのかもと考えても後の祭り、応対に出た面事務所の男性職員は仕事が忙しそうで冷たく、途方に暮れてしまった。

ロビーで安興面内の地図を見つけたので愛想の悪い職員を強引にロビーに引っぱり出して「これと同じをくださいよ」と懇願して、ようやく安興面の詳細地図を手に入れることに成功した。

パトカーをタクシー代わりに

私は、午後５時にソウルで娘と待ち合わせしている都合から、午後１時にはここを出発しないと間に合わないと考えて、地図を頼りに一人で目的地に行こうと決心した。

急いで安興面事務所を出てバス停に向かいました。時刻表を見ると１時間に１便しかありません。バスをあきらめて停まっていたタクシーを見つけてもいっこうに運転手が戻ってこない。歩いて行くしかない、とあきらめて歩いていると農協のスーパーがあったので、特産品を知るために農産物を見てみた。たしかに豆類を中心とした雑穀しかなかった。買いたかったが、歩いて行くと決めていたので買うのをあきらめた。

歩いているとパトカーが見えてきた。田舎の親切な「おまわりさん」をあてにして派出所の扉をたたいた。私のかなりいい加減な韓国語と地図とを駆使して「ここに行きたい」という説明は、鄭壽錫さんの本籍地が派出所のパソコン画面から確認できた頃から前進した。警察官は、やっと私が鄭壽錫さんの本籍地調査に来たことを理解して信用してくれた。事件が発生していなかったことも幸いし、親切な横城警察署東部地区隊のウォン・スヨン警察官は、私をパトカーに乗せて現地まで案内してくれた。

［写真5　親切な警察官］

鄭壽錫さんの本籍地に到着

サイレンこそ鳴らさなかったが車上のパトライトを点滅させたパトカーが国道 42 号線を東に走り、地図上の「上安里」付近まで近づくと路端付近に駐車していたトラックは移動し、住民は不安そうに眺めていた。あとから考えると私を「犯人？」と勘違いしていたのかも知れないことに気づいた。

［写真6　安興里 183 番地付近を遠望］

安興面は、標高 1000 m の山に囲まれ、標高 500 m で国道 42 号線がほぼ東西を縦断し、国道に沿って山安川が西に向かって流れており、迂回しつづけて流末はソウルの漢江に接続されている。鄭壽錫さんの名簿上の本籍地は、安興面上安興里 183 番地にあり、写真の背景となっている山奥に位置してる。鄭壽錫さんの戸籍上の本籍地となっている安興面上安里 450 番地は、日本から戻って購入した土地で国道 42 号線に沿って位置している現存しない「上安初校(国民学校)」の近く辺りだと教えてくれた。標高 500 m に位置している安興面では「平地」と呼べる条件の良い場所に位置していた。

［写真7　安興里 450 番付近］

派出所で昼飯までご馳走になる

派出所にもどった後、感謝の気持ちで滋養強壮ドリンク剤「バッカス」を買って持参したら気持ちよく受け取ってくれた。さらにお世話になったお礼にとウォン・スヨン警察官にお昼ご飯をご馳走しようと考えて派出所まで「石焼きピビンバ」の出前を頼んでもらい私が支払うと強引に迫ったが「バッカス」だけで十分だと言い張って「ダメ」の一点張りで、とうとう私がご馳走になってしまった。

横城郡庁と横城郡名物「トドギ」

横城郡庁の写真撮影を残すのみで、目的を達成して気が緩んだ私は、地元名物でも買って帰ろうと警察官に尋ねると「トドギ(ツルニンジン)」だと言うので、チャーターしてもらったタクシーの運転手に警察官から頼んでもらい、郡庁に向かう途中にある「トドギ直販場」まで案内してもらい買うことにした。

車中、タクシーの運転手に横城郡名物１位は「横城ハヌ(黄牛)」だと教えられていたら突然車窓にの横城ハヌの自然放牧風景が現れて幸運にも写真におさめることができた。

［写真 8　黄城の黄牛放牧風景］

次の写真は、横城郡名物２位となったトドギの「直販場」と「生トドギ」です。

［写真 9　トドギ直売場］

［写真 10　生トドギ］

横城郡庁は、労務動員の募集場所として川崎重工業製鉄所葺合工場が面接を行った場所である。郡庁３階に日本語の理解できる企画監査室予算係の韓成賢氏が居合わせたので、日本から 1940 年代の郡庁の写真を求めて来たと説明すると 1960 年代の生写真を提供してくれた。

［写真 11　黄城郡庁］

朝鮮戦争で消失・焼失していて郡庁史編纂に困っている様子で、私に日本でもし終戦前の郡庁の写真が見つかれば是非教えて欲しいと頼まれた。「写真 12」の中央が現在の郡庁で、右側建物が旧郡庁と説明を受けた。

郡庁で生写真を手に入れることが出来た私は、今日一日の収穫に気を良くし、ソウル行きのバスが発車するまでの待ち時間に一人で祝杯をあげた。

［写真 12　1960 年代の生写真］

江原道は痩せた土地しかない山村

一言でいうなら安興面は「田舎町」だった。段々畑のない一面山林の写真だけを見れば普通の田舎町だが、今でも雑穀主体の農業に変わりがないように見えた。いまだに耕地化できていない山を抱え、特産品は米でなく「横城ハヌ」「トドギ」であり、水利の悪く山間の幅狭い耕地しかない「田舎町」だった。多くの里人を養なう余地がない地勢であることを知った。もし、日本の植民地統治と太平洋戦争が勃発していなければ都市に出稼ぎに行かざるをえないような環境を備えていたのが「江原道」であり「横城郡」であり「安興面」だったといえるのかもしれない。

「官斡旋の実態」

潜在的に飢えを抱えた 1940 年代の「江原道」の農民は、食べて生きるための生産活動である農作業を「軍隊訓練」で奪われたのである。いまでも厳しい環境におかれている江原道を見てきた私は、「軍隊訓練」で容易に「労務動員」できたことを直感した。

さらに巧みに計算された「官斡旋の募集時期」は、もともと蓄える食料の少ない貧農にあって食料が底をつく季節である「3月・4月」に集中しており、全 13 回の内の 9 回となっている。結果的に全動員数 1,398 人の内の 994 人(71 %)が、この時期に故郷をあとにしている。

強制的にではなく「自発的に日本に働きに行ったんだ」という「労務動員」された方たちの思いが形成されたのは、この見事というほかない「官斡旋の募集時期」にあったのである。

川崎重工業製鉄所葺合工場に「自発的」に「労務動員」されたと思いこんでいる朝鮮人のほとんどが朝鮮半島北部の山間部に住む 20 代の貧農出身者であり、5 道 1 府 40 郡 261 面にわたり「労務動員」された若者の約 8 割は、戦後補償が未解決の朝鮮民主主義人民共和国の出身者でもある。

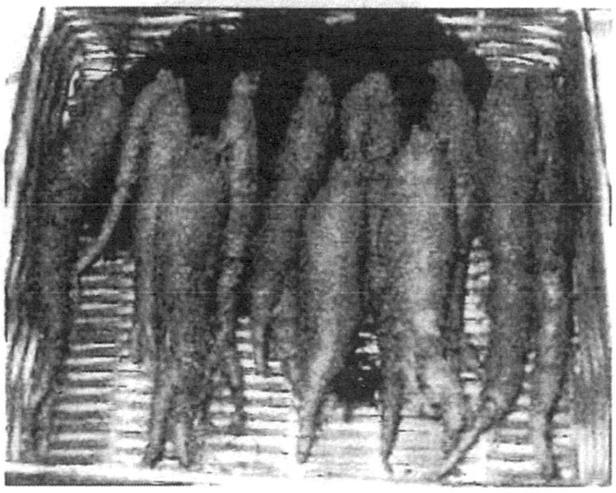

土の付着したトドギ

焼いて調理する前の洗ったトドギ

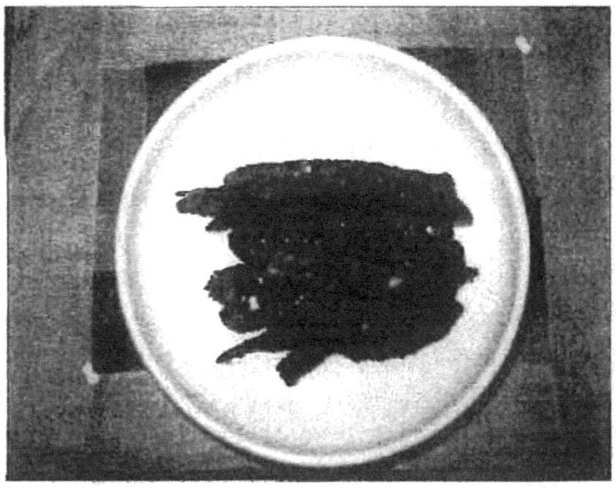

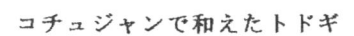

コチュジャンで和えたトドギ

ジョン・レインさん訪問記

平田典子

[ジョン・レインさん夫妻と私]

神戸に連合軍捕虜として移送されたオーストラリア兵の記録「夏は再びやって来る」の著者、ジョン・レインさんの訪問記を書く前に、同氏が一体どのような経歴を経て、連合軍捕虜として神戸に移送されたのかを、まず簡単にご紹介します。

レインさんは、1922年イギリス生まれ。10歳の時に、オーストラリア連邦国の1つの州、「西オーストラリア州」に移り、農業労働者になるためにフェアブリッジ農学校を1938年に卒業しました。時勢の変化とともに、1941年、オーストラリア帝国軍隊の第2連隊第4機関銃大隊に入隊。そして、その翌年1942年2月15日、シンガポール陥落により、10万人にも及ぶ連合軍捕虜の1人となりました。同氏は捕虜になったその直後から、3年半に渡る捕虜生活の経験を日記に残し始めました。「夏は再びやって来る」は、その日記をもとに、捕虜としての悲惨な労働や過酷な取り扱いを受けた経験、日々の屈辱と恐怖の生活の様子などを書いた本です。

第二次世界大戦後1950年にオーストラリア連邦軍に再入隊し、ビクトリア州にある陸軍音楽学校の教師になっています。現在81歳で、西オーストラリア州の州都パースから車で1時間ほど行ったところにある、ピール地域近郊のピンジャラ郊外の静かな、自然に囲まれた住宅地に、ご夫人と2人で静かな日々を過ごされています。

***　　***　　***

私が、レインさんと連絡を取り始めたのは、「夏は再びやって来る」の翻訳作業を始めて数ヶ月ほど経った昨年1月頃です。以来、一度も顔を合わせたことがないにもかかわらず、まるで数年来の友人のようにEメールによる連絡を取り合っていました。

20歳という青春の楽しい時期に戦争に向かい、いつ失うかもしれない命を覚悟しながら、捕虜としてのその辛苦に満ちた生活を乗り越えて、無事帰国するまでの同氏の記録を翻訳していくうちに、私は、まるでレインさんの人生の一時期を裏側からずっと追いかけているかのような気持ちになっていました。

また、レインさんもご自分が捕虜として過ごした神戸で、私という、戦争を知らない世代の神戸在住女性が自分の記録を翻訳しているということは、何か因縁めいたものを感じていたようです。

やがて、4月になり、「神戸港を調査する会」が、レインさんを是非神戸に招待し、講演会を開催して当時のご経験を話してもらおう、という計画を立ててくださったのですが、ご本人の持病のために、医者から承諾が降りず、結局その話も消えてしまいました。その時のレインさんの失望はかなりのものでした。神戸という土地を恨むどころか、むしろその場所を再び訪れて、神戸の人々と接し、語ることを心より望んでいました。

＊＊＊　　＊＊＊　　＊＊＊

5月になり、偶然仕事の関係もあって、私が西オーストラリア州へ訪問することなり、そのときにようやく、直接会ってお話を伺うことが実現することになりました。

いくらEメールで色んなことをやり取りしていても、実際会うとなると、何か緊張感もあり、また実際どのような方なのかを想像することは、不安を伴った楽しみでもありました。

そして5月18日、レインさんは、ご夫人のロンダさんと2人で私が滞在していたホテルまで、車で迎えに来てくださったのでした。私が少し遅れてロビーに向かうと、いきなり「ノリコ！」と笑顔で呼びかけて下さいました。

ご病気が重いと聞いていたのでしたが、とてもそのような様子はなく、とてもお元気で私もすぐにその笑顔に安心し、車に乗り込むやいなや、色んな話を始めました。4月に神戸を訪ねることができなかったことが残念でしかたがない、と何度も繰り返し、また、当時の話になると、「ほら、本の中にあっただろう？覚えている？」と言いながら、なぜか楽しそうに、その状況を話すのでした。まさに本と同様、ユーモアと冗談が大好きで、人間味あふれる暖かなお人柄が、そのわずかな間で感じられました。「私は、神戸に移送されてラッキーだったよ。他の仲間達の話を聞くと、同じ日本にいても、全然待遇が違っていた。あれは、『ホリデー』だったね。」とウインクをするのでした。

やがて、車はピンジャラ郊外の静かな住宅地にあるレインさんのご自宅に到着。広い芝生が庭先にあり、オーストラリアらしい広い間取りのお家でした。裏庭には、川が流れていて、自家用の小さいボートに乗ってロンダさんとその川でのんびりと時間を過ごすのだそうです。自然と動物が大好きで、子供時代に過ごしたフェアブリッジの農場で、子供達に農場での生活について、教えたりしているとのことでした。

「神戸港の会」の皆さんからの寄せ書きを見て、1人1人何を書いてあるのか確認をしながら、とても嬉しそうに、うなずいていました。やがて、今度はレインさんに色紙を差し出すと、ロンダさんに代筆をしてもらった後、署名は自分がどうしてもしたいと、神経系統の筋肉の病気のためにほとんど動かなくなった震える手で、「ジョン・レイン」という名前を書かれました。

私が、本の中で意味が不明なところや、状況説明を求めると、昔のアルバムや記録などを取り出してきて、体全体で一生懸命に説明してくれたのでした。それを隣で、ロンダさんが、静かに笑顔を浮かべながら聞いていました。あるとき私の耳元で、「ジョンは、戦争のことをあまり口に出して話さないけれど、心に深い傷を負っているはず。たとえば、日本の捕虜となって死んでいった仲間の取り残された未亡人たちのうちで、未だ日本人を許せないと言っている人もいます。それは、そうでしょう。私は、それは当然だと思いますよ。」とささやかれました。年老いた夫の姿を優しく見つめる夫人の目は、青春時代に経験した夫の辛苦を、深い理解で見守っていることを表しているようでした。

＊＊＊　　＊＊＊　　＊＊＊

昼食時になり、レインさんの友人たちも交えて、ご自宅から少しはなれた、川べりの小さなレストランで、太陽の光を浴びながら外のテーブルで、食事を取りました。そのときも、大きなステーキをほおばりながら、ワインを飲んで、おしゃべりに花が咲きました。

現在という「時」を大切に、毎日毎日を

堪能しながら日々を送られているレインさんの姿がとても印象的でした。それは、「命」の貴重さを誰よりも知っておられるからでしょうか？

「今でも日本語は少し覚えているよ。数字だってまだしっかりと言えるんだ。」そのとき飼っている犬に向かって「オイ、オイ！コッチ、コイ！コッチダ！」と言って私にウインクをするのです。「ほらね。」といわんばかりに。でも、その日本語は明らかに、レインさんが日本の警備兵たちに命令口調で言われていた言葉だったのです。私は複雑な心境で、苦い笑顔でそのウインクに答えました。60年も経った現在もまだ、言葉がしっかりと記憶されているのです。恐らく徹底的に訓練されていたに違いありません。

*** *** ***

やがて、数時間が過ぎ、別れの時がやってきました。再び私のホテルまで、車で送ってくださいました。最後の挨拶をするとき、「ノリコ、私は必ず『コウベ』に行くよ。そして、『トモダチ』だから、パースに来たら、きっと家へきてくれるね！」「神戸港を調査する会の皆さんには本当によろしく伝えてほしい。」何度も何度も握手をして、別れの時を惜しみました。

レインさんが捕虜として神戸に移送され、いつ帰国できるか、また、実際生きて帰れるかどうかも分からないその不安の中、終戦を迎え、無事帰国してから約60年が経とうとしています。そして今、その神戸の地で、戦争を知らない私が、偶然レインさんの書いた本に出会い、翻訳作業を手がけています。もう一度、レインさんの経験したことを、掘り起こし、ある1人の捕虜が神戸でどのような生活をしていたかを、この先もずっと記録として残されるように。

レインさんのように、日本人に対して、許しの気持ちをもって、友好的な関係を築いて行こうとされる元捕虜の方々は恐らく少ないと思われます。そして、だからこそ、平和な世界を心から願っている同氏の気持ちを、本を通して、伝えていく必要があると思いました。今回の訪問が、私にそのことをしっかりと植え付けたように思います。

2003年11月

（第３種郵便物認可）2003年（平成15年）12月１日　月曜日　神戸新聞

元豪兵捕虜の手記を出版する　平田　典子さん

編集委員　いんたびゅー

太平洋戦争のとき、神戸には連合軍捕虜収容所分所があり、五百人を超える捕虜将兵が、厳しい労働に従事していた。そんな歴史を掘り起こし、当時の様子を克明につづる元オーストラリア軍兵士の手記を翻訳している女性がいる。西オーストラリア州政府代表部神戸事務所長でもある平田典子さんだ。今月八日で、開戦から六十二年。戦争を知らない世代が、どんな思いで歴史と向き合っているのか。平田さんを訪ねた。（門野隆弘）

希望持つ姿勢に感銘

―手記を書いたのは、どんな人なんですか

「西オーストラリア州に住むジョン・レインさん。十九歳で豪軍機関銃大隊に入隊し、派兵されたシンガポールが、日本軍の侵攻で一九四二年二月に陥落しました。十万人に上る連合軍捕虜の一人として、チャンギー収容所に入り、その年の五月、労働者が不足していた日本に移送され、戦争が終わる四五年八月まで、神戸で港湾労働などに従事させられたのです」

―その記録が「夏は再びやってくる」ですね

「レインさんは、シンガポールで捕虜になったときから、禁止されていた日記をひそかにつけ続けました。戦争の初期から、戦況が悪化し、終戦を迎えるまでの三年余りにわたって日本の状況を観察しただけでなく、三宮・東遊園地の西側にあった神戸、そして丸山、脇浜という神戸市内三つの連合軍捕虜収容所すべてを経験しており、戦時の神戸を知る貴重な記録になっているんです」

―収容所では、どんな生活だったのですか

「終戦時、兵庫県内には約千六百人、神戸市内だけでも五百数十人の連合軍捕虜がいました。レインさんらは、食糧が詰まった重さ八十㌔もある麻袋の荷役など、厳しい労働を強いられました。しかも、食事はわずかなご飯と野菜スープ、コッペパンなどの貧しいもの。倉庫での労働になれば缶詰などを盗み、それが発覚して営倉に入れられたりしながら生き延びました」

―とりわけ注目されたのは、どんな点ですか

「あすの命すら分からない中で、タイトル通りの希望とユーモアを失わなかったことです。一緒に働いた日本人少年少女らとのふれあいなども書き残している。収容所の悲惨さだけを強調するのでなく、ひとりの人間として、日本人と向き合い、ありのままを記録している。レインさんには、戦争に組み込まれている普通の日本人への『許し』の気持ちがあったのでしょう」

―戦争を知らない平田さんが、なぜ、連合軍捕虜の記録を翻訳しようと

「友人の勧めで三年ほど前、朝鮮人の強制連行を題材にした帚木蓬生さんの小説『三たびの海峡』を読み、衝撃を受けました。もっと詳しいことが知りたいと、出会ったのが、兵庫の市民団体でつくる『神戸港における戦時下朝鮮人・中国人強制連行を調査する会』でした。そこでの調査や勉強会を通じて、多くの人から資料を提供していただき、多数の連合軍捕虜が神戸にいたこと、そしてレインさんが手記を残していることを知ったのです」

―考えさせられたことも多かった？

「個人の自由意思でなく、国家体制の中で殺し合うのが戦争。でも、その一人ひとりには家族があり、家族を失うことは大きな苦しみのはず。怖いと思うのは、決して相手を憎んでいるわけではないのに、戦争へと皆が流され、動いてしまうこと。太平洋戦争の後も、戦争は繰り返されています。イラク戦争や、日本の自衛隊派遣、有事法制にしても、政府の動きをそのまま受け入れるのでなく、自分自身で考えなければ、と思います」

―お仕事は、西オーストラリア州政府神戸事務所長。公私にわたっての付き合いになりますね

「同州と兵庫県とは姉妹提携しており、関係は良好です。でも、私たち日本人が戦争の歴史を置き去りにし、経済大国として接するだけでは、溝が埋まらないような気がするのです。有名人ではなく、普通の人であるレインさんと出会えたことで、西オーストラリア州がさらに近く、親しい存在になりました」

―手記の出版は来春

「レインさんは今年八十一歳を迎え、パース近郊のピンジャラという町に夫婦で住んでいます。私たちは、戦争体験を直接語ってもらえる最後の世代。神戸で起きたことを神戸の人に知ってほしいし、掛け替えのない青春時代の記録が日本で読まれることは、レインさんの喜びでもあるでしょう。そんな橋渡し役を担えることが、なによりもうれしい。出版のときには、レインさんに、ぜひ、神戸に来ていただきたいと思っています」

歴史伝える橋渡し役に

ひらた・のりこ　1964年、神戸市生まれ。神戸松蔭女子学院短大を卒業後、重工業企業に勤務。89年、米国の大学に留学し、４年間、オレゴン州に滞在。93年から西オーストラリア州政府代表部神戸事務所に勤務、今夏から同所長。レインさんの手記は、神戸学生・青年センターから出版予定。

ひとこと　「直接経験のない世代だからこそ、戦争の歴史を知っておきたい」と話す平田さん。次の課題にしているのが、捕虜収容所で警備に当たっていた元日本兵の証言収集。あくまで一個人として取り組む地味な活動だが、歴史を記憶にとどめていくことは、どこかで日豪交流にもつながっていくと思う。

「レインさんの手記からは、『許し』の心を持った人間的な温かさが伝わってくる」と話す平田典子さん＝神戸市中央区中山手通4、西オーストラリア州政府代表部神戸事務所（撮影・神子素慎一）

「論文集」の発行、大詰めに

堀内　稔

「神戸港調査する会」の当初からの目的であった「論文集」の発行作業が大詰めを迎えている。さる12月6日、集まった各執筆者の再校をまとめて明石書店に送付した。細かい部分の交渉は残っているものの（飛田事務局長におまかせ）、すでに部数や価格の大枠も決まっており、後は明石書店での最終作業を待つばかりである。どうやら2004年の1月中には日の目を見そうだ。

会が発足した当初、出版部なるものがあった。会の活動に必要なパンフレットの発行や、最終的な活動の総括としての出版などを想定してつくられた部署で、責任者は金英達氏、サブの部員は高木伸夫氏であった。しかし、金英達氏が亡くなられ、後を継ぐはずの高木氏も会の運営委員会から遠のいている。ということで「論文集」発行の編集責任は、必然的にニュース班の私にまわってきた。

2001年の終わりころから、そろそろ「論文集」に取りかかるべきとの話が出て、具体的な作業は2002年から始まった。私が論文集の構成についての案を出し、飛田事務局長が明石書店との交渉にあたった。当初の計画では2002年末の発行などといっていたが、"予定"どおり1年ほど遅れることになった。

「論文集」内容は、これまで発行してきた会のニュース『いかり』がベースになった。すでに書かれたものを手直ししたり若干付け加えるだけだから、執筆者、編集者ともどもそれほど大きな負担にならないだろうと思ったが、いざ構成を考えるとなかなか一筋縄ではいかない。

初めに内容構成の案として出したのは、調査と証言編、研究論文編、資料編、会の活動報告という分け方だった。朝鮮班と中国班はそれぞれ2回ずつ現地調査を行い、強制連行された証人の講演会も行った。関係論文や資料もそこそこある、ということで内容を形態的に分ける案にしたわけだ。

しかし、討議を重ねるうちに朝鮮班、中国班、連合軍捕虜班の活動班別に分けた方が書きやすいということになった。すなわち朝鮮・韓国編、中国編、連合軍捕虜編に分け、それぞれに調査や証言、資料を入れる形である。そこで朝鮮班、中国班、連合軍捕虜班がそれぞれ責任をもって原稿をしあげることになり、編集長としての仕事は、その原稿をとりまとめるだけとさらに楽になった。

朝鮮班は金慶海、梁相鎮、徐根植、孫敏男の各氏で、徐さんが責任者。実際に韓国での調査にあたった孫さんの論文は、パソコンを駆使して連行者名簿を分析したり、高度なCADソフトを使った地図を入れるなど、たいへんな力作である。

中国班は村田壮一氏と安井三吉代表の二人で、村田さんが論文のすべてを再構成、足らない部分も書き足して非常にまとまった形に仕上がった。また安井代表は、新たに寄稿論文として李宗遠氏の「神戸に強制連行された中国人労工の調査と研究」を翻訳、充実した内容となった。

連合軍捕虜班は平田典子さん一人であるが、その内容は、精力的に集めた資料を駆使し、神戸港における連合軍捕虜の実態を初めて明らかにした中身の濃いものである。

最後に、飛田雄一事務局長がこれまで約3年間の会の活動の記録をまとめた。

これらの原稿を、2003年春頃には明石書店に送った。初校があがってくるまでかなりの時間が経過したが、ようやく最初に述べたとおり、大詰めの段階を迎えることとなった。そして書名も、「神戸港強制連行の記録－朝鮮人・中国人そして連合軍捕虜」に決まった。朝鮮人や中国人の強制連行と性格が異なる連合軍捕虜をどう書名に表すかについて苦慮したが、「そして」を入れることにより区別した。ただ、書名については明石書店が営業面を考えて独自のものを出す可能性もあり、これが最終決定ではないかもしれない。

2004年1月31日には、これも近く出版される「副読本」とともに出版記念会を予定している。最初に出版記念会の日取りを確定してから、出版までのスケジュールを決めるという悪しき？習性の観なきにしもあらずだが、ともあれ出版記念会が待ち遠しい。

（12月初めにこの原稿を書いて以降かなりの進捗があり、先日明石書店から、表紙のレイアウトを見てほしいとの連絡があった。12/20）

小冊子の出版にあたって

宮内陽子

このところ、社会が急速に危険な方向へと走り出しているように思います。憲法9条なんてあったっけ、戦争放棄なんてチャンチャラおかしい、差別発言を繰り返す知事が堂々の再選を果たす・・・などなど、数え上げれば切りがありません。日本もとうとうここまで落ちて来てしまったか・・・の感があります。

この現況は、しかし予定されていたことなのかもしれません。戦争経験者（被害者はもちろん加害者も含めて）がこの世から去っていく、その時期を待って、リベンジの機会を待っていた勢力が、我が世の春を謳歌し始めたのではないでしょうか。

確かに敗戦直後に捲土重来を願っていた人々自身の間でも、その後の時の流れの中で世帯交代が進んだことは事実です。しかし、その人々の思いは、しっかりと世代を超えて受け継がれていき、今に到っていると言えます。それならば、二度と戦争は嫌だという、被害者、加害者の思いも、受け継がれていって然るべきではないでしょうか。

自分自身は体験していない戦争の歴史を学び、忘れず、被害者、加害者の思いを受け継いでいくこと、戦争を二度と起こさないために、このことほど重要な作業はないでしょう。それを、自分の住んでいる身近な地域からはじめようというのが、今回のブックレット作りの目的でした。たまたま学校の教師をしているという関係上、中学生にも分かるように書いてごらんといわれ、沢山の方々のご協力と、ご教示を仰ぎながらとりあえず粗原稿を仕上げました。あまり専門的になりすぎず、かといって簡単過ぎても言いたいことが伝わらないということで、文章や、文字選びには結構苦労しました。

原稿を作っていく作業の中で、何十年と住んでいながら、自分自身も案外知らなかった神戸の歴史を見直すことが出来たのは、大きな収穫でした。強制連行・強制労働というものを、やはり書物の上でしか捉えられていなかったということにも改めて気づかされました。毎日見ている神戸港で、戦前から戦中にかけて、どんな理不尽なことが行われていたのか、証言の中に出てくる一つ一つの場面を想像することで、捕虜として、あるいは連行されて強制労働に従事させられた人々の思いに少しは近づくことが出来たような気がします。

また、これらの歴史の事実を、大切にし、発掘し、忘れず、記録し、語り伝えようとしている人達がおられるということも、本当に有り難いことだと感じました。高齢でありながら、若い人たちに自分の体験を伝えようと、はるばる海を渡って異国の地へ来られたお年よりたち、偏見、差別を未だに克服できていない日本社会の中で,営々と生活を築き上げ、研究、調査活動を続けておられる在日の方々、高齢のため、訪日をあきらめざるを得ないけれど、遥か日本へと思いを馳せてくださる方、この方々の真摯な思いを、本という形にして世に送り出す仕事に携われたことを幸せに思います。

危険な社会は、歴史を忘れることから作られていきます。戦争の歴史を学べば、後世の人々に二度と同じ思いを味合わせたくないという戦争体験者の思いを、我がこととして追体験することも可能です。その追体験は、必ず戦争への道に歯止めをかけるでしょう。であるからこそ、戦争をしたい人たちは、若い人たちに事実を教えたがりません。いわく「自虐的な歴史を教えるのは,有害だ。」、いわく「事実かどうかわからない,でっち上げだ。」いわく「過去に捕らわれるのではなく,未来志向で行こう。」等など・・・。

「空襲や、原爆のことは習っていたけど、侵略の歴史は知らなかった。」「何となくアジアを蔑視していたのは何故だったんだろう？」・・・。若い日に感じたこのような悔恨を、次の世代の人たちには繰り返させたくはありません。今、国境の壁はますます低くなり、沢山の若者が海外へと出ていきます。そして、沢山の人々が、日本へと移住してきています。こんな時代だからこそ、若い人たちには、様々な国の人たち、様々なルーツを持つ人たちと、過去を踏まえた上で、胸を張って対等な人間関係を築き、友情をはぐくんでいって欲しいと願っています。

今回のこの小冊子の出版が、そのために少しでもお役に立てば、望外の喜びです。

活動の記録（4）

2002.11.14　第 26 回運営委員会、

2002.11.17　いかり 7 号発行

2002.12.12　第 27 回運営委員会、相生造船中国人強制連行について古川知子さんの特別報告「相生造船所中国人強制連行現地調査報告」（於／神戸学生青年センター、以下特に記載のないときは同所。）

2002.12.14 孫敏男、兵庫在日外国人人権協会学習会で講演「川崎重工葺合工場に徴用された鄭さんの現地調査報告」（於／ひょうご国際プラザ）

2003.01.09　第 28 回運営委員会

2003.02.13　第 29 回運営委員会（元連合軍捕虜レインさんを招いて 4 月 29 日に講演会を開くことを決定。後日、体調が悪くなり中止。）

2003.03.13　第 30 回運営委員会（論文集、副読本、レイン氏手記出版の相談等）

2003.03.17　神戸市と石碑設置について話し合い（安井三吉、金慶海、飛田雄一）

2003.03.23　大阪中国人強制連行追悼と証言を聞く会に運営委員会より溝田参加

2003.03.30　『現代中国研究』12 号に安井代表「『記憶』の再生と歴史研究」発表

2003.04.10　第 31 回運営委員会、梁相鎮「神戸港に軍服を着た朝鮮人港湾労働者がいた－勤務中隊、農耕隊兵士名目の朝鮮人強制連行」を報告

2003.04.13　韓青連神戸港等フィールドワークを金慶海、飛田が案内

2003.04.27　シンポジウム「神戸の空襲・戦災史をさぐる」（神戸学生青年センター）で神戸港のことなどを報告

2003.05.08　第３２回運営委員会

2003.06.12　第３３回運営委員会

2003.07.17　神戸市と石碑について話し合い

2003.07.31　第３４回運営委員会

2003.09.11　第３５回運営委員会

2003.10.04　部落解放研究全国集会のフィールドワークを担当（徐元洙、梁相鎮、飛田）

2003.10.09　第３６回運営委員会

2003.10.19　神戸電鉄朝鮮人犠牲者の追悼会および焼肉の会（モニュメント前、烏原貯水池公園）

2003.11.13　第３７回運営委員会

2003.12.9 ～ 14　「南京・閉ざされた記憶」神戸展に参加

＜論文集＞『神戸港強制連行の記録－朝鮮人・中国人そして連合軍捕虜』（明石書店、4725円）&
＜副読本＞『アジア・太平洋戦争と神戸港―朝鮮人・中国人・連合国軍捕虜―（仮題）』
（みずのわ出版、1050円）出版記念講演会のお知らせ

●日時　2004 年１月３１日（土）午後２時
●会場　神戸学生青年センターホール
●プログラム
　一人芝居「柳行李（やなぎごうり）の秘密」　朴明子
　朝鮮人強制連行と神戸港　金慶海、徐根植、孫敏男
　中国人強制連行と神戸港　村田壮一、安井三吉
　連合軍捕虜と神戸港　平田典子
　＜副読本＞のこと　宮内陽子
●参加費　５００円

＜論文集＞＜副読本＞をご購入ください。特価販売いたします。
■論文集（明石書店、4725 円）　→　３８００円（送料２１０円）
■副読本（みずのわ出版、1050 円）　→　９００円（送料１６０円）
郵便振替＜ 00920-0-150870 神戸港調査する会＞でご送金ください。

編集後記

「いかり」は港の象徴である錨であり、強制連行され、神戸港で労働させられた朝鮮人や中国人の怒りでもあります。この二つをイメージするものとして、会のニュースの表題にしました。

★久しぶりのニュース発行です。昨日から急に寒くなり、神戸でも初雪が降りました。ニュースでもお知らせしましたが、論文集、小冊子、さらにはレインさんの本の翻訳も順調に進み最終段階を迎えています。風邪などをひかずにがんばりましょう（堀内）
★風邪をひきました。のどがいたいのです。それなりにがんばります。（飛田）
★来年、何とかレインさんが神戸に訪問出来ることを願いつつ。（平田））
★０３年はご苦労さん！今年は３冊の本の出版と記念碑を建てておしまい！（金慶海）

いかり 9

2004.7.18

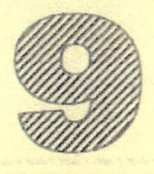

神戸港における戦時下朝鮮人
・中国人強制連行を調査する会ニュース

〒657-0064 兵庫県神戸市灘区山田町3-1-1 （財）神戸学生青年センター内
TEL 078-851-2760 FAX 078-821-5878 E-mail rokko@po.hyogo-iic.ne.jp
ホームページ http://www.hyogo-iic.ne.jp/~rokko/kobeport.html

「神戸港調査する会」の単行本、あいつぎ刊行
1、3月に出版記念講演会を開催

ジョン・レインさんを中心とした3月の講演会風景

昨年より編集・出版を進めてきた論文集『神戸港強制連行の記録－朝鮮人・中国人そして連合軍捕虜』、および副読本『アジア・太平洋戦争と神戸港－朝鮮人・中国人・連合国捕虜』が、1月末にそれぞれ明石書店、みずのわ出版から出版された。それを記念して1月31日、神戸学生青年センターホールにて出版記念講演会を開催、論文集や副読本の執筆者それぞれの講演とともに、「神戸港調査する会」のメンバーでもある朴明子さんに一人芝居「柳行李の秘密」を演じていただいた。

続いて3月にはジョン・レイン著・平田典子訳『夏は再びやってくる』（学生青年センター出版部）が完成、3月13日午後2時より、神戸学生青年センターのホールにおいて出版記念講演会を開催した。この日「神戸港調査する会」の安井三吉代表の開会あいさつに続き、同じく調査する会の平田典子氏が「ジョン・レインさんと神戸捕虜収容所」、恵泉女学園大学教授の内海愛子氏が「日本の捕虜生活」、元オーストラリア兵捕虜のジョン・レイン氏が「神戸捕虜時代をふりかえって」というテーマで、それぞれ講演を行った。ジョン・レインさんはこの日の記念講演会のために、持病をおしてわざわざオーストラリアから駆けつけて下さった。

本号では3月の出版記念講演会から、ジョン・レイン氏および内海愛子氏の講演を収録した。なお、内海愛子氏の講演記録は、紙面の関係から若干部分を割愛した。

神戸捕虜時代をふりかえって

ジョン・レイン

こんにちは

「グッダイ」これはオーストラリアでの「こんにちは」という挨拶です。

私の著書である「夏は再びやって来る」の日本語の訳本が出版された、この特別な日に、私が皆様とともに同席できることを心よりうれしく思っております。この本は、私が大日本帝国軍の捕虜として3年半、そして皆様の愛すべき神戸の街で過ごした2年ほどの私の経験を記したものです。

1943年6月神戸へ

しかしながら、1943年6月当時、1部ではありますが、私が見た神戸の街というのは現在の様子は全く違ったところでした。

我々の捕虜は、シンガポールから貨物船に乗り、日本への移送途中で、アメリカの潜水艦の攻撃から幸運にも、命からがら逃れることができたその悲惨な航海を経て、「門司」に到着したオーストラリア兵300人のグループでした。門司到着後は、まる1昼夜、列車の中で過ごしたのですが、その間、閉じ込められていた状態だったので、ほんのわずかしか眠ることができませんでした。

そして翌朝8時30分、我々は「神戸」に到着し、「仲町通り」まで南へわずかな距離を行進したのち、「運動場」のようなところで集合をしました。

人の人生には確かに、一生忘れることのできない「苦渋」の時があると思うのですが、私にとって1943年6月8日がまさにそうでした。私は、その日を決して忘れることはできません。

我々はそのとき、すでに16ヶ月ものあいだ、シンガポールで捕虜として過ごしたわけですが、さらに今度は、一般の日本人からは一体どのように扱われるのかというその不安をもちながら、敵陣である日本本土内にいる自分がいたのです。まずは、大日本帝国軍の兵士たちに管理され、予測もできなかったような、猛烈なカルチャーショックに耐えなければなりませんでした。

1昼夜の眠ることもできない苦痛の列車での移送を経てようやく運動場に到着し、各々の小さな荷物を足元の芝生の上に置いたときには、我々は、速やかに施設へと案内されて、疲れを癒すよう体を横たえ、できることならちょっとしたご馳走を与えられることを期待していたのです。ところが、現実は、まったくその逆のことが起こりました。

あっという間に、我々の真正面に演台が置かれ、刀を腰にぶら下げている日本兵がそこに上がり、威厳を示すかのように、通訳を通して訓示を初めました。

我々捕虜は、戦場で死ぬことを選ばず、不名誉にも降伏したにもかかわらず、大日本帝国軍の慈悲により命が救われている、だからこれからは、日本軍と同様の規律に従わなくてはならないということを言われました。今後すべての指令は日本語で行われることが言い渡され、早速我々はその場で日本語の番号

の号令訓練を受けさせられました。

その瞬間から、まだ右も左も分からず混乱しているさなか、3つの隊列に対し、40人ぐらいが一グループとなるように、グループ分けをさせられました。

訓練の開始

そして、今度は通訳者が演台に立ち、訓練が始まりました。「いち」「に」「さん」「し」「ご」から続く数字が上手にいえるまで、何度も何度もやり直しをさせられました。しかしそれだけではすまず、「気をつけ」「やすめ」「敬礼」など他の号令を覚えさせようとしました。そして、我々がぐったりと疲れきり、混乱してくると、すかさず、監視している日本兵の怒りを買いました。

ホブレットという通訳者は、こんどは号令をもっと大きな声でしっかりとかけるように指導しました。我々は、最初3グループの隊列に整列し、「番号！」という号令をもって今から番号をかけるとことを教えられました。日本語を覚えているなら、しかしここで、ただ番号を号令としてかけるだけでなく、腹のそこから、大きな声で番号をかけていくことを指導されました。

もし、番号を覚えられない捕虜や、しっかりと腹のそこから声の出せない捕虜がいたら、どうなるか？その場合は非常に簡単でかつ最も効果的な指導方法がとられました。軍曹は刀を抜き取り、その不幸な捕虜の頭に振り下ろしたのです。(幸運だったのはそれが、さやの部分であったことですけれども)まあ、思い起こせば、覚えるための集中力を養わせるのに、これほど効果的な方法はなかったのではないかとも思うのですが・・。

このように拷問は続きました。どの号令一つ忘れることは許されません。捕虜は隊列を変えられて、前列、中列にいるものは後列へと移り、こうしてどのオーストラリア兵たちも、みな平等に、この特殊な号令訓練を受けさせられたわけです。

実際この訓練は、頓挫してしまっている者たちを、しっかりとたたき上げたのでした。この訓練で最初から疲労しきった我々は、将来生き残っていくことについて、迷いや疑いを感じずにはいられませんでした。まさしく日本での生活が始まった時点から、我々は「奴隷」がどういうものなのかを思い知らされたのでした。

本当のところを言えば、人は「あるもの」を奪われるまで、そのあるものに対して、心底大切であることは気が付かないのです。疑いもなく「自由」というものが、人の持つすべての中で最も貴重なものなのです。その日、まさに、日本での初日に、我々は自由を得るのに、どのくらい長い間を待ち続けなくてはいけないのだろうと途方にくれました。

神戸分所跡を訪ねるジョン・レインさん

「神戸ハウス」での生活

さて、何事にも終わりがありますが、我々が何とか「便所」という言葉を見つけ出し、警備兵たちに何度かその言葉を繰り返したときに、ようやく訓練から解放され、3階だての「神戸ハウス」(神戸分所)と呼ばれる建物に入ることが許されたのでした。

いずれにしても、我々がどのように神戸ハウスに身を落ち着け、我々のいる建物と別棟にいた300人ほどのイギリス兵をどのように発見したかは、皆さんが私の本を読んでくだされればお分かりいただけるかと思います。ちなみにそのイギリス兵たちは香港から移送され、地獄の航海で生き残った兵士たちでした。

我々捕虜はすぐにたたみの上で寝たり、収容所の中では靴を脱ぐという習慣を身につけ

ました。しかし、どうしても馴染めなかったことのひとつは、終わりなきご飯の食事でした。来る日も来る日も、何週かんたとうが、何ヶ月経とうが、米、米、そしてまた米でした。もし、米と何か他のものがあれば、まだ何とか我慢もできたのですが、通常、神戸ハウスではお椀一杯の水っぽいスープのようなものが、一緒にだされただけでした。

幸運にも、何ヶ月かのうちに、昼食にはちいさなコッペパンや半切れのパンが出され、単調なご飯だけの食事に変化がもたらされて、それについては、本当にありがたかったわけですが、我々が色んな作業所で働くようになったときに、いたるところで、ひどい食料不足に悩まされていることに、すぐに気が付きました。そこらの空き地や、道端でさえ、蔓延している食料不足を補うように野菜が植えられていたのでした。

企業での強制労働

到着直後、運動場での訓練を受けた苦痛の日々の後、どのように我々が、工場や港湾荷役の仕事をあてがわれ、どのように作業をこなしていき、またどのようにその環境に順応していったかは、本を読んでいただければお分かりいただけると思います。

私を含む、吉原製油、東洋製鋼、そして昭和電極に電車で通勤したものたちは、捕虜であるにもかかわらず、我々が通行するところでは、確かにある種特権のようなものがありました。例えば、収容所から駅まで行進して、駅のプラットフォームで、一般の日本人乗客を両側にして、捕虜のグループが並ばされますが、そのとき電車が入ってくると、誰ものっていない車両が、自分たちの真正面に停止するのです。そして、周囲にいる多くの一般乗客たちは、すでにぎっしりつまった車両に争うように駆け込んでいく傍ら、我々は空いている椅子に向かって、ゆったりと乗車しました。

（記憶が正しければ）我々が、西宮という駅で、電車から降りると吉原製油まで1キロほど行進をしますが、それを見た日本人の子供達が、調子をつけながら「アメリカの捕虜」とはやすのを、まったく楽しんで聞いていました。

吉原製油は、作業所としてはありがたい場所でした。それというのも工場では、ビタミンBを豊富に含んでいるあらゆる種（たね）類、おもに、ピーナツ（南京豆）をつぶして油を取っていましたが、それら豆類で我々の空腹を満たすことができたからです。そして、すぐにその豆類を神戸ハウスに持ち帰る方法を考え出し、港湾荷役などの作業場で働いている他の仲間たちが取ってくる食料と物々交換するようになりました。

三井高浜、またの名を竹井と呼んでいましたが、そこは、他の作業場と比べ働くのには最高の場所でした。それは、大日本帝国軍が侵略した国々から、持ち帰ってきた缶詰などの食料が多く運び込まれていたからです。ところが、我々オーストラリア兵よりも早く、神戸に到着していたイギリス兵が、すでにその作業所を牛耳っていました。しかし、砂糖やその他の高価な食べ物は、住友、上組、神戸船舶荷役というところから盗まれていました。

生き残るための物々交換

神戸ハウスで、生き残るための物々交換が行われるようになるまで、それほど長い間かかったわけではありません、なぜならお金は全く価値もなく、たばこを貨幣の代わりとして使ったからです。たとえば、30箱のたばこで、お椀一杯分の砂糖、あるいはピーナツ、または魚の缶詰一缶分と交換できました。

これらの物々交換については、もちろん、盗むと言う行為で捕らえられる危険を冒しながら行っていました。毎日、夕方仕事を終えたあとに検査があり、さらに神戸ハウスに到着すると再検査が行われました。この検査は、いつも行進をおこなっていた、東町とよばれていた通りで行われていましたが、単純に収

容所施設内が狭かったからです。

当然、捕虜達は、盗んで隠しもっていた食べ物や、体に隠していた食べ物を見つけられたりして、しょっちゅう、殴られるなどのひどい罰を与えられました。しかし、危険に対しては覚悟のうえでしたし、盗みが見つかったならば、我々は、警備兵がどんな罰を加えてもそれを受け入れる用意はしていました。

私が捕虜として拘束されている間、ずっと日記をつけていました。皆さんも十分お分かりのとおり。それは絶対に禁止されていました。そのために、日記が見つからない場所を探さなくてはなりませんでした。私は、自分が寝ている床板の下に隠すことにしました。私が何か日記につけておこうとするときには、仲間にうろついている警備兵を見張ってもらいながら、その都度それを取り出すために床下にもぐりこんでいました。

何週間、何ヶ月かと過ぎるうちに、我々は驚くばかり自分達の日本語が上達していることが分かりました。そして、民間で働いている人たちは、我々と変わりない人たちであることも分かってきました。彼らにも妻があり、子供や家族がいて、皆、国家の命令に従わなくてはならないのです。別の言葉で置き換えれば、彼らも我々捕虜と同じような境遇にいたのです。国が、一国の政策として、国民はどのような状況をも耐え忍ばなくてはならないよう命じていました。

神戸空襲の体験

戦局が進むにつれて、日本の人々は本当に悲惨な状況に追いやられていましたが、国の政策でそのようになっていったのです。1944年と1945年の間、皆さんのすむ日本はアメリカのB 29の猛烈な爆撃にさらされていました。もちろん、我々捕虜も一般の日本人同様、危険にさらされていました。　そしてとうとう、1945年6月5日の朝、神戸は百何機ものB 29に爆撃を受けました。幸運にも、捕虜達はそのとき、神戸ハウスにいましたので、私は日記を取り出すことができたのです。

焼夷弾が次から次へ落ち、大きな火のかたまりが、ごうごうと周囲を燃やしていました。必然的に神戸ハウスも火の海にのまれ、我々も隣の運動場のほうへ避難しました。

一時間ほどのうちに、神戸の街そのものが大きな炎の塊と化して行きました。　そして、街の温度が火で上昇していくと、海の方から冷たい風が吹き、その炎が風にあおられて、猛烈な火炎となり荒れ狂っていました。

神戸の街の半分とともに、神戸ハウスも燃え尽きました。全収容所の施設が崩壊するまえに、最小限度のものだけをもち非難し、我々は幸運にも、命を失わずにすみました。終戦後、2、3週間たって私は、カメラを手に入れて、神戸ハウスの残骸のみを写真に収めるため、その場所へと向かいました。

本の中でその写真は掲載されていますが、余りいい写真ではありません。そのとき使ったフィルムは、数年前の古いものだったからです。しかし、その写真をみるときにはいつでも、私が2年間、家と呼び、住んでいたところの思い出がよみがえってきます。1945年8月15日、悲惨な戦争はついに終わりました。日本の若い男性のほとんどは、もちろん、海のむこうにいました。朝鮮半島からニューギニアにいたる極東（きょくとう）の広い地域に派兵されていたのです。ですから、日本の国民たちは、究極の苦悩の矢面にたたされていました。

脇浜跡を訪問したレインさん一行

夢にまで見た自由

皆様も想像されるように、捕虜たちにとっては、もう本当に、夢に見たほどの幸福感にみたされました。4 年近くも故郷を離れて、ようやく、自由を得たのですから。我々は、そのとき「わきのはま」の国道ぞいにあった小学校を宿舎としていましたが、連合国の旗をその建物の屋上にかかげたのでした。

神戸につれてこられた捕虜は、すべての捕虜のうち、もっとも恵まれていたことは疑いもありません。帰国の途中飛行機事故で 5 人の仲間たちを失いましたが、日本の中で失った仲間は 10 人以下でした。我々が後に知ったことですが、全連合国軍捕虜の 3 分の 1 の兵士たちが戦争で生き残ることはできませんでした。彼らのほとんどが泰緬鉄道をつくるための労働で、そしてサンダカン死の行進により亡くなりました。

また、我々は、のちに広島や長崎の人たちがこの悲惨な戦争をすこしでもはやく終わらせるための犠牲となったことも知りました。これら 2 都市の人々の命は、我々捕虜の命を救ったのです。 現存している書類によると、もし連合国軍が日本に上陸した場合は、すべての捕虜たちをすみやかに処理するべきである、と書かれています。ですから、まさに、人命の賭博で、何千という人が苦しみ、また命を失ったことにたいして、何千というほかの人たちを生かしたということなのです。

してそのとき、私は自分に問いかけました「なぜ、1945 年の 8 月 15 日に、なぜ私は人命の賭博で助かる命のリストにのっていたのであろうか？」答えは、恐らく、今日皆様の前に立ち、戦争の悲惨さを語るために生き残ったにちがいありません。

神戸での体験を語ることが使命

再び私は自分に問いかけます。第 2 次世界大戦で灰となったところから、生じたもので、肯定できないものがあるだろうか？

灰から立ち上がった日本は今や、強く躍進する経済力をもった、自由な民主主義の国です。日本は今やオーストラリアのもっとも重要な貿易相手国です。何千という日本の若い旅行者たちが毎年オーストラリアにやってきて、滞在を楽しんでいます。おおくのカップルが、そこで結婚式をあげています。そして、つまるところ、私は神戸というこの街での私の経験を、帰国する前に皆様に語らなくてはならない使命を負っているということなのです。

我々捕虜の何人かは、波止場沿いの爆撃を受けた倉庫の中のどこに砂糖が保管されているかを知っていました。それで、その倉庫に押し入り、わきのはまの宿舎に持ち帰りました。このころには、我々の胃もみたされ、怖いものなど何もありませんでした。

青春の真っ只中、無邪気な 22 歳の青年だった私は、ある夜、「ざつのう」に一杯つめた砂糖を持って、女性をもとめるために街へ出かけて行きました。その砂糖と引き換えに、私はその夜、床をともにしてくれる若い女性を見つけました。詳細については、本の中の「これで性の手ほどきは終わり」の章を読んでいただければと思いますが、この経験について、しばしば思い起こすことがあります。

ここにいる若い女性とその同じ国民たちは、飢えに苦しむことを余儀なくされていて、恐ろしい爆撃にさらされ、住んでいる町は、灰と化してしまった。そしてそのすべては、私もその一部である彼らの敵によってもたらされたものである。にもかかわらず、この若き女性は私を、最も丁重に、敬意と同情をもって、もてなしてくれました。

言うまでもなく、日本の女性は世界の中でももっとも丁重で優しいと思うのです。これは、日本でしかありえません。会場におられる皆様、今日はお越しくださいまして本当にありがとうございました。後ほど、皆様がお求めになられた本に、著名をさせていただければ幸甚かと思います。

日本軍の捕虜政策－多くの犠牲を出した管理体制－

内海 愛子

戦争裁判で何が問題だったのか

戦後日本が戦争裁判で多くの戦犯を生んだということはご存じだと思います。私がいま、戦後補償の裁判で関わっているのは、韓国・朝鮮人ＢＣ級戦犯といわれた人たちの補償の問題です。なぜ韓国人・朝鮮人、台湾人が戦犯にならなければいけなかったのか、ここに日本軍の捕虜政策がきちっと反映しているということです。このシステムが理解できないと、例えば朝鮮人が、なぜオーストラリアやイギリスで評判が悪いのか分かりません。

そしてもう一つは、捕虜収容所の関係者です。アメリカの第八軍が横浜で行った横浜裁判というのがあります。そこでは 331 件裁かれています。その中の 3 件が中国人関係の裁判、それからあと連合国の民間人たちのケースを入れて 8 件ありますが、その人たちを捕虜として考えていくと 330 件が何らかの形で捕虜と関係する裁判です。

ですから、日本の裁かれた戦争犯罪というのは、捕虜の問題なんですね。そのことが分からないと、私たちは戦争裁判で何を日本人は裁かれて何を裁かれなかったのか。この腑分けをきちっとしておくべきではないかと思います。

なぜ連合国がそこまで捕虜虐待を重視したのかということです。もちろん、オーストラリアでの裁判やオランダの裁判が一部人民に対する日本の虐待、こういうものも取り上げていますけれども、集中的にやっていくのは、それから戦争直後にすぐ手をつけるのは捕虜および連合国の民間人の問題なのです。自分たちの国の兵士および国民に対する虐待、これを集中的に裁いていく、こういう形で横浜裁判、および連合国各国の裁判がありました。そういうことを念頭に置いて、日本軍の捕虜政策というのがどういうものだったのかということを、皆さんにお話ししたいと思います。

講演する内海愛子さん

非常に高い日本軍捕虜の死亡率

連合国の捕虜がどれだけ多くの犠牲になっているかというと、これは東京裁判の中に出てくるんですが、27 %が死亡しているんですね。ドイツ・ナチスの英米の捕虜は 4 %弱です。私たちはナチスはひどいと思っていますけれども、あれはユダヤ人の強制収容で多くの犠牲を出しているからです。

オーストラリアの場合には、全捕虜の 33 %だといいます。戦闘で死んだ人よりも捕虜になって死んだ人の方が多いんですね。そのくらい捕虜が政策のなかで犠牲になっていきました。

それの有名なのがタイとビルマの泰緬鉄道なんですね。それとオーストラリアの場合には、サンダカンのデスマーチ。2000 人のオーストラリアおよびイギリス兵が殺された事件です。いま、オーストラリアのウォーメモリアルに行きますと、2000 人の顔写真がずらっと壁に貼ってあります。

私たちは 2000 人というとああ 2000 人かと思いますよね。ところが一人一人の顔写真と名前がずっと貼ってあると、これはそれこそ圧倒的な事実の重み、それが泰緬鉄道の場合には、1 万 3000 人といわれています。数え方が非常に難しいんですよ。とにかく1万人前後の連合国の捕虜が死亡しています。

それとオーストラリア、豪国作戦を展開するためにジャワ、フローレス、アンボン、セラム、ハルクという、オーストラリアのすぐ北のインドネシア領に飛行場を作って、ここから飛行機を飛ばしてオーストラリアを爆撃していくことを考えます。

私たちはパールハーバーということで戦争を考えますけど、日本はパールハーバーの後にすぐにダーウィンも爆撃しています。それからかなり南ですがシドニーを特殊専攻艇で攻撃しているんですね。そのくらいオーストラリアということを考えていました。

それで飛行場を作ります。飛行場を作るにも労働力がないから、捕虜を使います。この捕虜を連れてジャワ島から船が行くと、あとから何千人もの食糧をジャワ島から運び出すんですね。なぜかというとアンボンというのは、珊瑚礁みたいな島ですからほとんど食糧の自給はできません。そういうところに何千人分もの食糧を後送するんですが、輸送船は1隻も着かなかった。バンダカンの制海権というのはなかったんですね。

そういうなかで捕虜が飢えていきます。日本が一生懸命飛行場を作って、結局飛行場を作って飛行機がきたのは1回ぐらいで、あとは全部連合国の爆撃に対して一生懸命穴を埋めて、するとまた爆撃して穴を埋めて、それの繰り返しという、そういうようなことをやった飛行場建設というのがあります。そういうなかで捕虜の死亡はものすごい数で、先ほどもいいましたように 27 万に達しました。

そして東京裁判の大きな柱の一つがこの捕虜問題です。平和に対する罪、人道に対する罪、こういうことが裁かれたとよくいわれますけど、あの裁判の大きな柱は、通例の戦争犯罪、要するに捕虜や民間人の人たちに対する虐待、死亡、これが大きく裁かれています。

捕虜とは一体誰か

そのとき、一体捕虜とは誰かという問題になります。そこで日本の軍隊は、誰と戦ったのかということを考えていただければ分かると思いますが、フィリピンでは米比軍です。そしてマレー半島で英印軍と戦っております。

そしてインドネシアでは蘭印軍といいたいんですが、ABDA 軍ですね。要するに蘭印の防衛のためにチャーチルが提案してイギリス、アメリカ、オーストラリア、そして蘭印軍、これでジョイントホースを作るんですね。これが 1942 年 1 月です。ところが、何せ寄せ集めの軍隊ですから、指揮権、命令系統がちゃんと動かないうちにトップのウェーベル大将が「おれいやだ」といって帰っちゃったんですね。

それで事実上空中分解したんですけれども、空中分解しただけならいいんですが、これに参加するためにオーストラリア軍が中東で展開していた部隊が、ジャワに派遣されます。それからもう一つはオーストラリアの軍隊がそのままインドネシアに派遣される。そういうなかで 1942 年 3 月、蘭印が無条件降伏した時に、大量のオーストラリアの捕虜、イギリスの捕虜がそこから出てきます。

1945 年の南方作戦が一段落した段階で日本が抱えていた捕虜は最初の段階で 25 万人です。そのあと捕虜が増えて 30 万人、最終的には 35 万人という数が出てきます。この人たちを食わせるのは大変です。それで日本軍が何をやったのかというと、白人と非白人に分けていきます。

戦争を遂行する過程で、日本は帝国主義本国と植民地の分断を図るこういう政策を、プロパガンダでやっていきます。マレー半島では大量のビラを撒きます。インド兵向けにはちゃんとヒンズー語とかタミール語で、あなたたちはイギリスの犠牲になるのか、チャーチルがシルクハットかぶって葉巻をくわえてインド兵の後から銃を突き付けて、自分は後の安全なところを歩いて、こういうようなビラを撒いて分断を図っていきます。そういうなかで 9 万～ 10 万の捕虜がシンガポールで出ます。その一人がレインさんですね。その中から印度軍を中心にインド国民軍を編成したということは、有名な話だと思います。

すると捕虜とは誰かということにもう一度帰っていきます。白人と非白人を分ける。何を基準に分けたのかと私は思うんですね。なぜかというと、インドネシアではオランダとインドネシアのダブルの人たちがたくさんいるわけです。彼らは白人なのか非白人なのかという、そういう厳密なことをやっていけば分からないんですが、だいたい私は容貌で分けたと思います。

捕虜は捕まえると一人一人捕虜のカードを作ります。いつどこで捕まえて部隊は何で、両親は誰で、どういう技術を持っているか。全部ピックアップします。容貌も書きます。肌の色が白、鼻が高いとか眼がブルーとか、こういうことも含めて、白人と非白人を分けていきます。そうして約半数弱が白人捕虜として、ピックアップされてきます。

では残ったアジア人、非白人は解放されたのか。ここがまた一つの大きな問題です。アジア人捕虜は解放するという方針を出します。これは中国人の強制連行に関わることですけれど、一体中国人は捕虜か捕虜でないのか。当事者は捕虜だという身分を主張しているはずです。日本は華人労務者だという形で主張しているはずです。ここのからくりは何なのかということですね。

もう一つインド人です。インド人も本来は捕虜のはずです。しかし日本軍はインド人は捕虜として扱わないで、労務隊を編成してそこで彼らを捕虜でない形で使っていきます。だから本当に解放されたアジア人捕虜もいますけれども、アジア人労務者として捕虜の身分から労務者の身分に切り替えられて、日本軍に使われた人たちがたくさんいます。悲劇は、そうして使われた多くのインド人や中国人が亡くなったということです。

彼らを使った日本兵が戦後戦犯裁判で処刑されています。なぜかというと、彼らは軍からインド人労務者を渡すからこれを使って荷役をするよう言われます。彼らは労務者としての処遇をします。戦後になると、インド兵が私たちは捕虜だ。捕虜を虐待した、という形でジュネーブ条約違反ということを含めて、彼らは、これはオーストラリアのラバウル裁判ですけれども、そこで処刑されています。

捕虜と国際条約

なぜ彼らが処刑されたのかということです。捕虜と国際条約、すなわちジュネーブ条約、これが大きな問題です。ジュネーブ条約というのは、捕虜の処遇について決めた条約です。これを日本は署名したんですね。署名したんですけど陸軍と海軍の反対で批准しなかった。こんな捕虜の処遇を認めてたら、日本兵よりよっぽど捕虜の方がいいという処遇になります。

当時日本兵は、生きて虜囚の辱めを受けずという戦陣訓を叩き込まれたはずです。捕虜

「白人」捕虜概数

	「白人捕虜」数 将校	下士官以下	合計	備考
イギリス	4809	41518	46327	
アメリカ	456	5184	5640	10633＊①
カナダ	73	1611	1684	
オーストラリア	987	15814	16801	
ニュージーランド	22	52	74	
オランダ	2357	21211	23568	
南ア	17	15	32	
その他	5	216	221	1706＊② ＋ 591＊③ 3890＊④
合計	8726人	85621人	94347人⑤	11167人

注：
① 10633人はフィリッピンで捕虜になったアメリカ兵の数。
② ビルマでの捕虜、この数にはイギリス・中国兵の他に、ビルマ人も含むと　思われる
③ ニューギニアでの捕虜数。イギリス兵の他に現地住民も含むと思われる
④ ボルネオの捕虜数。イギリス・オランダ兵の他に現地住民を含むと思われ　る。
⑤ １９４２年９月１０日現在、白人捕虜数は１２万５３０９人に増加。(虜月報」８月号)
(出典) 俘虜情報局「俘虜月報」第３号。何時の数字か明記されていないが、１９４２年４月現在と推測される(内海愛子・永井均編集・解説『東京裁判資料――俘虜情報局関係文書』現代史料出版、１９９９

になることは考えられない。だから捕虜の問題というのはほとんど予測していなかった。そこに 25 万の捕虜が出たんですね。そこがまず最初のつまずきなんです。

その 25 万の捕虜が出る前に、実は開戦直後赤十字から打診があります。これについても陸軍はうまく適当に使えというような方針を出すんですけど、そのあとアメリカから日本はジュネーブ条約を批准していないことは知っているけれども、相互の適用をやりたいという申し出があるわけですね。同じようにイギリス、英連邦から翌年にあります。私たちはこんなものは批准していませんと蹴れば、それはそれで一つの方針です。

しかし外務省は蹴れなかったんです。なぜ蹴れなかったかといえば、外務省は内と外の情報を管理していますから、当時 50 数万の在外邦人がいて、ジュネーブ条約を日本が蹴れば、この人たちの処遇にもろに反映する。それで外務省としては何とか批准まではいかないけれども、それを玉虫色で解決したいというので、ここで外務省が主導になって、陸軍省、海軍省それから陸軍、海軍ですね、この人たちを入れて会議をやって、回答したのが準用の回答なんです。日本は、その精神を尊重しますということです。精神尊重ですから、虐待したって精神尊重してましたと言えばいいわけですね。ところが事実上連合国は、批准と同じにこの準用を解釈していきます。

捕虜の労務動員

そして東条は、「1 日たりとも働かないでは飯を食わせるな」という趣旨のことを演説したといわれています。東条はそんなことは言っていないといっているんですが、その意を解してちゃんと下級の中将が労務に就かせる方針を出していきます。

こういう形で、捕虜の労務動員が始まります。しかし、労務動員といっても連れてきてここで働いてくださいという形では、働けないんですよね。で、何をやったのかというとそれぞれの企業に捕虜を使わないかと、最初は軍の側から提案するわけです。ところが企業は怖がって最初は捕虜を使おうとしなかった。しかし軍は、宿舎は軍が提供します、食べるものも軍が提供します、管理は軍がやります、だから企業の側は捕虜について 1 日 2 円の賃金を払ってくれればいいんです。こういうようなプッシュをして、それで捕虜を入れていきます。

そうすると、捕虜を使った段階で、思わぬ効果が出た。ひとつは捕虜が働いているのを見て、無敵皇軍、日本が本当に大東亜を占領してそこを支配していることをこれが捕虜の実際の姿の中から、多くの人たちがそれを感じて日本軍に対する忠誠を誓っていく。こういう宣伝効果が一つあった。それともう一つ、朝鮮人を使っていたけれど能率が上がらなかった。それで、朝鮮人を捕虜で代替しようという企業が出てくるんですね。

その時、どういう状況だったかというと、みんななるだけサボタージュをしますよね、日本人も。そして賃金を民間企業でも上げるように要求する。ところがそこに捕虜が組織的に入ってくると、自分がさぼっていると職場がなくなるというので、他の人の労働の能率が上がっていく。

そこで、1942 年の秋ぐらいから本格的な捕虜の日本への導入を図ります。しかし、10 万人シンガポールにいたといっても、その中でどういう捕虜がどこにいて、それをどこの企業にあてはめていくのか。これは非常に難しい仕事です。それでまずやったことは、各企業に捕虜を何人、どういう仕事に使いたいのかという、許可願いを出させます。それには理由書も添付させます。

これはどういうルートを通って行くかというと、まず、地元の区役所、市役所などに書類を出します。だんだん上がって軍司令官、その地域を管理する軍司令官がこれを許可すると、その上に最終的には陸軍大臣が全部許可します。ここが朝鮮人と中国人と違うところなんですね。厚生省止まりで認可をするのではなくて、最終的には軍のトップ、軍政のトップが捕虜については全責任を持つ形で導入していきます。

企業があげたものを軍が承認して、陸軍省が承認して、それをシンガポールやフィリピンのマニラなどの軍司令官に命令を出し、そして乗せる船まで指定して日本に連れてくるわけです。連れてきて門司などに上がった捕虜を受け取り、受領して、神戸やなんかにこれを連れてくる。そして、要請が出ていた企業に配分していくんですね。非常にシステマティックなんです。そうやって捕虜を労務に動員していきます。

捕虜収容所の管理体制

捕虜収容所というのは後方の勤務です。東南アジアや日本が占領した地域全体に、捕虜収容所ができます。フィリピンにはフィリピン捕虜収容所、シンガポールにはマニラ捕虜収容所、ジャワにはジャワ捕虜収容所、そしてボルネオにはボルネオ捕虜収容所をつくっていきます。これは東南アジアです。そして奉天とか上海とか香港、ここにも捕虜収容所があります。日本国内にも収容所が何カ所かできます。

収容所にに捕虜を配置した時、食べさせたり医療の面倒も見なければいけない。ものすごい人手がかかるんですね。東南アジアの場合には、それを朝鮮人と台湾人で補填したのです。だから捕虜収容所というのは、具体的には朝鮮人部隊だといわれるくらい、トップに日本人将校が一人いて、その下に下士官が一人か二人いて、あと全員が朝鮮人軍属なんです。

日本国内の場合も、最初は軍が面倒を見ますよといったんですが、軍がそんな余裕がないと全部企業に丸投げするんです。捕虜を派遣するからお前のところで全部食わせろ。それから面倒を見ろ、これが派遣俘虜です。そうやって捕虜を派遣しておいて、体制が整うと自分のところに分所を作って、そこに予備役の将校を入れて下士官を入れて、日本の軍が警備する、こういう体制を整備します。これが1943年昭和18年の5月ぐらいですね。3月ぐらいでもう整備されています。

ところが、整備したのはいいけれど、こんどはそんなところに有能な日本軍の兵士を張り付けておく余裕がなくなるんですね。それで何をしたかというと、派遣所と名前を変えて、軍人は将校一人にして、あとは先ほどいったような各企業からの警備員、民間人ですね。それから傷痍軍人を軍属として採用して、それで彼らが管理するわけです。そういう管理を戦争末期にしますから、もっともきつい状態の時ですね。食べるものがほとんど無い。食糧もちゃんと軍から支給することになってたはずですが、戦争末期になるとそれも滞る。それともう一つは、副食もつけてたはずです。軍が支給していた。ところができなくなると一人3銭かな。これをやるからお前のところで食べるものを集めろと、こういう方針に変わります。

なんてったって食べるものがない。それから、捕虜に対するプロパガンダをすごくやって、反英米、鬼畜米英ということもやっています。空襲もありますから、捕虜に対する敵愾心がものすごく高まっていくわけですね。俘虜収容所は全部「俘」と書いた腕章をつけてるんです。腕章というのは勝手に付けたりはずしたりできないものなんだそうです。捕虜収容所の人は食糧の買い出しに行く時、それを付けていくと、捕虜なんかに食わせるものは売れないと拒否されるので、しょうがないから腕章をはずして食料を調達したというような話もあるほどです。たぶん、神戸はもうちょっと条件が良かったと思います。

こういう形で捕虜を管理していきますから、昭和19年、1944年、45年になると捕虜はほんとうに餓死との、たたかいになります。アウシェビッツのあの姿を思いうかべてもらえればいいというくらいに、捕虜がやせていくわけですね。それでも労働は続くんです。労務は、とにかく人手が足りない。平時の生産の70％に落ちている、50％に落ちてると企業から言ってきます。そこで捕虜を何百人という要請がありますから、捕虜収容所は無理してでも人を出していきます。空襲で捕虜収容所が爆撃されても、なかなかそこを動かないのは、労務の需要がある限りは労務を優先させたんですね。多少とも移動できる人は山奥に移動していきます。それともう一つ、連合国が上陸作戦を展開して捕虜を奪取されたらば、これはむこう側の戦力になりますから、最も日本に対する敵性の強い捕虜というのはアメリカ人捕虜と規定していたそうです。この人たちは海岸地域の捕虜収容所から山奥の捕虜収容所なんかに移していく。こういうこともやったといわれています。

私たちは捕虜収容所のほうからこの問題をアプローチしていくと、捕虜収容所が細かく展開するので、なかなか全体像がつかめないんですけれども、労務の需要からつかんでいくと、中国人強制連行と同じですね。事業所、そこから見ていくといかに捕虜がいろんなところに展開していくのかがよく分かります。

日本の捕虜政策に対する米英の態度

レインさんは引き揚げの時に沖縄に2日間いて、マニラに3週間いってそれからオーストラリアに引き揚げてるんですね。これはほかの捕虜もほとんど同じです。どういうことがその間にあったのか。もちろん体力の回復ということも大変大きな問題ですけれども、アメリカとイギリスは日本に対して 1944 年の 2 月の段階で、「もうあなたたちは信用しない」という声明を発表しています。

これはどういうことかというと、フィリピンで解放された捕虜、そこからアメリカが証言を得たら、あまりにもひどい捕虜の処遇、バターンのデスマーチがありますよね。それと医療がない食糧がない、そういう証言を得てイギリスやアメリカは、日本の捕虜虐待をつかんでいるんですね。だけど一般には公開しなかった。なぜ公開しなかったかというと、これを公開すると日本はまた逆上して、自分たちの捕虜をもっとひどい目に遭わせるだろう。だからこれは伏せておいた。ずっと伏せておいたけど、1944 年になって、もうこれ以上伏せることはできないといって、捕虜の実情を放送で流し、これは全世界に流れます。

それと、日本に対する抗議の報告書もでます。マッカーサーは自分たちの捕虜を虐待したものに対しては、戦後絶対に戦争裁判にかけるとその段階でいっていますし、イーデンが国会で演説をやっているくらいなんですね。これに対する抗議文は年中外務省を通してきます。外務省は全部見ているんです。重光の「昭和の動乱」という自伝を見ていたら、やっぱり彼は捕虜問題にいちばん心を痛めている。何とか方針を転換しようと思っても、もう動き出した歯車を変えることはできなかった。なぜかというと、陸軍も、陸軍省も捕虜の問題をほとんど歯牙にかけなかったんですね。労働力として使うくらいは一生懸命考えましたけれど、ジュネーブ条約にのっとってどこまで捕虜を処遇できているのか、通り一遍の調査はしています。そんな事実はありませんいう電報を打ち返しています。連合国の抗議というのは、受信をしている人によると数え切れないくらいで、私たちはいちいち憶えていないと。正式な回答したのが 80 何件あるんです。そういう捕虜の状態でした。

ですからポツダム宣言の第 10 項というのは、「我らの捕虜を虐待せるものを含むあらゆる日本の戦争犯罪はこれを厳しく裁く」、これが連合国の戦争犯罪規定です。そこで明確になっているのは、捕虜虐待だけなんです。これを受け取った大本営は、何を言っているのかよく分からなかった。他の戦争犯罪はいったい何なのか。それは明記されていないので中身が分からない。しかし、捕虜虐待だけは明記されているんですね。

マニラで受領した降伏条件の中にも、捕虜の条件が書かれていました。すぐ身柄を安全なところに移して、そしてその人たちをいの一番に引き揚げさせる。そのために、占領が始まる前に全部名簿を提出させています。この名簿は、捕虜収容所の名簿だけではないんですね。捕虜が働いていた吉原製油の社長から、同じ工場で働いていた人のリストまで全部出させる。そのくらい徹底してます。それで、虐待した人を全部リストアップしていく。そのくらい連合国が捕虜の問題を重視していることを、当時の陸軍大臣も次官も「私たちが予想もしてなかったことだ」だと言っています。

一体捕虜収容所で何があったのか。連合国がやる前に自分たちが調べよう。俘虜関係調査委員会というものを作っていきます。これは日本軍が作った委員会です。どうも連合国が捕虜について厳しく裁くようだから、一般的な戦争責任とか戦争犯罪ではなくて、捕虜について集中的に調査するというやり方をしていきます。それで捕虜収容所の人に調査させて、懲罰をしているんです。軍法会議を開いてではなくて、どうも捕虜を何回か殴っているようだから、あれは営巣に一週間入れるとか、そういうことをやってアメリカや連合国がそれを追及することをかわそうとしているんですね。ところが、連合国の方の動きが早く、これも途中で何となくうやむやになります。

日本は東京裁判や BC 級裁判の他に、自主裁判というのを自らやっています。バターンのデスマーチの本間中将は礼遇停止になっています。あれは自主裁判の軍法会議の法廷と行政処分の両方やっていますが、その行政措置だと思います。こういうふうに日本側が裁いておけば、よもや連合国はそんなに厳しく裁かないだろう、というように予測してたんだと思います。

しかし、先ほどいいましたように、1944 年アメリカ、イギリスは日本に対して一切の幻想を捨てたと、これから日本の捕虜虐待に対して徹底的な情報を収集して、これに対する責任を追及するという方針に変わっていきますから、44 年くらいになると東南アジアはもちろん、中国、日本の中にある捕虜収容所についても、全部リストを作っていきます。北緯何度東経何度にどういう収容所があった、最初はほとんどクエスチョンマークなんですね。44 年の 8 月くらいになると、新潟の収容所は砂地の上にあって、どういう鉄工所が使っていて、イギリス人捕虜が何人いて、オーストラリア人捕虜が何人いて、全部それを掴んでいます。神戸でも全部リストアップされて、名前まではともかくとして掴んでいたはずです。

捕虜虐待の実態調査

日本は捕虜の名前を全部赤十字に報告してます。ここが中国人と朝鮮人の違うところです。これは国際条約にしたがってそれをやる義務があったんですね。そうやっているはずです、といった方がいいですね。というのは、あんまり捕虜の数が多くて、それと捕虜を管理する日本側の体制はあまりにも貧弱で、実は捕虜の名前をリストアップして報告するのが全部終わったのは 1953 年です。戦争が終わっても延々と捕虜収容所では名簿を作っていた、それくらい日本は体制が遅れたといわれています。

一方、連合国の側は、まず身柄を安全に確保した段階で、「お前は誰に虐待されたか」ということを書き出すんです。これはかなりランダムですけど、たとえばレインさんに調査官が来て「お前日本人に殴られたか」「いつどこでどういうふうに殴られたか」「殴られたのを見たのか」、そういうカードが集積されます。これは今、ワシントンの公文書館に残っています。マニラで体力を回復した人や、一度帰った人たちにも調査します。どういうようなランクで、いつまでここにいて、そしてどういう虐待を受けたか、その虐待は自分が受けたのか、目撃したのかそれを全部書かせるんですね。それと同時に、捕虜収容所の解放に連合国の兵士が入っていきますから、収容所の写真を撮って、どういう建物だったのかということもレポートして、それも蓄積していきます。こういうことをふまえて裁判を展開します。

私は、その刑が妥当かどうかとか、なぜ捕虜収容所だけなのか、もっと大きな戦争犯罪がなぜ見逃されたのか、という疑問はあります。だけど、そこで問題にされている戦争犯罪に、そんなに大きな誤りはないと思います。ただ、人定の間違いはあると思います。というのは、日本人の名前を確定できない、それともう一つは綽名でだいたい呼んでいるんですね。たとえば内海などというのは、ツというのは発音しにくいとかいろいろありますね。そうすると、全部あだ名を付ける。あだ名で呼んでますから、あだ名とその名前が一緒のものかどうかの確定ができる人とできない人がいる。それが一つ。それともう一つは、名前が特定できない時は首実検をやったんです。捕虜収容所の関係者を全部捕虜の前を歩かせて、これ、これってやりますから、本当に殴った人とそうじゃない人が 1 年も 2 年もたつとかわってきますね。でもそれで、とりあえず容疑者をピックアップしていく。そういうやり方をしていきましたから、人定に問題があったことは事実かも知れません。

ただ、先ほども言ったように、多くの捕虜が死亡し、ないしは戦後いろんな後遺症を持っていた、これは事実だと思います。で結局、多くの捕虜を死亡させた捕虜収容所に集中的に戦争責任が被さってきます。たとえば泰緬線の場合には、捕虜を管理するのは捕虜収容所です。でも捕虜を使うのは鉄道隊なんです。だけど鉄道隊からは二人しか戦犯は出ていない。捕虜収容所では 20 数人、朝鮮人の軍属も死刑になっています。

なぜかというと、捕虜収容所はずっと一緒で毎日顔を合わせていますから憶えているんですね。鉄道隊は、協力するだけだから工事が終わるとどんどん展開していきますから、殴られてもよっぽどひどい人でないと分からない。そこで戦争責任の追及が捕虜収容所にどうしても集中する。日本軍が捕虜にやったいろんな行為のシンボルとして、捕虜収容所がとりあつかわれ、そして具体的には、殴った、私的制裁ですね。それは日本軍の場合は誰でもが受けてきたとよく言われますし、軍属たちはさんざん殴られて教育されてきたから、殴ることにそんなに抵抗感を持たなかったということも事実だといいます。でも、自分たちは殴られても、殴る行為を捕虜にやった場合、これは戦争犯罪になるんですね。

朝鮮人は 3000 人、俘虜収容所の監視員として集められました。3320 何人ですから大体 3000 人です。その中から 129 人が戦犯になっているんです。それで 23 人が処刑されています。憲兵隊は戦犯の絶対数は多いんですが、率としてこんなに高い戦争犯罪人を出した部隊はないと思います。日本の戦争犯罪として有期刑を含めて処刑された 7 %は旧植民地出身者なんですね。そのうちの大部分は捕虜収容所です。148 人の朝鮮人の戦犯のうち、129 人が捕虜収容所関係者です。

裁判で裁かれなかったもの

日本軍の捕虜政策、ジュネーブ条約とそのつまづき、大量の捕虜を管理する能力がなかった。それからシステムが作れなかった。一応、陸軍省の軍務局の中に捕虜管理部をつくって俘虜情報部と両方で管理する。すごいなと思ったら、一人の人が二つの仕事をしている。そういう形でほとんど捕虜に、エネルギーを割かなかった。ですから、捕虜収容所がどういう実態の中にあるのかということがつかめてても、改善命令も出せなかった。

南方からの捕虜の輸送、これはやっぱり地獄船なんですね。日本兵も大変だったけど、捕虜はそれよりもっと大変で、船倉に押し込められますけど、最初の頃は 1 坪に 6 人、それがその年度末になると 22 人、要するに寝る場所もないという、そういう形で、20 何人までは確認できていますね、輸送されてきますから、門司に着いた時にはあまりの惨状に朝鮮俘虜収容所から、捕虜を引き取りに来た人が受け取りを拒否した、というぐらい輸送の過程で多くの捕虜が死んでいるんです。

日本に着いて、上陸した捕虜を目撃していた女の人の証言を聞くと、黄色い人がひょろひょろと上がってきて今にも倒れそう、それを受け取りに来た捕虜収容所の人が全部受け取って、夜行列車に詰めて、乗せていくと。あまりにもひどい人は、そこらの病院に入れたりすると。しかし、船倉を見たら垂れ流し状態。その中に死体がうずたかく山のように積まれている。最初暗くてよく見えなかったのが目が慣れてみると、それは全部遺体だったという。それからあとどんどんお棺が運ばれてくると手足が出たりしてひどい状態で、彼女はそれをみたあとうなされて、いままで絶対に思い出したくないというぐらいの惨状だったという。

捕虜虐待というのは、たんにこれだけというのではなく、そういうものも全部含めて、実は元捕虜の人たちが記憶の中にインプットされているんですね。だから戦後、オーストラリアはものすごく対日感情が悪いんです。

個人の行為に対する責任は個人が取るべきだ。だから日本の戦争裁判は、私たちが正しいというのがオーストラリアや連合軍の基本的な考え方です。これに対して私たちが、それはそうかもしれない、だけど連合国の捕虜の問題だけが特記されてて、他の戦争犯罪についてまったくといっていいほど触れていない。中国人は 3 件だけです。横浜裁判では。朝鮮人についてば一切取り上げていない。こういう戦争裁判のあり方には、私は強い疑問を持ちます。それと連合国は、自らの戦争犯罪行為は一切裁かないことを申し合わせていますから、自分たちが原爆を落としても空襲をやっても、それはノータッチなんですね。

その中で捕虜収容所を中心にした捕虜の扱いだけがクローズアップされてきますから、私たちは日本の戦争の戦犯というと、いろいろなことを含めて裁かれたというふうに考えていますけど、そうではなくて、主要には捕虜の問題、そこを軸にして日本の戦争犯罪が問われている。このなかで、問われなかった、落とされた戦争犯罪が、どのくらい今の戦後史を規定してきたのか。戦後史のなかで裁かれなかったのはいったい何だったのか。これを自分たちがもう一回、戦争裁判を見直すなかで考えていかなければいけないんだというふうに、最近思い至っているところです。

一体日本の捕虜政策、それがどういうような犠牲を生んで今日にまで、禍根を残しているのか、そこを私たちが明確にしていかなければならないんじゃないか、というふうに思っています。どうも個人の蹴った殴ったという、そういうなまじ易しい問題ではなくて、日本軍の持つ構造的な管理体制の欠陥、これが捕虜虐待として表れているのではないか、これはたとえば天皇、作戦参謀がいちばん発言権があるとか、いろんな問題がそこに絡んでくるんですが、捕虜問題はそういう問題を考える大きなポイントではないかと最近思っています。

朝鮮人の場合は、まったく日本から受けた被害に対して、なぜ戦争裁判から排除されたのか、従軍慰安婦の問題だけじゃないんです。植民地の問題はあそこでまったく裁かれていなくて、中国人に対しては連合国の国民だから 135 の事業所の調査も行うわけですね。そういう形で連合国の問題と、それからアジアの民衆の問題、これは裁かれなかった日本の戦争犯罪の中には、アジアの住民に対する日本軍のいろいろな行為、これも含まれている。それを私は 1990 年代にいろんなところで始まった戦後補償裁判、それはそういうことを含めた私たちの歴史の掘り起こしだと思っています。

戦時下神戸港に強制連行された
中国人４名の証言
安井三吉

中国・河南省原陽の張忠杰さんから、大阪の桜井秀一さんを通して、戦時下神戸港に強制連行され、働かされた４名の中国人の方々の「証言」が届きました。どなたも、新華院（済南）と日本での苦難とともに、日本政府と企業に対する謝罪と補償の要求を述べられています。以下、骨子を紹介します。

１　張金正さん

１９１８年7月１５日生まれ、家は河南省方城県広陽鎮大李庄村。元国民党軍兵士。１９４４年、河南省中牟県で日本軍と戦闘中、捕虜となる。許昌の監獄に入れられる。農暦8月１６日、汽車で山東省済南市の新華院に連行。１７日間苦役に従事。青島から乗船、二、三千人。同行の一部は七尾、一部は北海道へ。自分は神戸の「新華寮」へ。隊長は邢殿如。荷物の積卸し作業に従事。日本降伏１ヶ月余、九州から船で塘沽へ、さらに天津北洋大学へ。日本政府は中国人民に対して謝罪を、神戸埠頭は経済的補償を。

＊　張金正さんのことは、李宗遠論文（『神戸強制連行の記録』２０３頁）にも出てきます。

２　李運川さん

１９２１年1月１１日生まれ。現在、河南省方城県小史店鎮楼庄村。国民党軍兵士、１９４４年、河南省漯河防衛戦で捕虜、郾城で拷問。8月、済南の俘虜訓練所（新華院？）へ連行、青島を経て日本へ。神戸では、李寿斌分隊長の下で労働。港で貨物の積卸。日本降伏後、１０月に帰国。日本企業、政府に対して歴史の正視、中国人労工の血債への償い、謝罪、補償を要求する。（２００２．８．１１、整理）

３　趙金銀さん

現在７７歳。河南省原陽県王杏蘭郷趙杏蘭村。１９４４年7月、陽武県城北関駅から徐州を経て、済南の新華院へ連行。２か月後、青島から日本へ。下関で下船、神戸へ。港で貨物の積卸。後に敦賀へ、さらに七尾へ。日本降伏後、下関から塘沽へ。七尾の企業の謝罪、補償を要求する。（１９９６．４．１８、整理）

４　肖金声さん

現在８３歳。河南省原陽県路寨郷河底鋪村。１９４４年8月、県城近くで捕まり、城北関収容所に連行。新華院へ送られ、１か月余り辛酸をなめる。青島から日本へ。下関で下船。神戸で6か月働いた後、七尾に送られ、港で働いた。隊長は蔡書香（武陽の人）。４５年8月１５日、日本降伏後は管理が緩くなった。1か月余りの後、船で塘沽に戻り、天津の北洋大学に行き、数日もせず家に戻った。

日本の企業と政府の謝罪、中国に被害者のための記念碑の建立、、経済的補償を要求する。（１９９６．９．１８、整理）

シンポジウム
「戦争懸留問題と中日関係の展望に関する国際シンポジウム」

時期：２００４年9月１８日ー１９日
場所：北京
テーマ：日本軍国主義の中国侵略の罪責、日本の中国侵略戦争の懸留問題
　　世界反ファッショ戦争に占める中国抗日戦争の位置、平和教育と愛国主義教育
　　中国関係の展望など。
主催：世界抗日戦争の史実を守る会、中国抗日戦争学会、中国人民抗日戦争紀念館
　　北京大学歴史系
連絡先：中国人民抗日戦争紀念館

活動の記録（５）

2003.12.04　第 38 回運営委員会（於／神戸学生青年センター、以下特に記述のないのはセンター）＆送年会
2003.12.09-14　「南京・閉ざされた記憶」神戸展に参加（於／県民会館）
2003.12.21　ニュース「いかり８号」発行
2004.01.08　第 39 回運営委員会
2004.01.31　「論文集」「副読本」出版記念講演会、朴明子一人芝居、金慶海、孫敏男、徐根植、梁相鎮、村田壮一、安井三吉、徳富幹生の話
2004.02.01　兵庫在日外国人教育研究協議会研究集会で宮内陽子、副読本の発表
2004.02.06　安井三吉先生の最終講義に参加（於／神戸大学）
2004.02.12　第 40 回運営委員会
2004.03.03　神戸新聞に副読本の記事
2004.03.13　神戸新聞等にジョン・レインさん来日の記事
2004.03.13　ジョン・レイン『夏は再びやってくる』出版記念講演会、ジョン・レイン、内海愛子、平田典子の講演
2004.03.19　731 部隊細菌戦裁判原告の証言を聞く集いに参加
2004.03.20　堺市教育委員会フィールドワークで甲陽園、神戸港等を案内、徐元洙、梁相鎮、飛田
2004.03.28　『むくげ通信』203 号に徳富幹生、飛田雄一による論文集、副読本、ジョン・レインの本の書評
2004.04.08　第 41 回運営委員会
2004.04.22 ～ 5.29　「南京・閉ざされた記憶」ひょうご展に参加
2004.05.08　真相調査団神戸フィールドワーク、梁相鎮、金慶海、徐元洙案内
2004.05.09　大阪中国人強制連行フィールドワーク、追悼集会に参加
2004.05.13　第 42 回運営委員会
2004.06.10　神戸市と石碑について話し合い
2004.06.10　第 43 回運営委員会
2004.06.14　兵庫在日外国人人権協会、神戸市と総合交渉、副読本・石碑もテーマに、孫敏男、李相泰、徳富幹生ほか参加
2004.06　『歴史と神戸』244 号に村田壮一の 3 冊の本の書評掲載
2004.06　『ひょうご部落解放』113 号に金慶海のジョン・レインの本の書評
2004.07.08　第 44 回運営委員会

××××××××××××××××××××××

「神戸港調査する会」関係の出版物

▼ジョン・レイン著平田典子訳
『夏は再びやってくる－戦時下神戸・元オーストラリア兵捕虜の手記』（神戸学生センター出版部 2004 年 3 月）定価 1890 円（送料調査する会負担）A5 判 264 頁

▼【論文集】調査する会編
『神戸港強制連行の記録－朝鮮人・中国人そして連合軍捕虜』（明石書店 2004 年 1 月）定価 4725 円（特価 3800 円、送料 110 円）四六判 352 頁

▼【副読本】調査する会編・発行（執筆・宮内陽子）
『アジア・太平洋戦争と神戸港－朝鮮人・中国人・連合国軍捕虜』（みずのわ出版 2004 年 2 月）定価 840 円（特価 800 円、送料 110 円）B4 判 32 頁

▼復刻版/神戸連合軍捕虜関係地図（松本充司さん提供）A3、4 枚分カラーコピー　500 円（送料 110 円）

編集後記

「いかり」は港の象徴である錨であり、強制連行され、神戸港で労働させられた朝鮮人や中国人の怒りでもあります。この二つをイメージするものとして、会のニュースの表題にしました。

★久しぶりのニュース９号です。３月の出版記念会講演を記録しました。内海愛子さんの講演は、文字ばかりの編集となって読みにくいかも知れませんが、あしからず。（堀内）
★暑いですねえ。残りの課題は、出版した本の完売と記念碑を建てること。年内に終わりたいですねえ。（金慶海）
★今から印刷です。飲みながら印刷ではなくて、印刷　してからビールとします。先日、ＮＨＫで通風とビールの解説があって、それどど気にしなくてもいいとのことです。（飛田）
★選挙から１週間。また運営委員会にもキチンと出席します。今日はお手伝い。（門永）

いかり 10

2008.12.11

神戸港における戦時下朝鮮人・中国人強制連行を調査する会ニュース

〒657-0064　兵庫県神戸市灘区山田町 3-1-1　（財）神戸学生青年センター内
TEL 078-851-2760　FAX 078-821-5878　E-mail rokko@po.hyogo-iic.ne.jp
ページ http://www.hyogo-iic.ne.jp/~rokko/kobeport.html

アジア·太平洋戦争時期、神戸港では労働力不足を補うため、中国人·朝鮮人や連合国軍捕虜が、港湾荷役や造船などで過酷な労働を強いられ、その過程で多くの人が犠牲になりました。私たちはこの歴史を心に刻み、アジアの平和と共生を誓って、ここに碑を建てました。

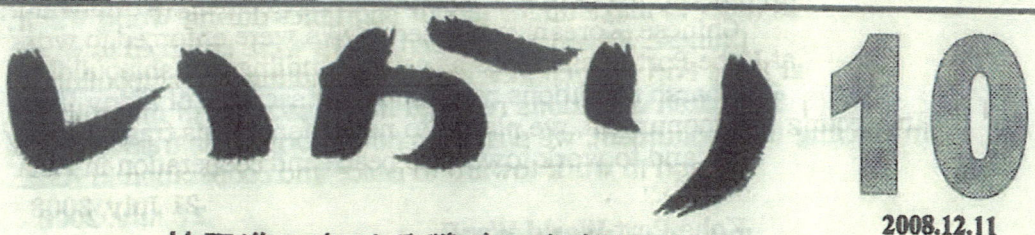

2008年7月21日
神戸港における戦時下朝鮮人·中国人強制連行を調査する会

Kobe Port Peace Monument

In order to make up for labour shortages during World WarⅡ, Chinese, Korean, and allied POWs were enforced to work at Kobe Port in such jobs as cargo handling and shipbuilding. The harsh conditions resulted in the sacrifice of many lives. In erecting this monument, we pledge to never forget this tragic history and to work toward to peace and cooperation in Asia.

21 July, 2008

Kobe Port World WarⅡ
Korean and Chinese Forced Labour Investigation Group

神户港和平之碑

亚洲・太平洋战争期间，为弥补神户港劳动力不足，很多中国人，朝鲜人和联合国军俘虏被强迫在港湾、码头和造船厂做装卸及造船苦役，其间牺牲了许多人。为牢记这段历史，永志亚洲和平与共生，我们在此立碑。

二〇〇八年七月二一日

神户港战时朝鲜人中国人强制连行调查会

고베항 평화의 비

아시아・태평양전쟁 시, 고베항에서는 노동력 부족을 보충하기 위하여 중국인・조선인이나 연합국군포로에게 항만하역작업이나 선박건조 등의 가혹한 노동을 강요하고, 그 과정에서 많은 사람들이 희생되었습니다. 우리들은 이 역사를 마음에 새기고 아시아의 평화와 공생을 맹세하여 여기에 비석을 세웠습니다.

2008년7월21일

고베항 세계2차대전시 조선인 중국인 강제연행조사회

＜神戸港 平和の碑＞建立への路

建立までの経過

7月21日、KCC会館前の敷地で＜神戸港 平和の碑＞の除幕式が行なわれた。1999年10月の調査する会結成後、9年近い歳月を要したことになる。

調査する会はこれまでに、①『神戸港強制連行の記録－朝鮮人・中国人そして連合軍捕虜－』（明石書店、2004年1月、4500円）②『アジア・太平洋戦争と神戸港―朝鮮人・中国人・連合国軍捕虜―』（みずのわ出版、2004年2月、840円）の報告書、また③ジョン・レイン著・平田典子訳『夏は再びやってくる―戦時下神戸・元オーストラリア兵捕虜の手記』（学生センター出版部 2004年3月、1890円）を出版してきた。さらに調査活動で知りあった元神戸連合国軍捕虜の監視に当たっていた軍人・松本充司さん提供の④「神戸の連合軍捕虜関係地図」（A3，4枚分 カラーコピー、500円）も復刻するなど調査活動の成果を発表してきた。また調査のきっかけとなった⑤日本港運業界神戸華工管理事務所・神戸船舶荷役株式会社『昭和二十一年三月 華人労務者就労顛末報告書』（1999.6.30、神戸・南京をむすぶ会刊、2000円）の復刻も調査する会結成以前に神戸・南京をむすぶ会が行なっている。

調査する会は、当初から調査活動とともに「モニュメント」を作ることを目標としていた。歴史を心に刻むとともに「石に刻む」ことが大切だと考えていたのである。しかし、調査活動および成果の発表が順調に進んだことに比べて、モニュメントの建立には困難がともない紆余曲折もあった。

当初、神戸港の一角の神戸市の土地に建てられるのが望ましいと考えて神戸市と交渉を行なった。強制連行をテーマにしたモニュメントの建立に神戸市が難色を示したため、一時はモニュメント建立が暗礁に乗り上げたかたちになってしまった。市有地がダメなら私有地を探すしかないと、いくつかのところに打診・依頼等を行なったりもした。

そのようななかで、神戸華僑総会名誉会長・林同春さんらのご協力を得て神戸華僑歴史博物館のあるＫＣＣビルの前に＜神戸港 平和の碑＞を建立することができるようになった。本当にありがたいことである。本年5月15日に調査する会は神戸学生青年センターでモニュメント建立のための集会を開き、募金活動のラストスパートに入った。幸い多くの方々から募金をいただいて7月21日の除幕式を迎えることができたのである。

ただしＫＣＣビル前のモニュメントは「仮」設置だ。調査する会は神戸市の土地にモニュメントが設置されることを今も要望している。いつでも神戸市の許可を得て市有地に「ひっこし」する用意があるし、このことは神戸市にもお伝えしている。

ともあれ、ＫＣＣビル前は＜神戸港 平和の碑＞にふさわしい絶好のロケーションにある。神戸港のすぐ近くで交通の便もよい。是非多くの方がこのモニュメントを訪れ、アジア・太平洋戦争の時期に朝鮮人・中国人・連合国軍捕虜が神戸港で苦労されられた歴史を振り返り、未来の＜平和＞を築いていくために何ができるのか、何が必要なのかを考える時を持っていただきたいと願っている。

建立の集い

碑文が決定し、碑石も斉藤造園に発注した碑は高さ約1.3ｍ、幅1ｍ、奥行きは0.3ｍ。斉藤造園の斉藤氏は、神戸学生青年センターの朝鮮語講座上級クラスで一時期朝鮮語を勉強したことがあることからのつながりだ。

除幕式は7月21日に決定したが、その前に調査する会の当初の賛同団体に呼びかけて「決起集会」を開くことにした。除幕式のイベントを盛り上げるとともに、石碑や除幕式にかかる費用の募金をつのることが目的であった。

こうして「〈神戸港 平和の碑〉建立の集い」が、2008年5月15日午後6時30分より神戸学生青年センターのホールで開催された。集会には約40名が参加した。

調査する会代表の安井三吉が「中国や韓国などが言う『未来志向』とはあくまで日本が過去を直視することが前提だ。強制連行や強制労働の歴史事実を次世代に伝えるため碑の建設は重要だ」とあいさつし、続いて飛田事務局長が、碑の建立にいたるまでの経過報告をした。

神戸港で実際にどれくらいの人数が強制連行や強制労働させられたのか、どういった経緯で神戸港で働くようになったのか、さらに彼らはどのような生活をしていたのかなどについては、朝鮮人関係を孫敏男、中国人関係を村田壮一、連合国軍捕虜関係を平田典子の各メンバーがそれぞれ報告した。

報告ではとりわけ強制連行･強制労働させられた人数に焦点が当てられ、これまでに文献などで判明している数として、神戸市では5,352人の朝鮮人が14企業に連行され、神戸港への中国人連行は996人でうち17人が死亡、連合国軍捕虜は神戸市内に545人いて神戸捕虜病院で22人が死亡したなどと報告された。

続いて副代表の徐根植から、石碑の製作費や中国人の神戸港強制労働の関係者2名の招待、記念誌出版、除幕式典などの費用として約300万円かかるとして、その募金についてのお願いがあり、同じく副代表の林伯耀から中国人強制連行裁判の同港についててのアピールあったほか、さまざまな賛同団体からも協力のアピールが行われた。

参加人数的には若干寂しい「決起集会」ではあったが、内容は充実したもので、7月21日の除幕式へ向けて大きな前進を感じさせるものであった。

除幕式

7 月 21 日日曜日の正午。非常に暑い日だった。あまりの暑さに、炎天下での屋外はやめて KCC ビルの 1 階ロビーで式典をしようか、といった冗談もでるほどだった。あまり広いとはいえない KCC ビルの 1 階ロビーで式典の受付をし、式典開始の 12 時に意を決して KCC 玄関前に出た。白い布が被せられた石碑をぐるり取り囲んだ参加者、70 名くらいはいただろうか。

安井代表のあいさつ、テープカットの来賓紹介、テープカット、来賓によるショートスピーチと式典は、暑さが拍車をかけたようにスピーディに進行する。報道関係者も各社がきており（当日の新聞記事は資料として本号に掲載）、ビデオを回したり写真を撮ったり、関係者のインタビューをするなど余念がない。とりわけ、父と伯父が神戸港で荷役作業をさせられたという中国からの遺族関係者、張福来（50）さんには、インタビューが集中していた。

式典の準備段階では、ハンドマイクを用意するとなっていたが、当日は忘れられていたようだ。スピーチの声が若干聞き取りにくく、マイクがあったほうがよかったとの反省もあったが、ともあれ大過なく式典は終了した。

除幕式終了後は、KCC ビルから歩いて 5 分ほどの南京町にある雅苑酒家に場所を移してのパーティである。当初 20 ～ 30 名を予想していたパーティへの参加者であるが、予想をはるかに上回り、店のワンフロアーがいっぱいになったほどだった。

全国各地とはいかないものの、各地から参加してくださった方々にあいさつしてもらい、和やかななかにも充実したパーティであった。

なお、除幕式における安井代表および張福来さんのあいさつの全文は次のとおりである。

安井代表のあいさつ

本日は、暑いなか、大勢の皆様にご参集いただき、ありがとうございます。

とりわけ、中国河南省の方城と原陽いうところから遠路はるばるご参列いただいた、中国人労働者のご遺族のお二人、張福来さんと張忠杰さんには重ねてお礼申し上げます。

「歴史を直視し、未来に向かう」は日中、日韓のこれからの関係を築くうえでの基本精神としてゆくことが求められています。この「神戸港　平和之碑」もそうした考えを共有しております。

「神戸港　平和の碑」は、日本による戦争と植民地支配の時代、遠く故郷の山河から引き離されてここ神戸港、神戸で苛酷な労働に従事させられていた多くの人々、とりわけ不幸にして神戸の地でお亡くなりになられた方々を記念するものです。この碑には、「歴史を直視」してはじめて「未来に向かう」ことができる、という考えを神戸の皆さんに理解していただきたいという願いが込められています。

「神戸港　平和の碑」が完成するまで、およそ9年の歳月を要しました。この間、在日韓国・朝鮮人、中国人、先日お亡くなりになられたジョン・レインさんのようなオーストラリアの方、そして多くの神戸市民の皆さんから沢山のご支援をいただきました。

「神戸港　平和の碑」が、国際海港都市神戸の今日が、このように光と影の陰影に富む、その意味で彫りの深い、豊な歴史の上にあることを静かに語り続けていってくれることを願うものです。

最後になりましたが、この土地は本来中国広東から神戸にやってきた華僑の組織された「神戸広業公所」のものであり、１００年以上の歴史があります。現在は、林同春先生が会長の神戸中華総商会をはじめとするＫＣＣビルの皆さんの管理にあります。

多くの方々に改めて感謝しつつ、ご挨拶とさせていただきます。

福来さんのご挨拶訳文

ご来賓の皆様、先生方、友人の皆様、今日は！

私は、張福来と申します。中国の河南省方城からやって参りました。安井三吉先生、飛田雄一先生、林伯耀先生など神戸の皆様の心温まるお招きにより、この「神戸港　平和の碑」除幕式に参列することができ、感無量でございます。

６０年余り前、私の父張金正、私の叔父閻鳳山ら千人に近い罪のない中国人が強制的に神戸港に連行され、日本人の監督の監視の下で、苛酷な肉体労働に従事し、ぼろの着物、わずかな食べ物で、牛馬のような生活を強いられ、１６名の労働者が死に追いやられました。犠牲者を偲び、英霊を慰めるために、まず、神戸港での幸存者（生存者）とその遺族を代表して、神戸港で犠牲となった労働者に対して、心からの哀悼の意を表明させて下さい。

神戸の友人、華僑、友好団体が数十年来正義を堅持され、中国人労働者たちの遺骨を収集し、調査を行い、彼らのために正義を取り戻そうとしてきたこと、支援して下さったこと、とくに幾重もの困難を乗り越えてこられたこと、無念の死を遂げ、怨みを抱き、なお行き所のないままさまよっていた魂に安らぎの宿を下さったことについて、これらのことにおいて大きな貢献をされた友人の皆様に、心からの敬意を表わします。

おわりに、神戸で犠牲となられた労働者たち永遠なれ、と祈ります。

中日両国人民が世々代々友好を続け、共に手を取り合い、被害を受けた労働者たちが正義を取り戻し、正義を広め、歴史を鏡として未来に向かうよう願います。

世界の永遠の平和を祈念します。

ありがとうございました。

除幕式その後と今後の活動

石碑建立への合い言葉は、何か実体のあるものを残そうとというものであった。要するに書籍だけでなく、ある場所に行けばそこに強制連行や強制労働について考えさせられるものがあること、これが調査する会の結成当初からの目標であった。

石碑の建立後、いろいろな団体のフィールドワークの形で、その効果が現れてきている。以下は石碑建立の 7 月から 11 月までの期間の、フィールドワークの記録である。

＜ 2008 年＞

・8 月 10 日（日）　教育労働者交流集会フィールドワーク　15 人

・8 月 21 日（木）韓国キリスト教青年フィールドワーク　50 名

・8 月 22 日（金）全国在日外国人教育研究協議会フィールドワーク　25 名

・8 月 27 日（水）韓国キリスト教「苦難の現場を訪ねる度」　15 名

・9 月 21 日（日）南京 60 ヵ年全国連・神戸会議終了後のフィールドワーク　8 名

・9 月 23 日（火、休日）ＮＣＣ（日本キリスト教協議会在日外国人人権委員会）　17 名

・10 月 7 日（火）愛媛大学伊地知ゼミ　9 名

調査する会としては今後どうしていくか。年に 1 回は記念事業をすることに決めた。7 月は暑いので 4 月（の第 3 日曜日）に、フィールドワークとか講演会を行なおうというもので、石碑を作ったら終わりではなく、息の長い運動を続けていきたい。

強制労働の歴史を刻む

神戸港に「平和の碑」

7月除幕

太平洋戦争時、中国人と朝鮮人、連合国軍捕虜が神戸港の港湾荷役や造船などで強制的に働かされ、大勢が亡くなった事実を歴史に刻もうと「神戸港平和の碑」が神戸市中央区海岸通三、神戸中華総商会ビル敷地内に建てられる。七月二十二日正午に除幕式を開く。

神戸港平和の碑(右)のイメージ図。「平和のみみ(美海)ちゃん像」と並んで設置される

強制連行については敗戦後、人権侵害で戦犯になるのを恐れた関係者が書類などを処分したため実態がつかみにくいのが現状。一九九九年に設立された「神戸港における戦時下朝鮮人・中国人強制連行を調査する会」(代表・安井三吉神戸大名誉教授)が文献や聞き取り調査を粘り強く続ける一方、碑設置に向け、活動してきた。設置場所近くには、神戸港に入港する外国艦艇に非核証明書の提出を求める「非核神戸方式」をアピールする「平和のみみ(美海)ちゃん」像があり、碑は像と並んで設置される。

碑文は、戦時中、神戸港で過酷な労働を強いられた中国人、朝鮮人や連合国捕虜の多くが犠牲になった歴史を心に刻み、アジアの平和と共生を誓うとの内容。中国語、朝鮮語、英語も併記する。

碑建立のため、三百万円を目標に募金活動をする。除幕式には、中国人の強制連行犠牲者遺族二人を招く予定。五月十五日午後六時半から、神戸市灘区山田町三の神戸学生青年センターで、神戸港平和の碑建立の集いを開く。調査する会事務局の同センター☎078・851・2760

(坂本 勝)

神戸新聞 2008.4.17

強制連行碑 建立へ

中国・朝鮮人労働者悼み

神戸・市民団体

太平洋戦争中、朝鮮半島や中国からの強制連行などの末、神戸港で強制労働をさせられて亡くなった中国人と朝鮮人、連合国軍捕虜を悼み、歴史を将来に伝えるため、市民団体が神戸市中央区に石碑の建立を計画している。灘区の神戸学生青年センターで「建立の集い」を開き、募金を呼びかけた。

集いは市民団体「神戸港における戦時下朝鮮人・中国人強制連行を調査する会」の主催で、約40人が参加した。代表の安井三吉神戸大名誉教授は「中国や韓国などが言う『未来志向』とはあくまで日本が過去を直視することが前提だ。強制連行や強制労働の歴史事実を次世代に伝えるための碑の建立は重要だ」と訴えた。

建立の集いで碑の必要性を訴える安井三吉代表＝神戸市灘区の神戸学生青年センターで

碑は高さ約1・3㍍、幅1㍍、奥行き0・3㍍で、碑文は日本語、英語、中国語、ハングルで刻む。神戸港を望む中央区海岸通3の神戸中華総商会(KCC)ビル前に建立し、7月21日に除幕式をする。

現在、建立などに必要な300万円のうち約50万円が集まっている。同会は募金を呼びかけている。募金はゆうちょ銀行振替口座「00920・0・150870 神戸港調査する会」。問い合わせは同会(078・851・2760)へ。【吉川雄策】

毎日新聞 2008 5.20

朝日新聞 2008.5.13

強制連行の碑建立へ

神戸港の中国・朝鮮人労働者悼む

太平洋戦争中に朝鮮半島や中国から強制連行され、神戸港で荷役作業などをさせられ、病気や事故で亡くなった中国人や朝鮮人らを悼む石碑が神戸市中央区に建立される。企画した市民団体は16日、神戸市内で「建立の集い」を開き、強制連行などの実態について報告するとともに、建立資金の募金活動を始める。（宋光祐）

「神戸港　平和の碑」の完成イメージ図。左横は、「非核神戸方式」を顕彰する記念碑＝神戸港における戦時下朝鮮人・中国人強制連行を調査する会提供

市民団体「平和へ願い」

神戸港での強制連行・労働の歴史について語る安井三吉代表＝神戸市中央区のKCCビル

市民団体は「神戸港における戦時下朝鮮人・中国人強制連行を調査する会」（代表＝安井三吉・神戸大名誉教授）。7月に、神戸港を望む神戸中華総商会（KCC）ビル＝同市中央区海岸通3丁目＝前に建立する。碑文には、太平洋戦争時に神戸港で労働力不足を補うため、中国人と朝鮮人、連合国軍捕虜が過酷な労働を強いられ、その多くが犠牲になったことを伝える内容の文言と、アジアの平和と共生への誓いが刻まれる。朝鮮語、中国語、英語でも記す。

同会は99年に設立。研究者や在日韓国・朝鮮人、華僑らが神戸港での強制労働などの実態を調べてきた。石碑の建立は設立当初からの同会の悲願だった。市有地の貸与を求めて03年、神戸市と交渉を始めた。戦後60年となる05年の建立を目指したが、市側から協力が得られなかったという。当時、強制連行や従軍慰安婦を取り上げた歴史教科書について「自虐的」と批判する声が強まっていた。

同会は民間の土地で石碑を設立できる場所を探した。今年1月、神戸華僑総会の林同春・名誉会長の協力を得て、KCCビル前の用地を借りられることになった。設置予定地の横には、神戸港に入港する外国の艦船に非核証明書の提出を求める「非核神戸方式」を顕彰する記念碑「平和のみみちゃん」が立っている。

石碑の制作費や、7月21日に予定している除幕式に強制連行者らの遺族を招くためには、計約300万円が必要。同会は集会などを通じて寄付を呼びかける。

「建立の集い」は今月16日午後6時半から、同市灘区山田町3丁目の神戸学生青年センターで。調査に携わってきた同会のメンバーが強制連行・労働の実態について報告する。安井代表は「石碑で60年以上前の出来事を未来に伝えたい。アジアの平和を願う思いが伝わって欲しい」と話している。問い合わせは同会（078・851・2760）へ。

2008年
5月16日　金曜日　神戸新聞　（第3種郵便物認可）

強制労働の歴史 正視して

…神戸港で戦時中あった外国人強制連行、強制労働の歴史を刻む「神戸港平和の碑」建立に向けた集いが十五日、灘区の神戸学生青年センターであった。約三十五人が参加し、三百万円を目標に募金を呼び掛けることなどを確認した。（坂本　勝）

神戸港における戦時下朝鮮人・中国人強制連行を調査する会

「平和の碑」建立へ集い　募金呼び掛け

灘区

碑は「神戸港における戦時下朝鮮人・中国人強制連行を調査する会」（代表・安井三吉神戸大名誉教授）が中央区の神戸中華総商会ビル前に建て、七月二十一日に除幕する。設置場所が決まらなかったが、神戸華僑総会の林同春名誉会長の協力で用地を借りられるようになった。碑文は、神戸港で過酷な労働を強いられた中国人、朝鮮人や連合国軍捕虜の多くが犠牲になった歴史を心に刻み、アジアの平和と共生を誓う内容。中国語、朝鮮語、英語でも記す。

安井代表は「日中、日朝間の歴史を正視し、心に刻むことが未来を語る上で大切」とあいさつ。

神戸港における強制連行などについて調べた運営委員らは、神戸市内では五千三百五十二人の朝鮮人が十四企業に連行された▽神戸港への中国人連行は九百九十六人で十七人が死亡した▽連合国軍捕虜は神戸市内に五百四十五人いて神戸捕虜病院で二十二人が死亡した―と文献や証言を基に報告した。

送金先は、郵便振替口座「00920－0－150870　神戸港調査する会」。事務局の神戸学生青年センター☎851・2760

「神戸港平和の碑」建立に向けた集いであいさつする安井三吉代表＝灘区山田町3

来月21日「神戸港平和の碑」除幕

強制連行の歴史刻む

犠牲者追悼の動き 全国で

市民団体「未来への警鐘」

太平洋戦争中、中国や朝鮮半島から強制連行された人たちや捕虜として日本に連れて来られた連合国軍兵士が神戸港で荷役作業などをさせられ、過酷な労働下、事故や病気で大勢が亡くなった事実を刻む「神戸港平和の碑」が七月、神戸市内に建てられる。強制連行犠牲者らを追悼する記念碑の建立は近年、全国に広がっている。背景には当時を知る人が減ってきている今、歴史を形にして残そうとする関係者の思いがある。（坂本 勝）

「朝四時から夜十二時まで毎日ふらふらになるまで働いた」「ろくに食事が与えられず、日本人の食べ残しで飢えをしのいだ」―。

神戸港に碑を建てる市民団体「神戸港における戦時下朝鮮人・中国人強制連行を調査する会」は一九九九年の設立以来、強制連行を体験した生存者への聞き取りや中国、韓国での現地調査、文献調査を続けた。

判明しただけで、神戸港周辺の企業などには、朝鮮人連行者五千三百五十二人▽中国人連行者九百九十六人▽連合国軍捕虜五百四十五人がいたという。調査結果をまとめ、「神戸港強制連行の記録―朝鮮人・中国人そして連合軍捕虜」（明石書店）と「アジア・太平洋戦争と神戸港」（みずのわ出版）を二〇〇四年に出版した。

もう一つの悲願

神戸港での強制労働などを掘り起こして出版する一方、記念碑の建立ももう一つの悲願だった。

同会は当初、神戸市有地の貸与を求め、市と交渉した。企業による労働者募集に始まり、官のあっせんや国民徴用令と、戦時中に官民が進めた強制連行について、行政の責任を求める狙いがあった。しかし、市の許可は得られなかった。

民間の土地で場所を探し、神戸華僑総会の林同春名誉会長（八七）の協力で、神戸中華総商会ビル（神戸市中央区）前の用地を借りることができた。港に面する用地には、神戸港に入港する外国艦船に非核証明書の提出を求める「非核神戸方式」を顕彰する記念碑「平和のみみ（美海）ちゃん」像が立っており、その隣に碑が設置される。

朝鮮人のほか、中国人や連合国軍捕虜の犠牲者も合わせて追悼する碑は全国でも珍しく、調査する会代表の安井三吉神戸大名誉教授は「碑の建立後、追悼行事を毎年開く予定。設置協力者に感謝し、将来の運営について意見を出し合いたい」と話す。

広く知らせたい

大阪市港区の天保山公園には、強制連行され、大阪で命を落とした中国人八十六人を追悼する「日中友好の碑」が〇五年に建てられた。

建立した「大阪中国人強制連行受難者追悼実行委員会」は、追悼会を毎年開催。強制連行された生存者や遺族ら約二百五十人に手紙で報告している。感謝を記した返事もあるが、「強制連行された中国人は日本の侵略の犠牲者だ。碑文ではそのことが明確になっていない」と厳しく批判する文章もある。

事務局の桜井秀一さん（五九）は「日本の侵略でもたらされた強制連行という実態が（碑の用地を所有する）大阪市との交渉の中で十分に表記できなかった」と前置き。「碑を建てて終わりでなく、犠牲者が大勢いたことを広く知らせていくことが必要だ」と強調する。

神戸の碑の設置場所確保に尽力した林名誉会長は「強制連行という悲しい出来事がかつてあり、二度とこのようなことをしてはいけないと警鐘を鳴らすことになる」と意義を強調。「道行く人が振り返り、歴史を思い返す契機になれば」と話している。

調査する会は、設置費用など三百万円を目標に募金を呼び掛けている。送金先は、郵便振替口座「00920―0―150870 神戸港調査する会」。事務局の神戸学生青年センター☎078・851・2760

神戸港平和の碑

アジア・太平洋戦争時期、神戸港では労働力不足を補うため、中国人・朝鮮人や連合国軍捕虜が、港湾荷役や造船などで苛酷な労働を強いられ、その過程で多くの人々が犠牲になりました。私たちは、この歴史を心に刻み、アジアの平和と共生を願って、ここに碑を建てました。

2008年7月21日 神戸港における戦時下朝鮮人・中国人強制連行を調査する会

【メモ】神戸港平和の碑 「神戸港における戦時下朝鮮人・中国人強制連行を調査する会」が神戸市中央区海岸通3、神戸中華総商会（KCC）ビル前に建てる。7月21日に除幕式を開き、中国人の強制連行犠牲者遺族2人を招く予定。

ニュース&ニュース

強制連行 悼む石碑

遺族らが除幕式

太平洋戦争中に強制連行され神戸港で荷役作業などをさせられて病気や事故で亡くなった中国人や朝鮮人らを悼む石碑「神戸港　平和の碑」の除幕式が21日、神戸市中央区海岸通3丁目の神戸中華総商会ビル前であった。中国から強制連行された労働者の遺族ら約70人が参加し、当時の犠牲者を悼んだ。

市民団体「神戸港における戦時下朝鮮人・中国人強制連行を調査する会」が募金を呼びかけて碑を設立した。碑文は朝鮮語、中国語、英語で記され、戦時中の労働力不足を補うため、中国人と朝鮮人、連合国軍捕虜が過酷な労働を強いられ、その多くが犠牲になったことを伝えるとともに、アジアの平和と共生を誓っている。

除幕式には、神戸港に強制連行された中国人の遺族2人が出席した。父と伯父が神戸港で荷役作業をさせられたという張福来さん(50)は、中国・河南省から式典に参加した。張さんは「生存者と遺族を代表して当時、神戸港で亡くなった労働者の冥福を祈りたい。今後、両国が歴史を踏まえて未来に向かうよう願う」とあいさつした。

同会代表の安井三吉・神戸大名誉教授(67)は「歴史を直視することで初めて未来に向かうことができることを神戸の人たちに理解してもらいたい」と話した。

除幕された「神戸港　平和の碑」＝神戸市中央区海岸通3丁目

朝日新聞 2008.7.22

強制連行の歴史 後世に

「神戸港 平和の碑」除幕式

中央区

太平洋戦争中、日本に強制連行されて、神戸港で過酷な港湾労働を強いられ、犠牲になった中国人や朝鮮人、連合国軍捕虜を追悼し、歴史を後世に伝えようと、市民団体「神戸港における戦時下朝鮮人・中国人強制連行を調査する会」（代表、安井三吉・神戸大名誉教授）が21日、神戸市中央区海岸通3の神戸中華総商会ビル前に、「神戸港　平和の碑」を建設し、除幕式を行った。

碑は高さ約1・3メートル、幅約1メートルで、碑文は日本語のほか、中国、ハングル、英語で書かれている。同会によると、神戸港に強制連行された中国人や朝鮮人、連合国軍捕虜は少なくとも5700人以上で、そのうち250人以上が死亡したという。

除幕式には、強制連行された中国人の遺族や支援者ら約50人が集まった。父と叔父が中国・河南省から神戸港に強制連行された張福来さん(50)が「中国と日本が友好を続け、強制連行の被害にあった労働者の正義を取り戻し、歴史を鏡として強制連行の事実を未来に伝えてほしい」とあいさつした。【藤原崇志】

強制連行の犠牲者を追悼する碑の前で除幕式を行う遺族や支援者ら

毎日新聞 2008.7.22

(第3種郵便物認可)　2008.7.22 神戸

強制労働 史実後世に

「神戸港 平和の碑」除幕

調査する会

中央区

第二次世界大戦中、中国人や朝鮮人、連合国軍捕虜が神戸港で強制労働させられた史実を伝える「神戸港 平和の碑」が完成し、中央区海岸通三のKCCビル前で二十一日、除幕式があった。(安福直剛)

「神戸港における戦時下朝鮮人・中国人強制連行を調査する会」(代表・安井三吉神戸大名誉教授)が建立。同会は一九九九年以降、聞き取りや文献調査を進め、歴史を後世に残すための出版物刊行とともに、碑の建立に向けて寄付集めや場所確保など奔走してきた。

碑は縦百二十五センチ、横百二十センチで花こう岩製。「過酷な労働を強いられ、その過程で多くの人々が犠牲になりました。この歴史を心に刻み、アジアの平和と共生を誓う」などの文章が、日本語や英語、中国語、朝鮮語の四カ国語で刻まれている。

父とおじが神戸港で荷役業務などをした張福来さん(50)は中国・河南省から、除幕式のために来日。「碑を建立してくれた皆さまに心から敬意を表したい。歴史に目を背けることなく、日本と中国が手を携えて未来に向かいたい」と話していた。

神戸港での強制労働の歴史を伝えるために建てられた碑＝中央区海岸通3

平和と共生の碑 除幕

戦時中の殉職同胞ら悼む

神戸港

【兵庫】第2次大戦中、神戸港での港湾荷役などで過酷な労働を強いられ、病気や事故で亡くなった韓国人や中国人、連合国軍捕虜らを悼むモニュメント「神戸港 平和の碑」が7月21日、神戸市中央区海岸通3のKCC会館(神戸華僑歴史博物館)玄関前の一角で除幕した＝写真＝。

碑は高さが約1・3メートル、横約1・2メートルの花崗岩製。韓国語、中国語、日本語、英語の4カ国語で、アジアの平和と共生を願う碑文が刻まれている。

市民団体「神戸港における戦時下朝鮮人・中国人強制連行を調査する会」(代表・安井三吉神戸大名誉教授)が市民に募金を呼びかけ、9年がかりで建立にこぎ着けた。

民団新聞 2008.8.15

2008年(平成20年)7月22日(火曜日)　讀賣新聞

昭和戦争 悲惨さ忘れず

強制連行犠牲者悼む

中央区 「平和の碑」除幕式

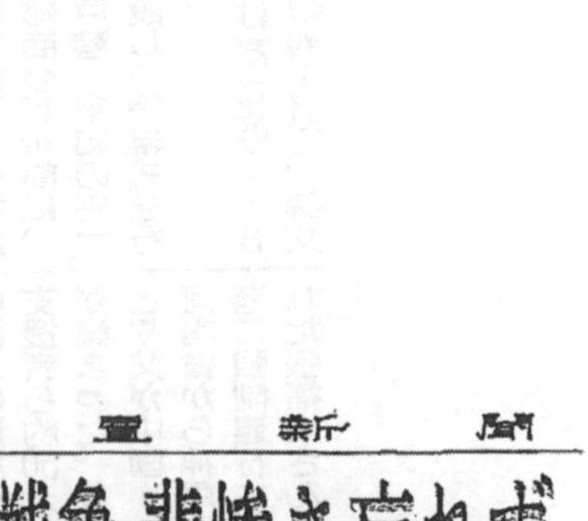
神戸華僑歴史博物館前に完成した「神戸港　平和の碑」(神戸市中央区で)

昭和戦争中、神戸港の労働力不足を補うため強制連行された中国人、朝鮮人らを慰霊する石碑「神戸港 平和の碑」が神戸市中央区海岸通の神戸華僑歴史博物館前に完成し、21日、除幕式が行われた。

石碑は高さ1・25メートル、横幅1・2メートル。「強制連行の過程で多くの人が犠牲となった歴史を心に刻み、アジアの平和と共生を誓う」との碑文が、日本語、ハングル、英語、中国語の4か国語で刻まれている。

「神戸港における戦時下朝鮮人・中国人強制連行を調査する会」(代表・安井三吉・神戸大名誉教授)によると、戦時中、少なくとも5000人以上が強制連行され、神戸港で荷役作業などに従事し、過酷な労働などが原因で約200人が死亡したという。

除幕式には、同会の会員ら約70人が参加。父と叔父が強制連行されたという張福来さん(50)が中国・河南省から来日し、「両国民が手を取り合い、強制連行された人々の正義を取り返し、未来に向かうことを願います」とあいさつした。

<神戸港 平和の碑>ができました

神戸学生青年センター館長の飛田雄一さんから

私は1999年10月スタートの「神戸港における戦時下朝鮮人・中国人強制連行を調査する会」(代表・安井三吉神戸大学名誉教授)で事務局長として会の運営の一役を担ってきた。すでに調査する会は、①『神戸港強制連行の記録―朝鮮人・中国人そして連合軍捕虜―』(明石書店、2004年1月、4500円)②『アジア・太平洋戦争と神戸港―朝鮮人・中国人・連合国軍捕虜　』(みずのわ出版、2004年2月、840円)の報告書、また③ジョン・レイン著・平田典子訳『夏は再びやってくる―戦時下神戸・元オーストラリア兵捕虜の手記』(学生センター出版部、2004年3月、1890円)を出版してきた。また調査活動で知りあった元神戸連合国軍捕虜の監視に当たっていた軍人・松本充司さん提供の④「神戸の連合軍捕虜関係地図」(A3、4枚分 カラーコピー、500円)も復刻するなど調査活動の成果を発表してきた。

調査する会は、当初から調査活動とともに「モニュメント」を作ることを目標としていた。歴史を心に刻むとともに「石に

<神戸港　平和の碑>の除幕式。左から張福来(遺族)、林同春(神戸華僑総会名誉会長)、卷孝昇(韓国領事)、白永熙(兵庫民団団長)

刻む」ことが大切だと考えていたのである。

その石碑が、去る7月21日完成した。場所は、神戸市中央区海岸通3 1 1 KCCビル前、神戸華僑歴史博物館のあるビルである。除幕式には多くの方が参列してくださり、中国からは2名の遺族を招いた。テープカットには、遺族のほか韓国領事、総連・民団、華僑総会の代表など8名が加わった。

石碑の前面にはプレートが組みこまれ、日英中朝の4ケ国語で以下の文章が刻まれている。　<神戸港 平和の碑>

アジア・太平洋戦争時期、神戸港では労働力不足を補うため、中国人・朝鮮人や連合国軍捕虜が、港湾荷役や造船などで苛酷な労働を強いられ、その過程で多くの人々が犠牲になりました。私たちは、この歴史を心に刻み、アジアの平和と共生を誓って、ここに碑を建てました。

2008年7月21日　神戸港における戦時下朝鮮人・中国人強制連行を調査する会

アジア・太平洋戦争の時期の強制連行関係のモニュメントで、朝鮮人・中国人・連合国軍捕虜を同時に記録したものは初めてではないかと思うが、この三者が時には同じ会社で強制労働させられたというのが神戸港の特徴でもある。

それぞれの被動員数、死亡者の概要についてまとめると以下のようになる。

(1)朝鮮人:「朝鮮人労務者に関する調査(厚労省名簿)」兵庫県分には、神戸市内の15企業の名簿がある。そのうち神戸港5企業関係として、①三菱重工業神戸造船所(被連行者数1984名、内死亡12名、以下同じ)、②神戸船舶荷役(148名、1名)、③川崎重工業製鉄所葺合工場(1398名、25名)、④川崎重工業製鉄所兵庫工場(220名、6名)、⑤神戸製鋼所本社工場(412名、3名)、合計被連行者数4162名、死亡者数47名となる。他に厚労省名簿にはないが川崎重工業艦船工場については社史に1600名の記述がある。

(2)中国人:『外務省報告書』によると連行は7次にわたって、総計996人が連行された(内1名は神戸到着前に死亡)。その後、函館港(北海道)、敦賀港(福井県)、七尾港(石川県)に計330人が転出し、残った人のうち16名が死亡した。

(3)連合国軍捕虜:終戦時に神戸市内に残されていた連合国軍捕虜は545人。全体の実数は不明。死亡者については、以下のとおりで、総計190名となっている。①神戸分所/死亡者合計134名/内訳:米6、英118、蘭2、豪8(死亡した118名の英国兵捕虜の多くは「りすぼん丸」で移送された捕虜:福林氏コメント)②川崎分所/死亡者合計51名/内訳:英14、蘭19、豪18③脇浜分所/死亡者合計5名/内訳:米4(全員「めるぼるん丸」で台湾から移送された捕虜)、蘭1

私たちは最初に書いたように歴史を心に刻むとともに石に刻むことの大切さを考え続けてきた。それは単にフィールドワークのための「訪問地」としての役割だけではなく、次の世代により具体的な歴史の事実を示すためにも必要なものである。<神戸港 平和の碑>を多くの方が訪ねて下さることを望んでいる。

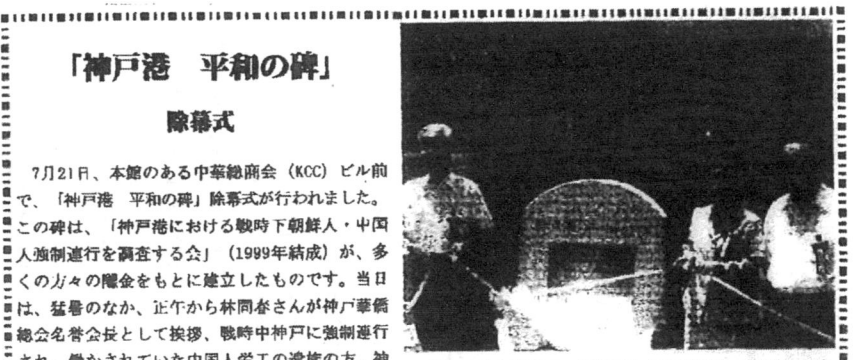

神戸華僑歴史博物館通信 No.12

「神戸港　平和の碑」

除幕式

7月21日、本館のある中華総商会(KCC)ビル前で、「神戸港　平和の碑」除幕式が行われました。この碑は、「神戸港における戦時下朝鮮人・中国人強制連行を調査する会」(1999年結成)が、多くの方々の募金をもとに建立したものです。当日は、猛暑のなか、正午から林同春さんが神戸華僑総会名誉会長として挨拶、戦時中神戸に強制連行され、働かされていた中国人労工の遺族の方、神戸華僑、韓国・朝鮮人の方々など約70名が参列されました。碑文は、日本語、中国語、韓国語、英語の4か国語で刻まれています。なお、この記念碑は、「先人遺徳　神戸広業公所原址」碑に並んで建てられています。1979年、KCCビル竣工の時に建てられたものです。是非一度、あわせご覧下さい。(安井記)

除幕式。2008年7月21日、当館玄関。左から林同春(神戸華僑総会名誉会長)、卷孝昇(韓国領事)、白永熙(兵庫民団団長)の各氏。

むろた・もとみ　神戸市生まれ。広告会社のコピーライター、雑誌ライターを経て現在、フリーランスに。主に女性誌で活動。FMラジオでは旅番組の原稿を担当。共著に「地球が危ない」(幻冬舎)、「戦争のつくりかた」(マガジンハウス)など。

連合国捕虜の収容所はいまの中央区・東遊園地付近など市内の計3ヵ所にあった。元オーストラリア兵のジョン・レインさんが残した手記によると、シンガポールで日本軍の捕虜になり「チャンギ捕虜収容所」に入れられる。1943年6月、神戸に輸送され、2年余りの過酷な労働を強いられた。

毎朝、ジョンさんらは乗客とは別の車両に乗せられ、甲子園の吉原精油に「通勤」した。ひもじさのあまりピーナッツ油などをくすねたが、見つかったときは厳しい体罰を覚悟せねばならなかった。

「ジョンさんはジャーナリスティックな視点を持った人やった。戦争が終わったらすぐ砂糖を持ち出して街でカメラと交換し、収容所などを撮ったんです」と飛田さんがエピソードを披露する。ジョンさんは4年前に神戸を訪れて市民と交流し、昨年亡くなった。

「神戸港　平和の碑」の除幕式。市民を中心にカンパが集まったが、まだ150万円ほど不足しているそうだ。

「神戸港　平和の碑」は、当初、神戸港の公園に建てることを計画していたが、実現しなかった。

平和運動に理解のある林同春さん(神戸華僑総会名誉会長)の協力により、華僑博物館の場所に建てられることになった。隣にはやはり市民の募金運動によって昨年誕生した「非核神戸方式の記念碑」(平和の美海ちゃんの像)が並ぶ。

「(神戸に入港する外国艦船に非核証明書の提出を義務づける)非核神戸方式は、神戸市会で決議採択されたのに、それでも市の土地にみみちゃんを建てることは叶わなかった。林同春さんは神戸では成功した商工人。ええ人やから、みみちゃん引き受けてくれたんです。それやったら、ぜひうちの碑も、といってお願いしたんですわ」

炎天下で行われた除幕式には、強制連行された中国人の遺族二人も出席した。叔父と父が神戸港で働かされた張福来さんは「父は数年前に亡くなったが、強制連行された歴史を語り継いでくれと言い残された。中国と日本が平和と友好を大切にし、歴史を鑑として未来に向かうように願います」とスピーチした。

東京へ帰る新幹線の中で、入手したジョン・レインさんの手記「夏は再びやってくる」を読む。この人は元来、明るく不屈の精神の持ち主だったのだろうか。手記の中に、「自分は戦争が終わるときは22歳だ」(日本はすぐ負ける)と言い、監視員が「戦争が終わる前におまえは122歳になる」(100年たっても負けない)と返す場面がある。ジョンさんも負けていない。「100年長生きしたら、日本の娘と結婚できるか?」と尋ね、監視員が「そら、あかん」と真顔で答える。これには笑った。戦中に敵味方でそんな会話があったというのは、ちょっと意外だった。

しかし神戸港に強制連行された彼の仲間たちや、中国、朝鮮から強制連行された少なからぬ若者たちが、再び故郷の土を踏むことはなかった。そのずっしり重い事実を忘れるわけにはいかない。飛田さんも「心に刻むことは大事ですが、後世のために何かものを残すことも大事。だから私らはかっこよく『心に刻み、石に刻む』と言っているんです」と話していた。

碑文は中国語、朝鮮語、英語、日本語の4ヵ国語で刻まれている。「全国に多くの碑があるが4ヵ国語の碑は、おそらくここだけだと思う」と飛田さんは言う。

強制連行を伝えるものは、神戸電鉄の工事に従事した朝鮮人の碑や、中国人の宿舎跡など、ほかにも神戸市内にいくつかある。今後はフィールドワークに訪れるグループもさらに増えるだろう。神戸の異人館や南京町をそぞろ歩く人たちも、この碑の前で足をとめてくれれば、とひそかに願う。

神戸港・平和の碑へのアクセス

●JR阪神元町駅西口より南へ徒歩7分。「神戸華僑歴史博物館」前

神戸市中央区海岸通3の1の1

電話　078(331)3855

フィールドワークなどの問い合わせは、飛田雄一さん　078(851)2760へ(神戸学生青年センター)

注　神戸港における朝鮮人の連行数は、日本政府が出した「朝鮮人労務者内地移住に関する件」に基づく官斡旋と徴用によるもので、その時の名簿が残されていた。

月刊 自然と人間
Monthly Shizen to Ningen
vol.147 2008 Sep.

あの日、日本のどこかで

室田元美 ライター

第16回

心に刻み、石に刻む
──神戸港 平和の碑・兵庫県神戸市

神戸港の強制労働について、中国へも聞き取り調査に出かけた飛田雄一さん。

在留外国人にも影を落とした戦争

「南京町」の愛称で親しまれている神戸の中華街。その南の、潮の香りがただようほど港に近い海岸通に「神戸華僑歴史博物館」がある。

神戸に中国人が住むようになったのは、1868年の兵庫開港以来だそうだ。明治時代から多くの西洋人が神戸港近くの居留地に住んでおり、ロシアの菓子店やらドイツのパン屋があった。華僑＝中国の人たちは貿易で富を得たり、漢方や食材を商って生きてきた。博物館では、そんな華僑の歴史を垣間見ることができる。

日中戦争からアジア・太平洋戦争につき進んでいったあの時代、神戸に住んでいた外国人、とくに敵国になった人たちはどう暮らしていたのだろう。その問いに答えてくれるような展示を博物館で見つけた。「自分の居住国が祖国を侵略し、神戸華僑にとって苦しい時代であった」と書かれている。

日常的な監視や、官憲の拷問などもあった。1944年8月には、神戸港にやってきた福建省の呉服行商人が、スパイ容疑で大阪の特高警察に拘禁され、留置所で3名が惨死した「神戸福建同胞弾圧事件」も起こっている。

うまく共存してきたように思える中国の人たちとの間に、歴史の闇があったことは神戸の人にもほとんど知られていない。

強制連行を忘れない…4ヵ国語で刻まれた新しい碑

その博物館の一画に、去る7月21日、「神戸港 平和の碑」がお目見えした。この碑もまた、知られざる戦争の一面を伝えるものだ。

戦時中、軍需産業が集結し、重要な港だった神戸港には、労働力不足を補うために中国人、朝鮮人、連合国捕虜など合わせて約5700人が強制連行され、荷役などの港湾労働にかり出された。そのうち250人以上が病気や事故で亡くなった。

碑を建立したのは「神戸港における戦時下朝鮮人・中国人強制連行を調査する会」。事務局長の飛田雄一さんは語る。「もともと兵庫県は朝鮮人研究が進んでいるんです。朝鮮と中国を研究しているグループがいっしょになって99年に調査する会を立ち上げました」。

中国人は「外務省報告書」によると、7次にわたって996名が連行され、16名が死亡。朝鮮人は「三菱重工業神戸造船所」や「川崎重工業製鉄所葺合工場」など神戸港関連5企業の名簿から4162名が連行され、47名が亡くなったことがわかった。「空襲などの犠牲者もいるはずだから、実際はもっと多いでしょう」と飛田さん。

連合国捕虜は終戦時に545名を数えたが、死亡者は190名。この高い死亡率には「りすぼん丸」で移送されたイギリス人捕虜たちがアメリカの潜水艦に雷撃され、神戸港に到着したときには多くがすでに瀕死の状態だったという背景があった。

国民でさえ飢えていた時代だったから、捕虜たちの食糧事情はなおさら悲惨なものだった。「食べるものは麦飯と薄い汁、タクアン一切れだった」「病気で働けなくなると食事は半分に減らされた」「ひもじくて、大豆の油粕をポケットに入れて食べたが、見つかると殴られた」「朝4時から夜中の12時まで働くこともあった」「牛や馬と同じ扱いだった」などの証言が残っている。

〈翻訳〉

神戸港への朝鮮人強制連行者の証言

（キム インドク著『強制連行史研究』（2002年12月、キョンイン文化社）より

パク ヨンカプ
（労働者、神戸市川崎重工業に徴用）

私は1944年8月頃面書記から徴用令状を受け取り、日本の川崎重工業へ行くことになった。当時面書記は、私に特別徴用だと言った。何日に来いとの通知で面所在地に行った。この面からは6名程度が一緒に行き、各面単位別に集まると合わせて数百名になった。

汽車で釜山へ行き、関釜連絡船に乗って下関へ、さらに汽車に乗って神戸にある川崎重工業に向かった。

会社で準備した寄宿舎で生活した。寄宿舎は学校を改造して使っていた。各小隊単位に編成されたが、私は3小隊に編成され、1カ月間の軍事訓練を受けた。訓練は非情に辛かった。食べものが不足し、目まいで倒れた人も多かった。

私がいた会社は軍艦や潜水艦を造る会社だった。全国から来た朝鮮人たちは、数千名になったと記憶している。私がした仕事は、新しく造った船にシートなどを被せるもので、航空母艦の曲射砲に被せるカバーをつくったり、作業に使用する手袋を主につくった。

米の飯は見ることもできず、雑穀を混ぜてつくった飯は、最初はとても食べられそうにないしろものだった。しかも量が少なく、いつもおなかがすいて飢えの苦痛にさいなまれた。おかずはすまし汁とたくわん程度だった。月給として70～80円ほどくれるといっていたが、もらわなかった人もいたそうだ。月給としてくれた金は、出退勤時に食堂で粥を一杯買うのにも足りないほどわずかなものだった。貯蓄など思いもよらず、生きていくことにあくせくするのがすべてだった。

自由はまったくなかった。外出は禁止されていたものの、ひと月に一度くらいは可能なため出かける人もいたが、工場で働けば日当をもらえるため外出しない人も多かった。外出したって行くところもなく、私は1年間ずっと工場で働いて過ごした。

監督する人がいて、いつも仕事を怠けていないか厳格に監視した。主に組長が任にあたった。組長は全員日本人だった。訓練時の小隊長は日本人だった。朝鮮人で小隊長や組長になった人はいなかった。

日本人も一緒に働いた。多少差別はあったが、大きな違いはなかったようだ。違いとしては、日本人は家があって自由に出退勤したが、われわれは寄宿舎で生活していたため、いつも統制を受けていた点が異なった。われわれは与えられた食事しか食べられなかったが、日本人は自分がほしいものを家で食べたり、買って食べたりしていた。

月給面の差異は大きかった。われわれは下級国民扱いされ、月給は少なく仕事量は多くてこき使われる身分だった。

事故はそう多くはなかった。私は大けがはしなかったが、冬は寒さで凍傷にかかり辛かった。しかし、空襲はひどかった。戦争末期で空襲は毎日のようにあった。1945年にも初夏にB29の大規模空襲で神戸市が火の海になり、ほとんど廃墟になってしまった。空襲でどれだけ多くの人が死んだのかは知らないが、数日間は仕事ができないので出てくるなというので出勤しなかったが、後で出勤してみると市内の路地ごとに死体があふれていた。工場では死体は見なかった。

逃亡はほとんど考えられなかった。あちこちに監視所があって、逃亡すれば途中で捕まってこっぴどく殴られたため、大部分は逃亡しようとは思わなかった。

1945年8月15日は工場で働いていたが、昼食時に特別談話があるというので行ってみると、天皇が降伏するという放送で日本人が涙を流していた。われわれはこんなに簡単に解放になるなんておもいもよらなかった。そうでなければ、われわれは永遠に帰れなかっただろう。

解放になると、仕事はさせられなかった。そのまま寄宿舎で待機していたが、解放後10月ごろになってようやく、会社の引率で約800名が関釜連絡船に乗って一緒に帰った。

朝鮮人労働者の中でそれなりに教育を受けた人たちが、逃走して捕まっている人を釈放

させるなどいろいろ活動して、1日も早く帰してほしいという要求を会社にしたため、比較的早く帰ることができたようだ。

張在億
（創氏名：朝倉廣和、労働者
神戸川崎造船所に徴用）

1944年度に徴用令状を受け取るまでは専売庁で働いていた。行かなければならないというので行き、最初、大邱に集結した。大邱では数百名が集まって一緒に行くことになったが、そこに集まった人のなかには、銀行で働いていた人や公務員をしていた人もおり、青松、奉化、安東で農業をしていて来た人も多かった。

大邱に集まり列車に乗り、釜山まで行って連絡船に乗り、下関で降りた後、門司へ行って再び汽車に乗って会社に行くことになった。私が行った会社は神戸市東垂水にある川崎造船所だった。

最初寄宿舎に到着すると、寄宿舎の割り当てを受けたが、寄宿舎はかなり規模の大きな軍隊式の建物で、一部屋に6～10名ほどが生活した。この時からわれわれはいっさいの自由が無く、まるで軍隊のように朝になると一斉に起きて会社まで一緒に移動し、たえず監視と統制のなかで生活しなければならなかった。寄宿舎から電車に乗って神戸駅で降り、会社まで歩いた。外出は日曜日だけ許され、近くに親戚がある人は親戚と会ったりした。

食事はとても粗末で量も少なく、いつも空腹にあえがなければならず、食事の量が足りないと抗議してもまったく改善されないので、空腹を少しでもいやすために山にはえているトマトを探して食べたりした。日本人たちは監督官としてわれわれを監視したり、仕事を指示したりしたが、われわれは慣れていなかったのでいわれたとおりの雑役をした。米軍捕虜たちも多く、われわれとは隔離された環境で、航空母艦のような大きな船のてっぺんでとても危険な作業をしていた。われわれはそれに比べると比較的楽な仕事が与えられた。しかし、戦時状況のなかで不十分な食事と統制された生活は、ほんとうに耐えられない日々の連続であった。

月給はきちんと支給されず、もらったのはせいぜい小遣い銭程度だった。われわれはいつも空腹だったため、お金を集めて豆を買い、作業現場で鉄板の上で炒めて食べたが、会社の監視員に見つかると、連れて行かれて死ぬほどたたかれた。

逃亡した人も少しはいたと聞いたが、捕まればただではすまず軍法で処罰されるということだった。中隊長と小隊長がいて、仕事を怠けると殴打された。大邱の人々は、都市出身者はそれほどでもなかったが、青松、奉化、安東などの村から来た人は、仕事がへたでしょっちゅう殴られた。

日本人はわれわれとは別に暮らし、われわれに仕事をさせる監督者であった。日本人は何十年勤務していたから待遇も良く、給料も高かったと記憶している。私が所属したのは6小隊で、引率者はやはり日本人だった。

ほとんど毎日空襲があり、寄宿舎は木造建築で焼夷弾の空襲によって全焼はしなかったが、機銃掃射によって多くの徴用者が死んだ。空襲がある度に、近くの海に行けば大丈夫だと思って海の方へ逃げ、またあるときは山に待避した。1945年の夏のある日、空襲があったが、私は顔と手に焼夷弾を受けてやけどを負い、会社が指定した明石病院へ送られた。顔と両手両足にひどくやけどを負ったため、一緒に働いていた同僚たちも顔を見分けられなかった。やけどしたところには、水ぶくれがぶどうの房のようにぶくぶくにできた。その病院でも、負傷していたために空襲があっても逃げることができないまま、恐ろしさに震えていなければならなかった。治療は病院でしてくれた。多くの人が負傷し、金蝿が群れをなして飛び回る劣悪な環境の中で、2カ月ぐらい治療を受けた。

1945年8月15日解放になったと聞いたが、私は解放が何なのかすらも分からなかった。解放になると会社が、故郷に送り返してくれるということだったがずるずると遅れ、帰りたい人は各自帰れというので、私は一刻も早く故郷へ帰るために各自が少しずつお金を出し合って船を準備した。お金のない人は、朝鮮に帰ってから払うという条件で小さな船を借りたが、だいたい10～20名程度が乗れるほんとうに小さな船だった。なにせ小さな船なので台風にでも遭ったらとても危険な状態で、3日間を船と運命をともにしながら玄界灘を渡り、釜山港に到着した。

活動の記録（6）

2004.07.18　ニュース9号発行
2004.09.09　第45回運営委員会
2004.09.18-19　北京シンポジュウムで安井代表が神戸港のことを報告
2004.10.14　第46回運営委員会
2004.11.16　神戸港副読本シンポジュウム、田辺眞人ほか
2004.12.09　第47回運営委員会&忘年会
2005.01.13　第48回運営委員会
2005.01.26　神戸市に石碑について提案
2005.03.03　神戸市と交渉
2005.03.10　第49回運営委員会
2005.05.12　第50回運営委員会
2005.07.28　第51回運営委員会
2005.07.28　第52回運営委員会
2005.09.08　第53回運営委員会
2005.12.08　第54回運営委員会&忘年会
2006.07.13　第55回運営委員会
2006.12.21　第56回運営委員会&忘年会
2008.03.13　第57回運営委員会
2008.03.28　七尾中国人強制連行裁判に参加
2008.04.10　第58回運営委員会
2008.04.17　神戸新聞に石碑建立の報道
2008.05.13　朝日新聞に石碑建立の報道
2008.05.15　石碑建立のための集会/ブックレット『アジア・太平洋戦争と神戸港』増刷
2008.06.12　第59回運営委員会
2008.07.10　第60回運営委員会
2008.07.21　<神戸港 平和の碑>除幕式、パーティ
2008.09.11　第61回運営委員会
2008.10.09　第62回運営委員会
2008.11.01　こちまさこ講演会（共催）

会員のひとこと

●いちばんの思い出は、中国の保定（河北）、原陽（河南）そして汶上（山東）まで行き、「幸存者」の方々にお目にかかったことです。多くの方々のお世話になりました。お礼申し上げます。碑を建立することまでできたのは、兵庫朝鮮関係研究会のメンバーを核とした在日の皆さんのお力が大でした。堀内さんや平田さんたちの縁の下の働きも不可欠でした。そして、なんといっても飛田さんですね、皆さんご苦労さまでした。
（安井三吉）

●重労働の川崎重工業製鉄所葺合工場で働いていた朝鮮人徴用工の8割は、20才から26才の若者たちでした。たまたま巡ってきた青春の一時期に「戦争」という運命に巻き込まれて25人の命が奪われた。それでも聞き取り調査した鄭壽錫さんは「私はまだ良かった。炭鉱に行った者は誰一人生きて帰って来ない。」と証言した。鄭壽錫さんは朝鮮戦争にも従軍して生き延びた。韓国への2回の聞き取り調査を通して「戦争と平和」を学びました。「未完」だった「イムジン江」の北にいる生存者への聞き取り調査がいつか実現される日が来ることを。
（孫敏男）

●ニュース最終号の編集後記となると、うれしいような悲しいような・・・。悲しい理由は運営委員会後の飲み会がこれからは、年一回の4月のイベントの時だけになってしまいますからです。当会のチームワークの良さは、ほぼ、ビール潤滑油のなせる業でありました。フィールドワークでモニュメントに行かれる方は、その情報・写真をお送りください。ホームページに貼り付けます
（飛田雄一）

●石碑建立の経過を思い出すため、昔の運営委員会のレジュメをひっくり返していると、その時々の思い出が重なってしばし感無量に。とくに何度かのフィールドワークの場面場面は、今でもありありと思い出されます。「いかり」の編集を担当して、ようやく10号の最終号にこぎつきました。9号から4年以上が経過し、すでに忘れられた存在になっているかも。今号の内容は石碑建立が中心で、とくに資料として新聞や雑誌に掲載された記事を多く載せました。載せすぎ？（堀内 稔）

●神戸港における戦時下朝鮮人・中国人強制連行を調査する会の活動の最終目標であり、この会を終わるにあたって必要だったのが石碑の建立です。私は個人的にこだわりました。　神戸港に強制連行され強制労働させられた中国人、朝鮮人、連合国の人々の歴史は本の発行で記録されました。しかし、このことを現場で語ることで人々の心に記憶させることが大切です。そのために語ることの入り口が必要でした。今回建てられた「神戸港平和の碑」は伝え、語る現場の発信装置です。碑建立に尽力を頂いた方に「感謝」！！（徐根植）

●戦争の話を聞く。それも中国で、現地の方に。高度成長期に生まれた私にとって、こんな重い取材は初めてでした。さらに、記録だけでは意味がなく、その後の石碑づくりにこだわり続け実現したメンバーの皆さんと、ご支援いただいた方々の姿勢にも多くを学びました。「できたことはわずか、できなかったことはたくさん」というのが私の心境です。その思いを忘れずに、これからの自分のすべきことを考えたいと思います。（村田壮一）

フィールドワークノート

神戸港における戦時下朝鮮人・中国人強制連行

戦時下の神戸港

朝日 99.10.15

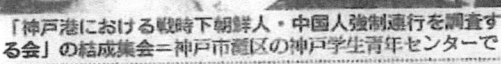

「神戸港における戦時下朝鮮人・中国人強制連行を調査する会」の結成集会＝神戸市灘区の神戸学生青年センターで

強制連行を調査する会

生存者探し 聞き取りも

市民団体などが結成

戦時中に日本に強制連行され、神戸港で荷役労働などに従事した中国人や朝鮮人の実態を明らかにしようと、「神戸港における戦時下朝鮮人・中国人強制連行を調査する会」（代表＝安井三吉・神戸大国際文化学部教授）が十四日、結成された。

地元・神戸で戦後補償問題に取り組む市民団体や華僑、在日韓国人、在日朝鮮人らの団体などで構成する。同会は「従事者名簿をもとに当時の生存者を探したり、現地での聞き取り調査を実施したりして、神戸港での強制連行の実態を明らかにしたい」としている。

この日、神戸市灘区山田町の神戸学生青年センターで開かれた結成集会では、県内でも強制連行問題研究の歴史が古い「兵庫朝鮮関係研究会」から厚生省の調査報告書にみる神戸港の朝鮮人の労働実態が報告された。それによると、「神戸船舶荷役株式会社」の名簿だけでも一九四四年九月以降三度にわたり百四十八人が労働に従事。そのうち、一人が死亡し、病気送還が十人、逃走が二十七人となっている。報告した…さんは「四四年の労働者は十四－五…だったので、若い…いては（生存者が）…るのではないか」…た。

また、中国人の…については「神戸むすぶ会」（佐治…表）の村田壮一さ…

神戸港における戦時下朝鮮人・中国人強制連行を調査する会

…後に外務省が…させた報告書…告。それによ…八十六人が神戸…、十七人が…七百八十六…載されてい…

「今後の調…になるのでは…した。

…神戸港の強制…

●目次

発行に際して

神戸港は日本でも有数の国際港です。私たちもつい最近まで知らなかったことですが、この神戸港に多くの中国人・朝鮮人が強制連行されて労働を強いられました。この歴史を事実として掘り起こし、記録することを目的として「神戸港における戦時下朝鮮人・中国人強制連行を調査する会」が、１９９９年１０月に作られました。まだまだ分からないことが多いのですが、神戸港の強制連行の歴史を多くの方々に知っていただくためにこのパンフレットを作ることになりました。

この調査活動のひとつのきっかけとなったのは、１９４４年１０月、中国河南省から青島、下関を経由して神戸港に強制連行された黄国明さんの来神です。５４年ぶりに神戸を訪問した黄さんは、「港での労働、食事はそれはひどいものでした」と語られました。でも「宿舎と港を往復していただけで、そのほかの場所は覚えていない」とのことで、当時はなかったポートタワーに初めて登ってみても、当時の労働現場などを思いだすことはできませんでした。

黄さんの宿舎は「新華寮」とい名前で、今の神戸市中央区北長狭通７丁目、宇治川商店街南端から東へ１００メートルほどのところにありました。宿舎のすぶ南にはＪＲ列車（当時は省線）が見え、手を振ると列車の乗客が手を振ってくれたこともあったようです。

黄さんを神戸に招いた神戸・南京をむすぶ会や、兵庫県下の朝鮮人強制連行を調査してきた兵庫朝鮮関係研究会、神戸学生青年センターなどが、神戸港における戦時下朝鮮人・中国人強制連行を調査するために「調査する会」が作られたのです。

神戸港の強制連行に関しては、神戸船舶荷役株式会社が、中国人と朝鮮人を強制連行していますが、中国人７８６名分、朝鮮人１４８名分の名簿が残されています（そのほかに名簿のない中国人２１０人分）。また、神戸港西部にある三菱重工神戸造船所、川崎重工業神戸造船所には朝鮮人が強制連行され（そのほか連合軍捕虜も）、それぞれ、１９８４人分、１３９８人分の名簿が残されています。

「調査する会」では、これらの名簿を手がかりに韓国・中国の方々の協力を得ながら現地調査も含めて調査活動を継続しています。このパンフレットは、その活動の中間報告ですが、これがさらに新しい事実を掘り起こすためのきっかけとなれば大変うれしいことです。是非、関連する情報をお持ちの方は、お知らせください。

２００１年9月

神戸港における戦時下朝鮮人・中国人強制連行を調査する会　代表　安井三吉

朝鮮人・中国人戦時労働動員－いわゆる朝鮮人・中国人強制連行について　高木伸夫

はじめに

一般に朝鮮人・中国人強制連行という用語が流布されていますが、この用語は論者によって範囲・内容自体がまちまちで、厳密な歴史概念として定着している訳ではありません。

ここでは国家総動員体制を重視する立場から、日本国内への朝鮮人・中国人強制移動とそれによる稼動を朝鮮人・中国人戦時労働動員としてとらえることにします。それはまた、植民地・朝鮮人の日本国内への労働動員だけでなく、占領地・中国からの日本国内への労働動員も含めて共通性と各々の独自性を考えていきたいからです。

その意味から、外地（併合領土あるいは植民地）への強制動員・軍要員としての徴用・朝鮮における徴発制実施による志願兵制度・徴用・「従軍慰安婦」等も戦時動員に含まれますが、ここでは日本国内への強制労務動員に限定して以下叙述します。

1、朝鮮人戦時労働動員の背景と実態

〈募集〉方式

一九三七年七月の日中戦争勃発を契機に、政府は日本国内の経済活動と国民の生活全般を管理・統制する戦時体制を強化していき、翌三八年四月には国家総動員法を公布する。この国家総動員法に基づく国家総動員体制とは、国内の物的資源と人的資源を国家が全面的に支配・管理する戦時統制体制であり、三九年度からは労務動員計画を実施し（同計画の当初から労務給源の一つとして<移入朝鮮人>の動員を策定)、産業・経済活動を統制し、国民全体をねこそぎ侵略戦争に協力させ、動員することを目的とするものであった。

日中戦争が拡大する中、平沼内閣の内務・厚生両次官名により、「朝鮮人労務者内地移住ニ関スル件」（三九年七月）が通牒され、「募集」方式による組織的・計画的労働動員が実施されるに至りました。この「募集」方式とは、先の通牒をうけ、「朝鮮人労務者募集要綱」に則って各「募集」許可を受けた雇用主が朝鮮総督府の指定する地域で、「募集」という名目で行った方式です。

この「募集」方式は同年（三九年）九月から直ちに実施され、石炭山・金属山・土建其他に振り分け、南朝鮮の七道（京畿道・忠清北南道・全羅北南道・慶尚北南道）から三九年度八五〇〇〇人、四〇年度八八八〇〇人（八八〇〇〇人とも)、四一年度八一〇〇〇人が「需要する数」と記録されています。

内訳（「移入朝鮮人労務者渡航状況」）は表1の通りで、資料によって数字のバラツキがあり、ここでは朝鮮総督府財務局資料によりました。

〈官斡旋〉方式、計画輸送の実施

ついでアジア・太平洋戦争勃発（四一年一二月）後の四二年二月には「朝鮮人労務者活用ニ関スル方策」を東条内閣は閣議決定し、朝鮮総督府決定の「労務動員実施計画ニヨル朝鮮人労務者ノ内地移入斡旋要綱」に基づき、「官斡旋」の方式が実施された。「官斡旋」方式とは、「従来ノ移入方法タル民間一般募集ニヨル集団移入ヲ更ニ発展セシメテ労務者供出ノ部面ヲ朝鮮総督府及同地方庁ノ官斡旋ニ移行セシメ」たところに特徴があり、業務は朝鮮総督府内に本部を置く朝鮮労務協会が行い、動員された朝鮮人は「出身地別ニ隊組織ヲ編成」、「特定訓練」をうけ割当事業場に「出動」する方式であった。

四二年以降の「渡航」人数は表2の通りである。また、各種資史料から三九年以降、四四年七月迄の朝鮮人労働者数と職場名は後掲の年表を参照してほしい。

〈徴用〉方式

四四年八月の小磯・米内協力内閣は「半島人労務者ノ移入ニ関スル件」を閣議決定、国民徴用令による一般徴用を朝鮮においても発動、翌九月より適用した。南朝鮮国内における人員も払底し、反発も高まってきたので、まさに、「朝鮮人労務者ノ内地移入ノ飛躍的ニ増加」を目的に法的強制力をテコに<徴用>したのである。

2、中国人戦時労働動員

一九四〇年三月、商工省官民会議（松本石炭鉱業連盟会長、伊藤金属鉱業連合会長ら出席）で「外地人の使用」が決定され、さらに翌四一年八月には企画院総裁、商工・厚生両大臣宛に「鉱山労務根本対策意見書」が提出された。その内容は、政府に対し積極的に「中国人の連行」を求め、労働立法を超越し、「特殊管理」を行うよう要求するものであった。

これら戦時独占資本家の要請に答え、四二年一一月に東条内閣は「華人労務者内地移住ニ関スル件」を閣議決定する。この閣議決定は、労働力不足を理由として「重筋労働部面」の「大東亜共栄圏建設ニ協力セシメ」ることを目的に、(一) 主として華北の労働者を、事情により其の他の地域からの「移入」も可能、(二) 当面、重要な鉱山・荷役及び工場雑役に限定、(三) 募集・斡旋は華北労工協会が新民会其の他「現地機関と連繋のもとに当たることなど年齢・契約期間・食事内容・所得に至るまで細かい指示が並べられている。

また、同年一二月には官民合同による華北労働事情視察団が編成され現地視察後、北京大使館関係者らと「試験移入」を行うことを決定している。その後、四三年四月から一一月迄の間に、炭鉱に五五七人、港湾荷役に八六三人の計一四二〇人が船で移送され、国内の各事業場に配置された。この内、二一〇人が神戸船舶荷役に「移送」となっている。

「試験移入」の結果は「概ね良好」とされ、四四年二月の次官会議で「華人労務者内地移入ノ促進ニ関スル件」が決定され、「本格的移入」の実施細目も決まった。同年八月の「昭和一九年度国民動員計画策定ニ関スル件」において初めて「華人労務者ノ本格的移入ヲ行フ」と名示され、供給「華人労務者数」を男三〇〇〇〇人と策定している。対象は (一)「訓練セル元俘虜又ハ元帰順兵ノ外、募集ニ依ル者」、(二) 年齢は概ね四〇歳以下の男子を選抜し、三〇歳以下の独身男子を優先的に選抜する様努力する、など通則・使用条件・移入及送還方法などが細かく指示されている。「試験移入」を含め、一九四五年五月までの総数は三八九三五人という。

おわりに

簡単に朝鮮人・中国人戦時労働動員の背景とその実態に触れてきた。これらの政策の結果、兵庫県内の朝鮮人・中国人戦時労働動員の実態については、それぞれのレポートを参照してほしい。

表1　1939〜41年度国民動員計画による朝鮮人労働者数

年度別(会計年度)	国民動員計画に依る計画数(人)	石炭	金属	土建	工場其他	計
1939年度	85,000	32.081	5.597	12.141	·	49.819
1940年度	88.800	36.865	9.081	7.955	2.078	55,979
1941年度	81.000	39,019	9.416	10.314	5.007	63.866

注①　１９３９年度の計画数は樺太「送出」含む
注②　表中の樺太・南洋諸島への個別の「送出」数は省略
注③　出典、朝鮮総督府財務局「第８６回帝国議会説明資料４，労務情報」1944年12月

表2　1942〜44年度国民動員計画による朝鮮人労働者数

年度別(会計年度)	国民動員計画に依る計画数(人)	石炭	金属	土建	工場其他	計
1942年度	120.000	74.098	7.632	16.969	13.124	111.823
1943年度	150.000	66,535	13.763	30.635	13.353	124.286
1944年度	290.000	71.550	15.920	51.650	89.200	228.320

注①　1944年度は12月末迄の「送出」すべき割当人数
注②　1944年度計画数29.000人の他、更に100.000人の追加要求あり
注③　その他は表１と同じ

神戸に強制連行された朝鮮人、連合国軍捕虜　　金　慶海

厚生省が１９４６年に作成した「朝鮮人労務者に関する調査の件」（俗に、「厚生省名簿」と呼ばれている）によれば、戦時中に強制連行された朝鮮人が働かされていた神戸市内の企業と人数は次のようだ。それ以外に、浜松市に住んでいる竹内康人さんが苦心して調べたメモも参考にすると、神戸市内への連合国軍の捕虜の使役状況は以下のようになる。捕虜使役についてほとんど解らないので（私だけかな？）、記録のつもりでここに記しておく。（国籍欄の内、☆は朝鮮人、◎は連合国軍捕虜。区名は現在の区名）

企業名	連行者数	国籍
１．川崎製鉄兵庫工場（兵庫区）	２２１人	☆
２．　〃　葺合工場（中央区）	１４０２人	☆
３．川崎車両（株）兵庫工場（兵庫区）	３５６人	☆
４．三菱重工神戸造船所（兵庫区）	１９８４人	☆◎
５．神戸船舶荷役（株）（中央区）	１４８人	☆
６．神戸製鋼本社工場（灘区）	４１３人	☆
７．阪神内燃機工業（株）（長田区）	５１人	☆
８．大阪ガス㈱神戸支社西工場（長田区）	５５人	☆
９．中央ゴム工場(現在の住友ゴム、中央区)	９８人	☆
１０．（株）東出鉄工所（兵庫区）	２９人	☆
１１．日本制動機（株）（長田区）	１１８人	☆
１２．鐘淵紡績㈱神戸造機工場（兵庫区）	３３人	☆
１３．神戸貨物自動車㈱（中央区）	１６２人	☆
１４．神戸鋳鉄本社工場（長田区）	２４８人	☆
１５．　〃　播磨工場（姫路市）	７３人	☆
１６．川西航空機㈱甲南製作所（東灘区）	３８人	☆
１７．三菱倉庫（中央区）	？人	◎

上記のように、１４社の１６の現場に５，４２９人の朝鮮人が連行されている。連合国軍の捕虜が三菱系列の会社二カ所で働かされていたのは確認できたが、人数は不明。

連行された朝鮮人たちは、次の三つの職種に分かれて働かされていた。

【一、神戸港湾での荷役作業】

その仕事を請け負って監督したのは、５．の神戸船舶荷役（株）。ここで働いた李南淳さんについては、去年の８月、孫敏男さんが現地（全羅北道金堤市）で聞き取りをした（詳しくは、「いかり」３号で報告しているので、関心のある方はそれをどうぞ）。また、二人ほどの生存者が確認されているので、その聞き取りも進むものと思う。

【二、軍需工場などでの労働】

港湾での荷役労働以外の軍需工場での労働

ここで特筆されるのは、川崎と三菱に連行された人数が３，９６３人で、７割以上ということと、これらの会社で働かされた人々の多数が今の北部朝鮮の出身者だということだ。彼らの証言が未だにないのが惜しまれる。

また特徴的なことは、契約満了でなく途中で逃亡・脱走したのが約３割にも達するということ。いかに過酷な労働だったか、想像ができる。人並みにでもなくてもよかったが、最低にでも食べれて寝れたならば、このような脱走行為はなかったものと思われる。

【三、地下工場と軍施設の土木工事の労働】

戦争も末期のころの１９４４年ごろから、神戸市内でも地下工場と軍関係の施設を建設していた。

上の１７個の企業には書かれていないが、地下工場を、須磨区禅昌寺町に建設していた。それは、三菱の神戸造船所の疎開工場としてだった。禅昌寺の西側の山をくり抜いて二本のトンネルが掘られ奥でそれらが連結されていた、と禅昌寺の先の住職さんが証言なさっており、その工事を監督した日本人がその近所に住んでいて、その事実を認めている。もっともその監督の奥さんは、タバコを作る工場の建設工事だったと

うそぶいていたが。この工事に１５０人から２００人ほどの朝鮮人たちが働かされていたが、彼らが強制連行されてのことなのかどうかは確認ができていない。この工事は、熊谷組が請け負って工事をしていた。

軍関係の施設が、六甲山脈の南側の裾［すそ］・神戸港が見下ろせる五か所ほどに地下壕が掘られた。場所は、東は神戸高校の裏山から始まって、新神戸駅の裏と西は諏訪山神社のふもとまで。それは全部、第十一警備大隊（神戸）司令部の洞窟としてだった。

これらの地下壕建設工事に、朝鮮人たちがかかわったのかどうかは確認ができていない。しかし、熊谷組の社長が自ら何度も現地を訪ねて監督指揮していることから推測して、その可能性は否定しがたい。前記の禅昌寺地下工場建設に熊谷組がかかわり、朝鮮人が働いていた事実からして、そう推測するだけだ。（「戦時日記」熊谷太三郎　著より）

連合国軍の捕虜についての資料が手元にはほとんどない。ただ一つ、「華人労務者就労顛末報告書」（中国人連行者についての外務省の報告書、１９４６年作成）の１９４彡で、「米英俘虜収容所長マン大尉」が、神戸市内での中国人たちの暴動を押さえるために動いたと報告していることからも、神戸市内にも多数の米英（この「英」にはオーストラリア兵も含まれる）の捕虜がいたことはまちがいない。これから、神戸や兵庫県全域での捕虜についての調査が望まれる。

もう一つ、川崎重工業神戸造船所の正門前に、円形の監視塔がそびえているが、これは捕虜の監視のためのものだったと言われていることからも、神戸市内に連合国軍の捕虜がいたことはまちがいがない。

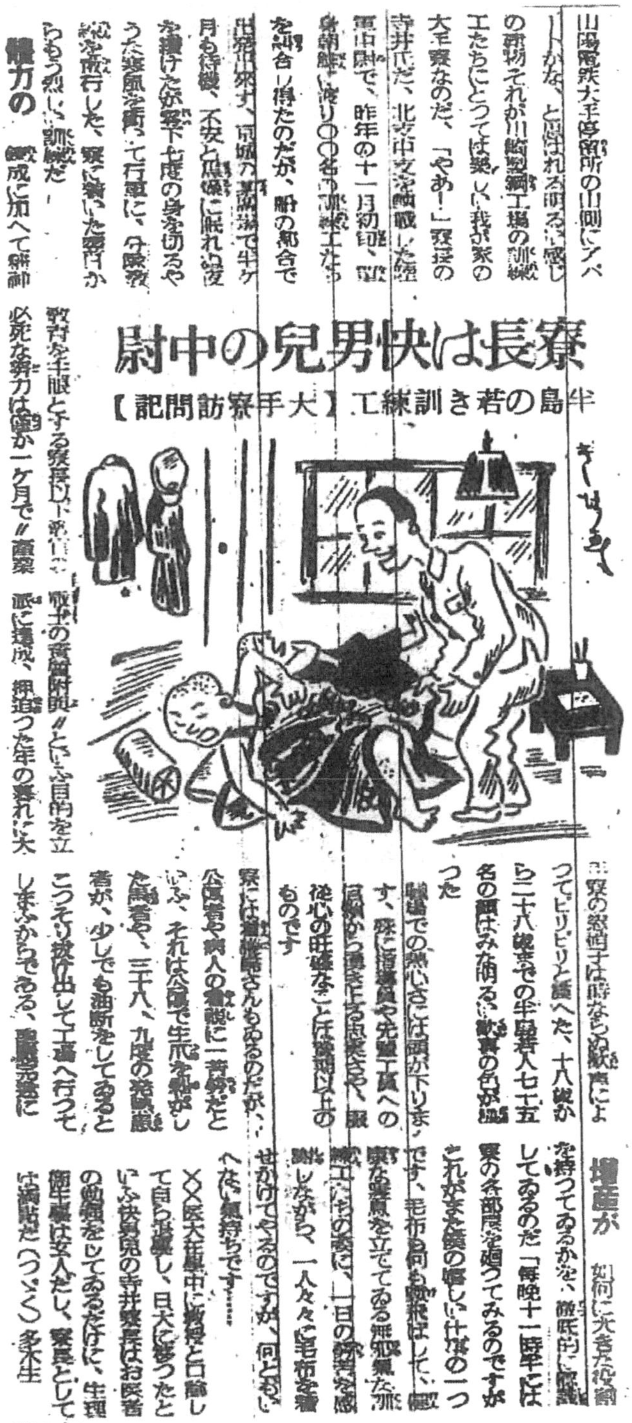
寮長は快男児の中尉
半島の若き訓練工【大手寮訪問記】

神戸新聞 1944.5.23

神戸港／朝鮮人・中国人強制連行関係地図

1　三菱重工業舞子報国寮　北朝鮮の人約 1500 人収容
2　川崎重工業艦船工場東垂丹寮第１－３寮　各 1000 人朝鮮人収容
3　三菱重工業東垂水寮
4　須磨寺川崎重工業艦船工場寮　朝鮮人 400〜500 人
5　川崎重工業大手寮　朝鮮人 75 人収容
6　川崎車輌兵庫工場　1945 年朝鮮人 356 人移入
7　三菱重工業神戸造船所　朝鮮人 1948 人移入、1944 年朝鮮人 148 人移入
8　白石基礎工事和田岬出張所　1940 年朝鮮人 100 人移入
9　新華寮（元戎井旅館、中国人収容）
10　隈病院（中国人労働者を治療）
11　神戸船舶荷役　中国人９９６人・朝鮮人１４８人就労
12　川崎重工業製鉄所兵庫工場　1943-45 年、朝鮮人 221 人移入
13　三菱倉庫
14　東福寺（朝鮮人６０体の無縁仏収蔵）
15　中央ゴム　1944 年８月朝鮮人 98 人移入
16　川崎重工業製鉄所寮
17　川崎重工業葺合工場　朝鮮人 1398 人移入
18　川崎重工業製鈑工場

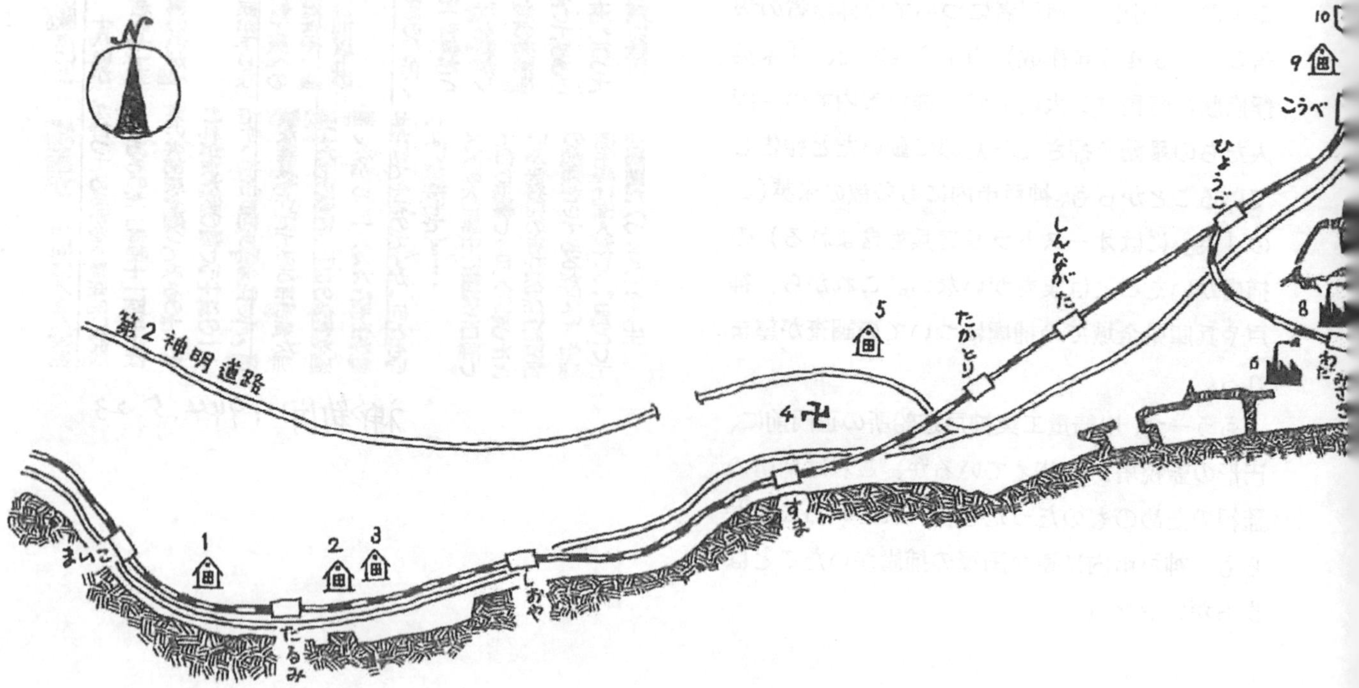

19　神戸製鋼所本社工場　1944-45 年朝鮮人 413 人移入

20　ポートアイランド顕彰碑

21　神戸製鋼所くろがね寮

22　川崎重工業本山寮

23　川西航空機甲南製作所 → のち芦屋　朝鮮人 38 人移入

24　川崎重工業製鉄所打出寮　朝鮮人約 600 人収容

イラスト　守　恵一

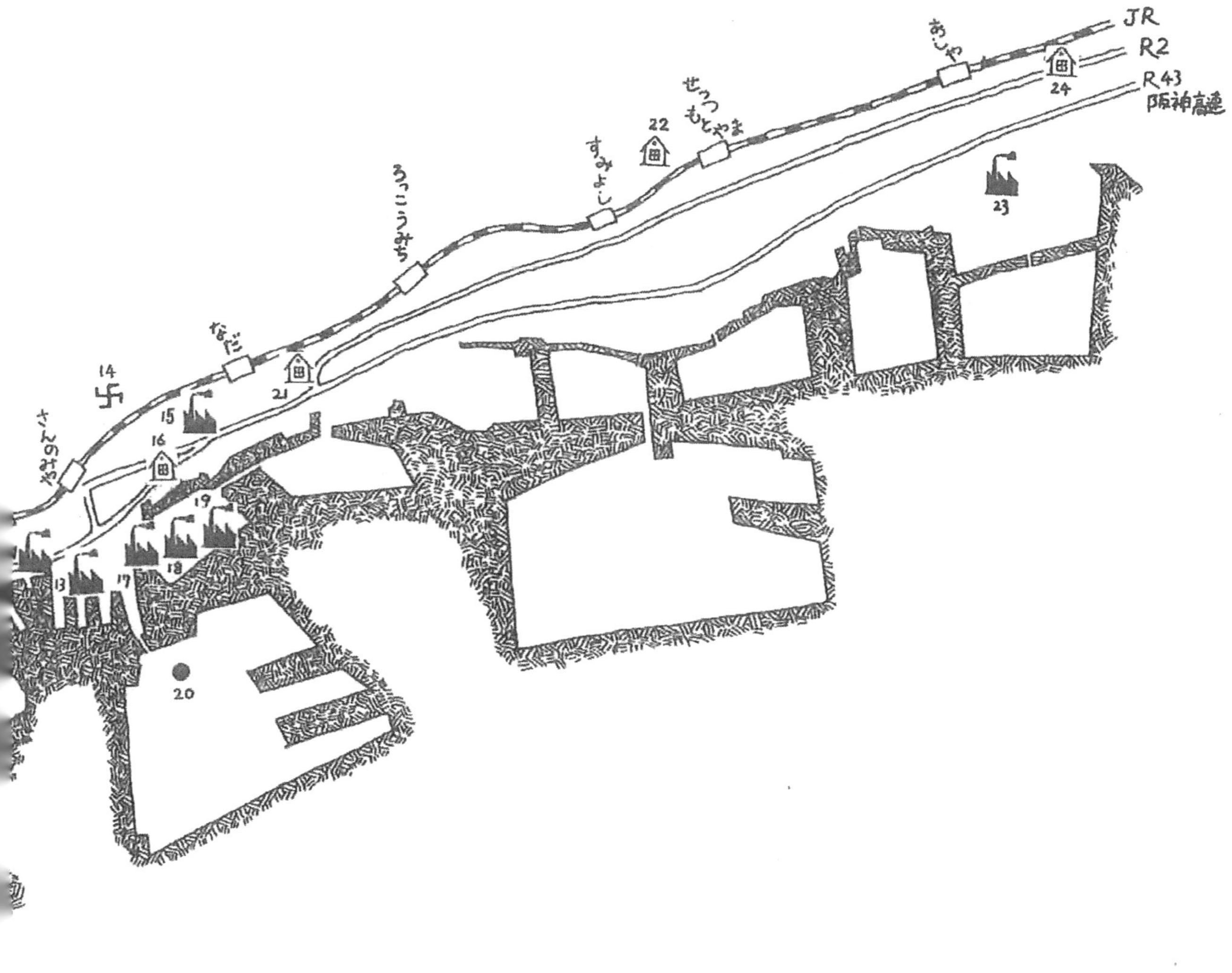

神戸港への中国人強制連行

村田　壮一

朝鮮人を対象にした神戸への強制連行については、多くの調査がされていろいろなことが分かっていますが、中国人が神戸港に連行され、荷役作業を強いられ多くの死亡者が出ていることは、市民の間でもほとんど忘れられていると言ってもいいと思います。ここでは、中国人連行についての資料や聞き取り調査の内容を紹介しながら、フィールドワークで訪れる場所の説明をします。

中国人強制連行は、１９４２年の閣議決定に基づく文字通りの国策で、敗戦まで３８９００人余りの中国人が強制的に日本全国の鉱山や工場などに連れてこられ、過酷な労働の末に６８３０人が再び祖国を見ることなく亡くなっています。

兵庫県内では神戸港と相生市の当時の播磨造船所で中国人が使役されました。神戸港では試験移入の段階だった４３年９月から受け入れが始まり４４年１１月まで７次にわたり計９９６人が連れてこられ、１７人が死亡しました。

1　連行

中国人を集めた「供出」方法には、日本が中国の傀儡機関に地域ごとに人数を割り当てて供出の責任を負わせる「行政供出」や捕虜をそのまま連れてくる「訓練生供出」、一般に希望者を募った「自由募集」などがありました。私たちが昨年夏に行った被連行者９人への聞き取り調査では、日常生活の中で日本軍に突然拉致され、家族に知られることなく連れ去られる実態が分かりました。

河南省原陽県から神戸に連行された江友才さんは「県城の縁日に１人で天秤棒にスイカを載せて売りに行った時に捕まった。駅につれて行かれると農民や国民党軍兵士が３００人くらい集められて、日本兵に銃剣を突き付けられていた」と証言しています。

また、日本側の証言としては、『爪跡を探る－神戸港・中国人殉難略記』（1961 年、兵庫県殉難中国人慰霊実行委員会）に、供出機関の一つだった「福昌華工」社員が「兎狩り、つまり人拉いをやったわけです。駅の前へ網をはっていて、汽車からおりてくる奴の中から使えそうなのを片っぱしから引っぱったのです。実にひどいことをやったものです」と話しています。

2「労働現場」としての弁天浜

神戸に連行された中国人は港のどの場所で働かされたのでしょうか。９９年７月に来神した被連行者の黄国明さんに神戸港を歩いていただきましたが、変貌した港の５０年以上前の様子を思い出していただくのは困難でした。

中国人を使役した「神戸船舶荷役株式会社」に敗戦直後に勤務した西出政治さん（垂水区在住）は、労働者の「寄せ場」があった弁天浜がその場所ではなかったかと話しています。弁天浜からは戦後も労働者がはしけに乗って沖合いに係留されている貨物船に行き、荷物の積み下ろしをしていたそうです。

また、西出さんが「歴史と神戸」４４号（1970 年１０月）に書いている同社労役担当の人の証言には「中国人俘虜は、三越の山側の北長狭にバラックがあり、約６０人の人数がいた。今の第７突堤の所で、小型鋼船に積んで入港して来る台湾や朝鮮からの米の荷役を主としていた」という個所があります。

被連行者の証言によると、労働は、荷降ろしするためのクレーンに石炭や鉄の塊を積んだり、麻袋に入った大豆や緑豆を担いで運ぶなどで、朝４時から夜１２時まで働かされたと言う人もいます。

３宿舎・新華寮

戦後、神戸船舶荷役株式会社などが作成した「華人労務者就労顛末報告書」によると、中国人の宿舎は「三友寮」「新華寮」「萬國荘」「海岸宿舎」の４ヶ所ありました。そのうち、新華寮については、神戸市中央区の「戎井旅館」が徴発され中国人宿舎に転用されたことが分かっています。同旅館の戎井隆寿さんは「日中いくたニュース」第２号（1976 年５月２７日付、日本中国友好協会生田支部発行）の回顧録に次のように記しています。

「中国人捕虜３００名程が入居し憲兵隊の監視下に入りました。（略）捕虜に対する給食を日本人監視員がピンハネするものですから、彼等は一層空腹にさいなまれ青白い顔でガタガタふるえていました。（略）布団とてなく、藁むしろの上にドンゴロスやアンペラ類をかぶり過ごしていました」

食事については連行された中国人の証言でも「ひとすくいの粟粥や薄い餅（ビン）で毎日腹が空き、（船の積み荷の）米の袋に穴を開けて生米をかじったこともあった」「作業している船の船員の食べ残しを集めて食べた。病気などで働けない人は食べ物を半分にされた」などとされています。

４死傷者

同報告書の記述では、戦争が末期に近づくにつれ、眼病、皮膚病にかかる中国人が増えるなど健康状態が急速に悪化しているのがうかがえます。１７人の死者も４４年１１月から４５年７月の間に集中しました。同報告書中の死亡診断書に記されている死因は、脚気など栄養失調をうかがわせるものや、作業中のけが、空襲時の被弾などが挙げられています。

河南省の耿連喜さんは同郷の耿和善さんが亡くなる経緯について次のように話しています。

「耿和善は、食事が少なかったり重労働だったりで調子が悪くなり、仕事ができなくなって食事をさらに減らされた。入院している時、空襲で体のあちこちにやけどを負い、２０時間後に亡くなった」。この証言は同報告書中の「死亡顛末書」の内容とおおむね一致しています。

隈病院は、病気の中国人を診察し、死亡診断書を出した病院の一つでした。同病院の元事務長坂口吉弘さんは「４６年夏ごろ、隈病院に入院していた中国人を白浜の国立療養所へ連れて行った」と話しています。脊髄骨折の重傷を負った被連行者の李興旺さんが入院のために終戦後も神戸に残留していたことが分かっており、坂口さんが白浜に連れて行った人が李さんだった可能性もあります。

朝日新聞

神戸　13版　1999年(平成11年)7月28日　水

展望室から港を眺める黄国明さん＝神戸市中央区波止場町の神戸ポートタワーで

戦中に中国から連行された黄さん

港の強制労働を証言

再訪に複雑な心情

「港での労働、食事はそれはひどいものでした」——。太平洋戦争末期の一九四四年、中国から日本に港湾労働者として強制連行された黄国明さん(七八)が二十七日、労働現場だった神戸港を訪れた。夕方には証言集会も開かれ、約五十人が黄さんの話に耳を傾けた。主催の市民団体によると、神戸港の強制労働についてのこうした集会は初めて。

河南省の農民だった黄さんは四四年八月に日本軍に捕まり、強制連行された。神戸港などで船荷の積みおろしに従事、四五年秋に帰国した。この日は市民団体の有志ら九人と神戸ポートタワーから港を一望し、宿舎があったとみられる同市中央区北長狭通七丁目周辺を訪れた。

黄さんは「宿舎と港を往復していただけで、そのほかの場所は覚えていない」と話しながらも、休みなしで連日、朝から晩まで働いたと身ぶりを交えながら語った。一回の食事がまんじゅう二個だけだったため、空腹から積み荷の生米を口に含んだり、日本人が食べたみかんの皮を食べたりした経験もあると述べた。

また、神戸と日本に対して、「一般の人からひどいことをされた訳ではない。神戸に悪い感情は持っていない」と話したものの、「強制連行という状況をつくった人たちにはやはり恨みがある」と複雑な心情を見せた。

黄さんを招いた「神戸・南京をむすぶ会」（事務局・神戸学生青年センター、078・851・2760）は中国・南京を訪れたり、中国人を招いた証言集会を開いたりするなど日本の中国侵略を検証する試みを続けている。飛田雄一事務局長は「地元の神戸で何があったかを知ることも重要。調査を継続したい」と今後も当時の様子を知る人を探していくという。

神戸港を中心とする朝鮮人・中国人戦時労務動員史年表

１９３７・０７　盧溝橋事件――日中全面戦争
「皇国臣民ノ誓詞」制定
１９３８・０４　国家総動員法公布
陸軍特別志願兵令公布
第三次朝鮮教育令、朝鮮語の授業を実質的に禁止
１９３９・０７　国民徴用令閣議決定
０７　〈募集〉形式による朝鮮人労働者戦時動員決定
０９　朝鮮に対し〈募集〉形式の戦時動員計画実施
・　この年、「募集ニ依ル移住朝鮮人労働者ニ関スル調査書」では１１月現在で兵庫県「募集」承認数３５０人
１９４０．０２　朝鮮で創始改名施行（公布は３９年１１月）
０３　商工省官民合同会議、「外地人」の使用決定
・　この年、朝鮮人「移入」承認数は白石基礎工事㈱和田岬出張所１００人等７３０人
・　川崎重工業艦船工場で従業員の移動激増から造船部３００人、電機部１００人、造機部１００人の朝鮮人労働者を補充雇用
１９４１・０９　港湾運送業統制令
１２　アジア・太平洋戦争
１９４２・０２　〈官斡旋〉による朝鮮人戦時動員決定（自由〈募集〉は６月末限り禁止）
１０　〈内地〉在住朝鮮人に国民徴用令適用
１１　「華人労務者内地移入ニ関スル件」閣議決定
１１　「満州国」に国民勤労奉公隊・国民勤労奉公隊編成令公布
１２　官民合同による華北労働事情視察団編成、現地視察実施
１２　統制会社として神戸港運㈱設立
１２　神戸港船内荷役業の下請会社として神戸船舶荷役㈱設立
１９４３・０１　川崎重工業製鋼鈑工場に第１次朝鮮人労働者到着。打出寮に寄宿
０１～３　川崎重工業葺合工場に朝鮮人労働者３０４人就労（４３年中に５００人）
０４～１１　中国人１４２０人が船で移送。日本国内の各事業所に配置される。
九月、神戸船舶荷役会社に２１０人（44年まで２０３人とも）が到着
０４～４４・６　神戸港船舶荷役会社内の退職者７２５人、雇入４６１人
１２　川崎重工業兵庫工場に朝鮮人労働者１１０人就労
１９４４・０２　次官会議、「華人労務者内地移入ノ促進ニ関スル件」決定
０２　川崎重工業製鈑工場に朝鮮人労働者８６８人就労。協和訓練隊を組織一～２月、宿舎の打出寮から「流言」で２５人逃亡。２月、打出寮２人ら１月末の「流言」に関し、不穏事項に関する「流言」を流した、として検挙。
０３　川崎重工業葺合工場に朝鮮人労働者２３６人「移入」
０４　内務省警保局長、華人労務者取扱要項通牒
０５現在　川崎製鋼工場大手寮に１８歳から２８歳迄の朝鮮人７５人収容。
０５　兵庫県内の朝鮮人「産業戦士」の慰問のため朝鮮商工会議所会頭らが川崎製鈑打出寮等訪問
０５～４５・４　中国人労働者２０３人が神戸港に「移入」
０８　<徴用>形式による朝鮮人戦時動員決定
０８　川崎重工業兵庫工場に朝鮮人労働者９２人「移入」
０９　神戸船舶荷役に朝鮮人８９人「移入」
０９現在　神戸の川崎重工業艦船工場に朝鮮人労働者２２３７人就労
０９～４５・１１　中国人労働者１３３人が神戸港に「移入」、「自由募集」
秋　神戸須磨寺の一角に川崎重工業に就労する朝鮮人をバラック二棟に収容
１０　中国人「元俘虜」３００人が神戸港に「移入」

１０　川崎重工業艦船工場（朝鮮人労働者１２２１人就労）の第一東垂水寮の朝鮮人５０１人が食料規制配給への不満から暴行、６人検挙
平安南北道から約９００人動員され神戸製鋼所脇浜工場に東興面・厚昌邑出身者１００人、川崎重工業に２００人分散。脇浜工場就労者はＪＲ灘駅北の第二十くろがね寮に収容
１１　中国人労働者１５０人が神戸港に「移入」
１１　神戸鋳鉄所神戸・飾磨工場に朝鮮人ら１００人徴用工として到着
１２　神戸船舶荷役に朝鮮人５９人「移入」。４４年中に１４８人「移入」
１２　川崎重工業葺合工場に朝鮮人３２０人「移入」。４４年中に７６４人「移入」
・　この年、神戸製鋼所朝鮮人労働者３７０人「移入」
・　この年、中央ゴムに朝鮮人労働者９８人「移入」
１９４５・０２　次官会議、「華人労務者給与規程要綱」決定
０２　厚生省勤労局長、軍需省総動員局長「華人労務者給与規程要綱及実施要領ニ関スル件」通牒
０４　中国人労働者の一部が石川県七尾へ
０４　川崎重工業葺合工場に朝鮮人労働者１３６人「移入」
０５　ドイツ、無条件降伏
０５　川崎重工業兵庫工場に朝鮮人労働者１９人「移入」
０６　関係各省次官申合「華人取扱ニ関スル件」
０７　対日ポツダム宣言発表
０８　日本敗戦
０８　日本政府、中国人労働者に対する取扱を改善する命令を各事業所に発す
０８　「華人労務者事業所別人員表」によれば、全国１２５ヵ所、３１６０１人
０８　神戸華工管理事務所所属中国人労働者が２０～２２日、三井倉庫に「侵入」。９人検挙。２３日奪還を企て１５０人が水上警察署を襲撃せんとす。２６日、神戸港で沖仲仕と乱闘
０８　内務省警保局保安課長「朝鮮人並華人労務者ノ集団稼働ノ場所ニ対シテ警戒ヲ強化シ、不穏策動ノ防止ニ努ムル事」指示
・　８月以前、川崎車輌に朝鮮人労働者３５６人「移入」
・　８月以前、神戸製鋼所に朝鮮人労働者４３人「移入」
０９　外務・内務・厚生省連絡会議「華人労務者帰国取扱要領」により１３００人の在日中国人労働者の稼動停止決定
０９　厚生省勤労局長・健民局長、内務省管理局長・警保局長「朝鮮人集団移入労務者ノ緊急措置ニ関スル件」
０９　厚生省健民局長・内務省警保局長「終戦ニ伴フ内地在住朝鮮人及台湾人ノ処遇ニ関スル応急措置ノ件」
０９　金海建ら中心となり兵庫県朝鮮人委員会の組織化が進められる
０９　在日本朝鮮人連盟中央結成準備委員会
０９　兵庫県朝鮮人協会を組織
１０　治安警察法・治安維持法廃止
１０　在日本朝鮮人連盟全国大会
１９４６・０２　GHQ／SCAPIN「非日本人の日本よりの引揚げに関する覚書」
０３　外務省管理局「華人労務者就労事情調査書」作成
０３　日本港運業会神戸華工管理事務所・神戸船舶荷役（株）「華人労務者就労顛末報告書」作成

＜参考文献＞

法政大学大原社会問題研究所編『太平洋戦争下の労働者状態』東洋経済新報社、一九六四年／貫井美都子「太平洋戦争下における中国人強制連行と抵抗（『歴史評論』二一七号）一九六八年／加藤佑治『日本帝国主義下の労働政策』御茶の水書房、一九七〇年／大阪人権歴史資料館編『朝鮮侵略と強制連行』解放出版社、一九九二年／朝鮮人強制連行真相調査団編『朝鮮人強制連行調査の記録　兵庫編』柏書房、一九九三年／松沢哲成「天皇帝国に対する植民地・アジアの反撃　――　１９４５年夏～秋」（『寄せ場』七号、一九九四年）

作成　高木伸夫

神戸新聞　2000年（平成12年）9月9日　土曜日　14版（28）

神戸港の中国人強制連行

スイカ売りの農民拉致
おにぎり1個で重労働
病人の食事さらに半減

市民団体が訪中調査

第二次大戦中、千人近い中国人を神戸港で荷役作業に就かせた強制連行の実態を明らかにするため、神戸の市民団体が今夏訪中し、初の生存者への聞き取り調査を行った。日本軍の中国侵攻の中で居合わせた農民らを捕まえるなど、連行の強制性が裏付けられたほか、不十分な食事のまま重労働をさせられた過酷な様子が語られた。

聞き取り調査を行ったのは、地元の華僑、韓国・朝鮮人団体や市民グループでつくる「神戸港における戦時下朝鮮人・中国人強制連行を調査する会」（代表・安井三吉神戸大教授）。八月中旬から十日間訪中し、河北省保定市と河南省原陽県で九人の生存者に面会した。兵庫県内では朝鮮人強制連行の調査はこれまで行われているが、中国人生存者へのまとまった調査は初めて。

原陽県城（県の中心地）で拉致（らち）された江友才さん（七十歳代後半）は「縁日でスイカを売りに行った時に日本兵に捕まった。銃剣を突き付けられ、駅に連れていかれると三百人くらいが集められていた」と証言。山東省済南市の収容所では、劣悪な条件の中で、毎日のように死者が出たという。

河北省広平県の張鳳臣さん（七七）は、行き先を告げられないまま神戸に連行され、船から積み荷を降ろす作業をさせられた。食事は、朝と夜が手のひらにのるほどの弁当、昼はおにぎり一個とみそ汁だけ。「二人分あっても足りない量。船員の食べ残しや積み荷の大豆の油かすも食べたことがあり、それが見つかると殴られた」

病気で働けない人は食事を半分に減らされ、そのために亡くなった人や、空襲の犠牲になった人もいた。

また、同会は、今後の生存者調査を、北京の研究機関などでつくる「北京中国抗日戦争史研究会」と共同で行うことで合意した。

安井代表は「一片の閣議決定で貧朴な中国の農民が運命を変えられ、賃金なども支払われていないという。これも神戸の歴史の一つとして記憶されるべき」と話している。

調査内容は九日午後二時から神戸市灘区山田町の神戸学生青年センターで開かれる「強制連行調査ネットワークの集い」で報告される。

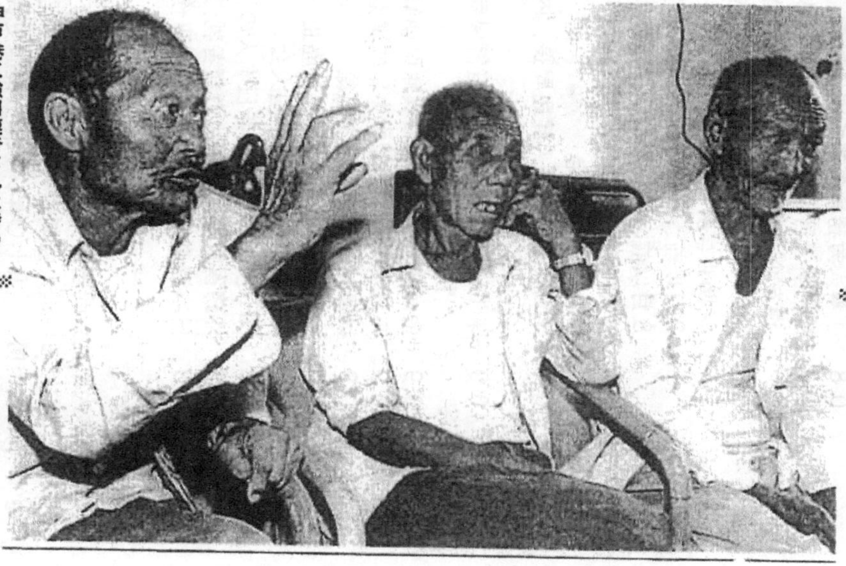

神戸港に強制連行された時の様子を話す張鳳臣さん（左）ら＝中国河北省保定市、河北大学

中国人強制連行　徴兵による労働者不足を補う目的で、一九四二年十一月の閣議決定「華人労務者内地移入に関する件」に基づいて始まった。港湾、鉱山、工場など国内百三十五カ所で約三万九千人が使役され、六千八百人余が死亡。神戸港では、四三年九月以降、計九百九十六人が連行され、十七人が死亡したとされる。

（第３種郵便物認可）　1999.7.26　神戸新聞

埋もれた戦史、市民団体が発掘

神戸港への中国人強制連行

資料を復刻

戦時中に日本に強制連行され、神戸港で荷役作業に従事した中国人七百八十六人の名簿を含む資料を神戸の市民グループ「神戸・南京をむすぶ会」（佐治孝典代表）がこのほど入手し、復刻版を作成した。資料には当時の労働内容なども記載されており、同会ではこれを基にした実態調査を計画。二十七日には、連行された中国人を招いて証言集会を開く。

27日に証言集会

同会は一九九七年に結成され、南京大虐殺の跡を訪ねたり、生存者らを神戸に招いて証言集会を開くなどの活動を続けている。

同会が入手したのは、敗戦直後に外務省が日本港運業会神戸華工管理事務所などに作成させた「華人労務者就労顛末（てんまつ）報告書」。全国の事業所の報告書などを保管している東京華僑総会から、コピーの提供を受けた。

報告書には、神戸港に連行された九百九十六人中七百八十六人分の名簿が含まれ、出身地や職業なども記載。連行中に死亡した十七人の「死亡診断書」、労務内容や支給食料などの記述も残っている。

中国人の強制連行は、徴兵による労働力不足を補うために、一九四二年に政府が閣議決定。敗戦までに約三万九千人を連行し、全国百三十五カ所で港湾荷役や炭坑労働などに従事させ、うち約六千八百人が死亡した。

同会は「報告書は、中国や連合国の追及に備えるため、日本側に都合よく記述した面があるが、名簿などは各地での調査の基礎資料になっている。これを基に一人でも多くの生存者を探し、神戸港で何が行われてきたかを明らかにしたい」としている。

また、二十七日午後六時半から神戸市灘区山田町の神戸学生青年センターで開く証言集会には、神戸港で働かされた黄国明さん（中国河南省出身）の体験談を聞く。参加費千円。問い合わせは同会☎078・851・2760（同センター内）まで。

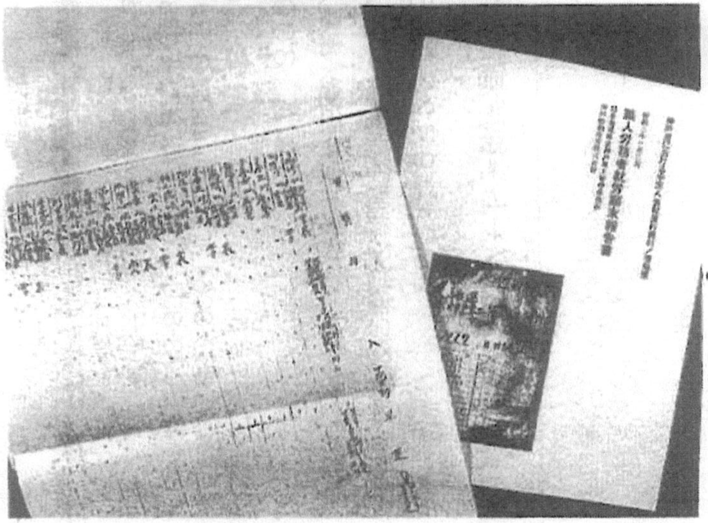

神戸港に強制連行された中国人の名簿などが記載されている「華人労務者就労顛末報告書」の復刻版

神戸港における中国人強制連行資料／復刻版
日本海運業会神戸華工管理事務所・神戸船舶荷役株式会社
『昭和２１年３月 華人労務者就労顛末報告書』
（Ｂ５、265頁、2000円、〒380円）
※ 申し込みは、郵便振替＜00930-6-310874 神戸・南京をむすぶ会＞で、送料とも2,380円をご送金下さい。

神戸・南京をむすぶ会／〒657-0064 神戸市灘区山田町 3-1-1
(財)神戸学生青年センター内 TEL 078-851-2760 FAX 821-5878
E-mail rokko@po.hyogo-iic.ne.jp http://www.hyogo-iic.ne.jp/~rokko/nankin.html

神戸港における戦時下朝鮮人・中国人強制連行を調査する会・会員募集中

「調査する会」は、第3期（2001年10月~2002年9月）の活動に入ります。
会員になってこの活動を支えてください。

個人会費　一口　3000円／年
団体会費　一口　5000円／年
送金先　郵便振替　00920-0-150870　神戸港調査する会
三井住友銀行六甲北支店　普通預金　745105　神戸港調査する会

フィールドワークノート・神戸港における朝鮮人・中国人強制連行

2001年9月23日発行（300部）
神戸港における戦時下朝鮮人・中国人強制連行を調査する会
代表／安井三吉　編集／高木伸夫
カンパ　300円

〒657-0064 神戸市灘区山田町 3-1-1　神戸学生青年センター内
TEL 078-851-2760　FAX 821-5878　rokko@po.hyogo-iic.ne.jp
ホームページ　http://www.hyogo-iic.ne.jp/~rokko/kobeport.html

飛田雄一（ひだ　ゆういち、hida@ksyc.jp）

1950年神戸市生まれ。神戸学生青年センター理事長、強制動員真相究明ネットワーク共同代表、むくげの会会員。著書に、『心に刻み、石に刻む―在日コリアンと私』、『再論 朝鮮人強制連行』、『極私的エッセイ―コロナと向き合いながら』など。

9784906460755

1920036010004

ISBN978-4-906460-75-5
C0036　¥1000E
定価＝本体1000円＋税

資料集「アジア・太平洋戦争下・神戸港における
強制連行・強制労働―朝鮮人・中国人・連合国軍捕虜―」

2025年4月1日　第1刷発行
編者　飛田雄一
発行　公益財団法人 神戸学生青年センター
〒657-0051 神戸市灘区八幡町4-9-22
TEL 078-891-3018 FAX 078-891-3019
URL　https://www.ksyc.jp　e-mail　info@ksyc.jp
印刷　神戸学生青年センター（簡易印刷）
定価　１１００円（本体１０００円+税）

ISBN978-4-906460-75-5 C0036 ¥1000E